Schauplätze isländischer Volkssagen

Jón R. Hjálmarsson

Schauplätze isländischer Volkssagen

Ein Reiseführer zu Geistern, Elfen,
Unholden und anderen mysteriösen Gestalten

Übersetzung von Coletta Bürling

FORLAGIÐ

Schauplätze isländischer Volkssagen
Ein Reiseführer zu Geistern, Elfen, Unholden
und anderen mysteriösen Gestalten
Originaltitel: Þjóðsögur við þjóðveginn
© Jón R. Hjálmarsson 2011
Übersetzung © Coletta Bürling 2011

Forlagið · Reykjavík · 2014

Alle Rechte vorbehalten

Umschlag: Svavar Pétur Eysteinsson und Emilía Ragnarsdóttir / Forlagið
Fotografie auf Umschlag: Jóhann Páll Valdimarsson
Design: Magnús Valur Pálsson
Layout: Bót hönnunarstofa / Forlagið
Zeichnungen: Ólafur Pétursson
Karte: Ólafur Valsson
Druck: Oddi

1. Ausgabe 2011
Nachdruck 2014

Dieses Buch ist urheberrechtlich geschützt. Kein Teil
des Werkes darf in irgendeiner Form (Fotografie, Druck,
Fotokopie, Tonaufnahmen oder andere Verfahren) ohne
schriftliche Genehmigung des Verfassers und des Verlags
reproduziert werden.

ISBN 978-9979-53-545-4

www.forlagid.is

Inhalt

Vorwort *15*

WESTISLAND

1. *Der böse Wal Rotkopf im Hvalfjörður* *18*
   Die Sage beginnt auf der Halbinsel Reykjanes, spielt sich aber zum größten Teil im Hvalfjörður ab. Seit 1998 unterquert ein Tunnel diesen schönen Fjord, aber auf der Straße 47 kann man ihn umfahren und so zu den in der Sage erwähnten Schauplätzen gelangen.

2. *Barnafoss* *22*
   Diese Sage hat sich im oberen Bereich des Flusses Hvítá im Borgarfjörður abgespielt. Verschiedene Höfe werden erwähnt, u.a. Hraunsás und Húsafell. Um dorthin zu gelangen, biegen Sie in der Nähe von Borgarnes von der Ringstraße 1 ab und fahren auf den Straßen 50 und 518 Richtung Reykholt, Hraunfossar und Barnafoss.

3. *Kolbeinn und der Teufel auf Þúfubjarg* *25*
   Kurz hinter Borgarnes biegt man auf die Straße Nr. 54 ein, der man bis zur Abzweigung in Búðir folgt. Von dort geht es weiter auf der Strecke 574, die um die Spitze der Halbinsel Snæfellsnes führt. Die Þúfubjarg-Klippe liegt ganz in der Nähe der auffälligen Felsformationen von Lóndrangar.
   Vom Parkplatz an der Straße aus gelangt man auf einem kurzen Fußweg auf die an der Meerseite steil abfallende Klippe

4. *Die Buchten von Dritvík und Djúpalónssandur* *29*
   Die Schauplätze dieser Sage befinden sich ganz in der Nähe von Þúfubjarg. Um dorthin zu gelangen, folgen Sie einfach der Straße 574 weiter, die rund um die westlichste Spitze der Halbinsel Snæfellsnes führt. Ein ausgeschilderter Seitenweg führt Sie zur Küste.

5. *Drei Wünsche auf Helgafell* *32*
   Auf der Straße 54, die knapp nördlich von Borgarnes von der Ringstraße 1 abbiegt, fahren Sie bis Vegamót, einer kleinen Raststätte an der Straßenkreuzung, wo die Straße 56 nach Stykkishólmur abzweigt. Etwa 8 km vor Stykkishólmu erhebt sich Helgafell über der ansonsten flachen Landschaft, wir fahren die kurze Strecke bis kurz vor dem Hof und halten auf dem Parkplatz.

6. *Die Elfenkirche in Tungustapi* *35*
   Einige Kilometer nördlich von Bifröst und dem Krater Grábrók zweigt bei Dalsmynni die 60 von der Ringstraße 1 ab, die über den Pass Brattabrekka nach Búðardalur führt. Etwa 20 km nördlich von Búðardalur biegen Sie auf die Straße 589 nach Laugar ein. Der Tungustapi – Felsen erhebt sich auf der rechten Seite mitten im Talgrund.

DIE WESTFJORDE

7. *Der Unhold in den Klippen von Látrabjarg*.................................. 42
   Wir verlassen bei Dalsmynni die Ringstraße 1 und folgen der Straße 60, die in die Westfjorde führt. Bei Flókalundur nehmen wir die Straße 62 Richtung Patreksfjörður. Nach Überquerung des Passes Kleifaheiði biegen wir im Fjordinneren auf die nicht asphaltierte Strecke 612 nach Örlygshöfn und Látrabjarg ein.
   Alternativ kann man auch von Stykkishólmur aus mit der Fähre nach Brjánslækur gelangen, das an der Straße 62 liegt.

8. *Zauberkünste in den Westfjorden*.. 46
   Die Anfahrt verläuft entweder über dieselbe Route wie in der Sage zuvor, doch im Fjordinneren des Patreksfjörður bleiben wir dann auf der Straße 62 und fahren nach Bíldudalur.
   Von Flókalundur kann man auch auf der Straße 60 auf die Hochebene Dynjandisheiði hinauffahren, wo nach einigen Kilometern die Route 63 nach Bíldudalur hinunterführt..

9. *Þjóðólfur und Þuríður, die den Sund füllt*.................................. 50
   Entweder fahren Sie auf der Ringstraße 1 bis Dalsmynni und von dort auf über den Pass Brattabrekka. Im südlichen Teil der Westfjorde führt einige Kilometer nach Bjarkarlundur die Passstraße Þorskafjarðarheiði 608 hinauf zur Straße 61, oder Sie verlassen die Ringstraße weiter nördlich im Hrútafjörður und gelangen auf der Straße 61 nach Hólmavík und von dort aus über die Hochebene Steingrímsfjarðarheiði ins Ísafjarðardjúp. Sie fahren dann etliche Fjorde aus, bevor sie Ísafjörður und Bolungarvík erreichen.

10. *Schabernack und Spuk bei den Pfarrern von Aðalvík*........................ 54
    In den nördlichsten Teil der Westfjorde kann man über zwei verschiedene Strecken gelangen; entweder fährt man auf der Straße Nr. 60 bis in den Þorskafjörður und biegt dann nach rechts auf die Piste 601 ab, um über den Paß Þorskafjarðarheiði auf die Strecke 61 zu gelangen, die an den zahlreichen Fjorden des Ísafjarðardjúp nach Ísafjörður und Bolungarvík führt, oder man hält sich an die in der voraufgehenden Sage beschriebene Strecke 61 über Hólmavík und Steingrímsfjarðarheiði. Von Ísafjörður lässt man sich per Boot nach Aðalvík übersetzen.

11. *Das berüchtigte Gespenst von Snæfjöll*.................................. 58
    Der frühere Pfarrhof Staður ist wie fast das gesamte Gebiet heutzutage verlassen. Von Brú im Hrútafjörður nimmt man die Straße 61 und gelangt über die Hochebene Steingrímsfjarðarheiði ins Ísafjarðardjúp hinunter, wo man im Fjordinneren auf die Straße 635 nach Snæfjallastönd und Kaldalón abbiegt..

12. *Der Spuk und Pfarrer Jón in Tröllatunga*................................ 62
    Wir verlassen die Ringstraße 1 im Hrútafjörður und fahren auf der Straße 61 in den Steingrímsfjörður, wo kurz vor Hólmavík die Seitenstrecke 605 nach Tröllatunga abzweigt.

NORDISLAND

13. Kolas Schlucht 68
    Der Schauplatz dieser Sage liegt im Víðidalur, dem Weiten Tal. Von der Ringstraße 1, einige Kilometer nach der Abzweigung nach Hvammstangi, biegt die Strecke 715 ab. Etwa 2 km hinter dem Hof Víðidalstunga liegt die Schlucht Kolugil.

14. Das Mädchen von Skíðastaðir und der Rabe 71
    Folgen sie der Ringstraße 1 bis zu den Hügeln von Vatnsdalur, die rechter Hand liegen, wenn Sie von Reykjavík aus gestartet sind. Nach Süden erstreckt sich das Tal Vatnsdalur. In der Bergkette an der östlichen Seite des Tals gibt es deutliche Anzeichen von gewaltigen Bergstürzen. Dort soll einst der Hof Skíðastaðir gestanden haben. Auf der Stecke 722 können Sie das schöne Tal umrunden.

15. Der Schnitter von Tindar 75
    Verlassen Sie in Blönduós die Ringstraße und folgen der Straße 731. Der Hof Tindar liegt unweit der Straße, zwischen den Seen Laxárvatn und Svínavatn.

16. Sólveig und Pfarrer Oddur 79
    Auf der Ringstraße 1 gelangt man, wenn man die weiten Niederungen des Skagafjörður überquert hat, auf der östlichen Seite nach ca. 6 km zum Pfarrhof Miklibær, der direkt an der Straße liegt.

17. Schaf-Snorri von Þorljótsstaðir 83
    Ganz in der Nähe von Varmahlíð zweigt die Straße Nr. 752 ab, der wir bis nach Gil folgen. Dann nehmen wir die Piste F 78, die auf die Sprengisandur-Route hinaufführt, und nach etwa 10 km haben wir den heute verfallenen Hof Þorljótsstaðir erreicht. Zu den Ruinen von Hraunþúfuklaustur gibt es allerdings keinen fahrbaren Weg.

18. Die Bösen müssen auch irgendwo eine Bleibe haben 87
    Wenn Sie auf der Ringstraße 1 in den Skagafjörður gelangt sind, biegen Sie in Varmahlíð auf Straße 75 nach Sauðárkrókur ein, oder Sie fahren noch 5 km auf der Ringstraße weiter und biegen dann auf die Straße 76 nach Hofsós an der Ostseite des Fjordes ein. Von beiden Orten aus werden Bootsfahrten zur Insel Drangey angeboten.

19. Zauber-Loftur 90
    Wenn wir auf der Ringstraße Nr. 1 die mäandrierenden Héraðsvötn überquert haben, biegen wir in die Straße Nr. 76 ein und halten uns auf dieser Strecke, bis wir zur Abzweigung nach Hólar gelangen, wo Straße Nr. 767 nach Hólar führt. Man kann auch von Sauðárkrókur über die Nr. 749 auf Straße Nr. 76 gelangen, und dann über die 767 nach Hólar.

20. Der Kaufmann in Búðarbrekkur 94
    Verlassen Sie die Ringstraße 1 auf der östlichen Seite des Skagafjörður nach Hofsós. Nördlich der Ortschaft führt zunächst die Strecke 783 nach Þrastarstaðir, und kurz darauf die Strecke 784 nach Bær, von wo aus man über eine schmale Kiesbank zu Fuß zum Kap Þórðarhöfði gelangen kann.

21. *Pfarrer Hálfdan von Fell und die Frau in Málmey* 98
Auf der Straße 76 gelangen Sie von der Ringstraße 1 aus nach Hofsós. Etwa 15 km nördlich der Ortschaft befindet sich der frühere Pfarrhof Fell, und vor der Küste liegt die Insel Málmey.

22. *Der Küster zu Myrká* 102
Die Ringstraße 1 führt durch das Tal Öxnadalur. Im Inneren des Tals liegt etwas oberhalb der Straße der Hof Ytri - Bægisá mit einer winzigen Kirche. Um nach Myrká zu gelangen, biegt man zunächst auf die Straße 815 ab und überquert den Fluss Hörgá, und anschließend gelangt man auf der Straße 814 nach Myrká.

23. *Der Mann von Grímsey und der Bär* 106
Akureyri, die Haupstadt des Nordlands, liegt natürlich an der Ringstraße 1. Von dort geht eine Fähre zur Insel Grímsey, die 40 km vor der Küste liegt. Schneller gelangt man per Flug auf die Insel, die von Akureyri aus angeflogen wird.

24. *Götter und Trolle unter dem Goðafoss* 110
Der „Götterwasserfall„ Goðafoss, den sich niemand entgehen lassen darf, liegt dicht der Ringstraße 1 auf dem Weg von Akureyri zum Mývatn.

25. *Der Nachttroll und der Steinnachen am Mývatn*........................... 114
Die Ringstraße 1 führt an der Südseite des Mývatn vorbei an den Pseudokratern von Skútustaðir und durch das Dörfchen Reykjahlíð. Wer möchte kann ein Boot mieten und Forellen im See angeln.

26. *Der Hufabdruck von Sleipnir in Ásbyrgi*................................ 118
Auf der Ringstraße 1 biegt man auf dem Weg von Akureyri nach Osten kurz hinter dem See Ljósavatn auf die Straße 85 nach Húsavík ein. Die Straße führt in nördlicher Richtung und umrundet die Halbinsel Tjörnes. Kurz vor der Brücke über die Jökulsá á Fjöllum öffnet sich rechter Hand die Schlucht Ásbyrgi, in die man ein ganzes Stück hineinfahren kann.

OSTISLAND

27. *Die Sage von Manga aus Möðrudalur*.................................. 122
Folgen Sie der Ringstraße 1 vom Mývatn aus. Sie führt durch die unbewachsenen Kies- und Geröllwüsten des Nordostens. Nach Möðrudalur mit seinem „Bergcafé„ gelangt man mit einem Abstecher von etwa 8 km auf einer Nebenstrecke.

28. *Naddi in den Geröllhängen von Njarðvík*............................... 126
Auf der Ringstraße 1 gelangen Sie nach Egilsstaðir, wo sie auf die Straße 94 nach Borgarfjörður eystri einbiegen. Kurz vor dem östlichen Borgarfjörður liegen die Geröllhänge von Njarðvík, wo Naddi einstmals den Reisenden auflauerte.

29. *Die Elfenkönigin in Snotrunes*....................................... 129
Wir fahren aus den Geröllhängen von Njarðvík weiter auf der Straße 94 und gelangen in den östlichen Borgarfjörður. Der erste Bauernhof, an dem die Straße vorbeiführt, ist Snotrunes.

30. Borghildur in der Elfenburg 133
Wir fahren auf der Straße 94 weiter nach Bakkagerði. Am Ende des kleinen Fischerdorfs liegt die Elfenburg.

31. Der Lindwurm im Lagarfljót 136
Egilsstaðir liegt an der Ringstraße 1 und am Ufer des Sees Lagarfljót, in dessen Tiefen das Ungeheuer zu Hause sein soll.

32. Die Riesin in Mjóifjörður 139
Nach Mjóifjörður, dem schmalen Fjord, gelangt man auf der Landstraße 92, die in Egilsstaðir von der Ringstraße 1 abbiegt. Etwas südlich von Egilsstaðir führt die Bergpiste 953 in den Mjóifjörður. Beim Hinunterfahren sieht man im gegenüberliegenden Hang die Schlucht Prestagil.

33. Der Herr von Skrúður und die Pfarrerstochter 143
Von Egilsstaðir aus nehmen wir die Strecke 92, die in den Reyðarfjörður führt. Wir fahren durch den Ort Reyðarfjörður Richtung Eskifjörður, und die Straße führt über die Landspitze Hólmanes. Unten am Meer liegt der Hof Hólmar. Vor der Mündung des Fjords ragt die Insel Skrúður auf.

34. Unruhe beim Pfarrer von Einholt 147
Wir folgen der Ringstraße 1 durch den Bezirk Austur-Skaftafellsýsla. Nördlich von dem Hafenstädtchen Höfn überqueren wir die Brücke über den Gletscherfluss Hornarfjarðarfljót. Westlich davon liegen einige Höfe, die Schauplätze in der Sage sind: Viðborðssel, und etwas weiter westlich Einholt.

35. Die Trollfrauen in Skaftafell 151
Skaftafell liegt im gleichnamigen Nationalpark zu Füßen von Islands höchstem Berg Hvannadalshnjúkur. Kurz nach – wenn man von Westen kommt – oder vor der längsten Brücke des Landes über den Fluss Skeiðará biegt man nach Skaftafell ab.

SÜDISLAND

36. Die Feuermesse in Kirkjubæjarklaustur 156
Gleichgültig, ob man von Westen oder Osten kommt, an Kirkjubæjarklaustur fährt niemand vorbei. Es liegt in der Nähe der Brücke über den Gletscherfluss Skaftá praktisch direkt an der Ringstraße 1.

37. Katla in der Kötlugjá 160
Auf der Ringstraße 1 überqueren wir die schwarzen Sandflächen des Mýrdalssandur. In dessen östlichem Bereich die Siedlung Álftaver liegt, wo sich in früheren Zeiten ein Mönchskloster befand. Auf der Nebenstrecke 211 gelangt man dorthin..

38. Jóka von Höfðabrekka 164
An der Ringstraße 1 liegt ein paar Kilometer östlich von Vík í Mýrdal der Hof Höfðabrekka. Der ehemalige Pfarrhof Hörgsland hingegen liegt etwas östlich von Kirkjubæjarklaustur, ebenfalls an der Ringstraße 1.

39. *Der Bauer zu Reynir* 168
   Im Mýrdalur zweigt etwas nördlich von der Ortschaft Vík die Straße 215 ab, die am
   Reynisfjall entlang zum Meer führt. Beim Hof Reynir steht auch heute noch eine Kirche.

40. *Die Frau und der Seehundbalg* 171
   Diese Sage ist ebenfalls im Mýrdalur angesiedelt, aber es wird nicht gesagt, auf welchem
   Hof sie spielt. Folgen Sie der Nebenstrecke 215 bis zum Meer.

41. *Die Schatzkiste unter dem Skógafoss* 174
   Schon von der Ringstraße 1 aus ist der Wasserfall Skógafoss ein imposanter Anblick. In der
   kleinen Siedlung befindet sich das bekannte Heimatmuseum Skógar.

42. *Die Elfenfrau Una in Rauðafell* 178
   Der Hof Rauðafell liegt unter dem gleichnamigen Berg, und um dorthin zu gelangen
   biegen wir auf der Nebenstraße 242 von der Ringstraße 1 ab.

43. *Die faule Hausfrau und Gilitrutt* 182
   Obwohl es in der Sage keine genauen Angaben darüber gibt, wo sie sich abgespielt hat,
   gehen doch die meisten davon aus, dass es auf dem Hof Rauðafell war, den wir erreichen,
   indem wir von der Ringstraße 1 auf die Nebenstraße 242 einbiegen.

44. *Fluten-Labbi* 186
   Dieses Gespenst spukte in früheren Zeiten auf dem Reitweg herum, der unterhalb des
   Berges Hvammsnúpur entlang führte. Die heutige Ringstraße führt ebenfalls an dem Berg
   und dem Hof Hvammur vorbei.

45. *Der Flüchtige im Snorraríki* 190
   Bei der Brücke über den Gletscherfluss Markarfljót zweigt die Strecke 249 ins Þórsmörk-
   Tal ab. Da auf dem Weg in dieses wunderschöne Tal etliche reißende Gletscherflüsse
   gefurtet werden müssen, ist es nur mit Jeeps zu erreichen. Im Sommer gibt es aber einen
   Linienbusservice zu den Berghütten im Tal.

46. *Der Schärenpfarrer von Súlnasker* 194
   Zu den Westmännerinseln gelangt man am einfachsten mit der Fähre, aber es gibt auch
   regelmäßige Flugverbindungen von Reykjavík und von einigen Orten in Südisland aus.
   Súlnasker ist eine der 15 Inseln des Archipels, und auf Bootstouren kommt man in die
   Nähe dieser „Schäre,,.

47. *Herjólfur und Vilborg auf den Westmännerinseln* 198
   Auf einer Rundfahrt über die Hauptinsel Heimaey kommen Sie unweigerlich ins
   Herjólfsdalur, wo jedes Jahr im August ein großes Volksfest gefeiert wird. In diesem Tal
   lebte einstmals der Bauer Herjólfur.

48. *Sæmundur der Weise und der Teufel* 202
   Oddi war früher einer der reichsten und bedeutendsten Höfe in Süd-Island. Etwa in der
   Mitte zwischen den Orten Hella und Hvolsvellir gelangen Sie auf der Nebenstraße 266 nach
   etwa 4 km nach Oddi.

49. Gissur in Botnar und die Trollfrau 206
   Unweit von Hella biegt bei Vegamót die Straße 26 von der Ringstraße 1 nach Norden ab.
   Der Hof Stóri-Klofi liegt nahe der Straße und der Kirche von Skarð. Nördlich davon erhebt
   sich der alleinstehende Berg Búrfell (669 m), wo die Trollfrau in der Sage lebte.

50. Das gute Tal im Torfajökull.. 210
   Torfi lebte auf dem Hof Klofi im nördlichsten Teil der Gemeinde Landsveit, aber während
   die Pest in Island grassierte, zog er sich in ein Tal am Torfajökull zurück. In dieses Gebiet
   gelangt man, wenn man der Straße 26 nach Norden bis zur Raststätte Hrauneyjar folgt. Dort
   in der Nähe biegt man auf die Piste F 208 nach Landmannalaugar ein.

51. Jóra in der Jóra-Klamm... 214
   Die Hauptperson dieser Sage lebte auf einem der Sandvík-Höfe südlich von Selfoss, der an
   der Ringstraße 1 liegt. Im Ort überqueren sie den großen Fluss Ölfusá, und etwas nördlich
   von der Brücke sehen Sie die Felsen, die Jóra in den Fluss schleuderte. Wenn sie von
   Selfoss aus auf den Nebenstrecken 35 und 360 nach Þingvellir fahren, können Sie weitere
   Schauplätze der Sage in Augenschein nehmen.

52. Der Tanz in Hruni 218
   Hruni ist auf verschiedene Weise zu erreichen. Am einfachsten ist es, westlich der Brücke
   über die Þjórsá von der Ringstraße 1 auf die Straße 30 einzubiegen. Man folgt ihr bis kurz
   vor Flúðir und hält sich dann an die Strecke 344 nach Hruni.

53. Der Riese Bergþór in Bláfell 221
   Das Bergmassiv Bláfell liegt nördlich der Attraktionen Geysir und Gullfoss. Von Reykjavík
   kommend, biegt man kurz vor Selfoss von der Ringstraße 1 auf die 35 ab, der man etwa 70 km
   bis zum Geysir-Gebiet folgt. Knapp nördlich davon ist die kleine Kirche und der Friedhof von
   Haukadalur. Vom Gullfoss aus führt die Hochlandpiste Kjölur (F 35) in den Norden, aber bereits
   nach 30 km erreicht man den ehemaligen Wohnsitz des Riesen Bergþór.

54. Aus Liebe durch die Hvítá 225
   Die Sage spielt sich in der Umgebung des Gullfoss ab, zu dem man wie in der
   voraufgehenden Sage auf der Straße 35 gelangt.

55. Die Kirche in Engilsvík 228
   Strandarkirkja (Strandkirche) liegt zwar an einem etwas abgelegenen Küstenstreifen,
   dennoch wird sie von vielen Menschen besucht. Von Reykjavík aus können Sie auf den
   nicht asphaltierten Strecken 42 vorbei am See Kleifarvatn und 427 nach Selvogur gelangen,
   aber auch, wenn Sie in Hveragerði von der Ringstraße 1 auf die 38 einbiegen und
   anschließend der 427 folgen.

56. Der zauberkundige Pfarrer von Vogsósar 232
   Der Hof Vogsósar liegt am See Hlíðarvatn. Sie erreichen ihn auf denselben Strecken, die in
   der voraufgegangenen Sage beschrieben wurden.

57. Da lachte das Meermännchen 236
   Der Schauplatz dieser Sage ist der frühere Hof Vogar, dort befindet sich heute ein Dorf.
   Sie fahren auf der Straße 41 Richtung Flughafen und biegen auf die 420 ein, die am Meer
   entlang nach Vogar führt.

DAS HOCHLAND

58. *Skúlis Ritt im Kaldidalur*... 242
> Von Þingvellir aus nehmen Sie zunächst die Straße 52 und anschließend die Hochlandpiste F 550 durch das Kaltes Tal. Wenn Sie von Norden kommen, folgen Sie den Hinweisen nach Húsafell, und von dort fahren Sie auf der Piste F 550 Richtung Þingvellir. Das steinige Gebiet zwischen dem Berg Ok und dem Gletscher Langjökull heißt >Skúlaskeið<, Skúlis Ritt.

59. *Und immer noch spukt es auf Kjölur*................................ 246
> Die Hochlandpiste Kjölur F 35 führt vom goldenen Wasserfall Gullfoss im Süden quer durch das Hochland in den Norden Islands. Mitten im Hochland liegt die Oase Hveravellir mit heißen Quellen und anderen Annehmlichkeiten.

60. *Auf dem Sprengisandur*.. 250
> Von Süden her kommend, kann man auf zwei verschiedenen Strecken zur Sprengisandur-Hochlandpiste F 26 gelangen. In Nyi Dalur befindet sich eine nicht bewirtschaftete Berghütte, wo man Rast machen kann. Um zurück in die bewohnten Gebiete zu kommen, bleibt m man entweder auf der F 26 und gelangt ins Bárðardalur, oder man fährt auf den Hochlandpisten F 752 und F 821 hinunter in den Eyjafjörður.

Sagenkategorien

Sagen von übersinnlichen Wesen und von heiligen oder magischen Orten

Sagen von Gespenstern und Unholden der unterschiedlichsten Art und ihren Kontakten zu menschlichen Wesen

Sagen von kundigen Zauberern und ihren Fähigkeiten

Sagen von Menschen und Tieren, von erstaunlichen Leistungen und seltsamen Vorkommnissen

Mythologische Sagen aus Ober- und Unterwelt, nicht zuletzt vom Teufel und seinen Schlichen

Sagen von Trollen, Untieren und anderen Monstern

Vorwort

Dieses Buch möchte Ihnen auf den Haupt- und Nebenstraßen der Insel ein Reiseführer der anderen Art sein. Ein großer Teil der Volkssagen rankt sich um Orte, die an der Ringstraße 1 liegen, aber Sie sollten sich vielleicht das ein oder andere Mal dazu verleiten lassen, auf Abstechern zu touristisch weniger frequentierten Zielen zu gelangen. In den Begleittexten zu jeder Sage wird auf verschiedene andere historische oder landschaftliche Besonderheiten eingegangen, die mit den Orten verbunden sind. Die Reise auf den Spuren der Volkssagen führt Sie in sämtliche bewohnten Landesteile, aber auch in das unbewohnte Landesinnere.

In den isländischen Volkssagen findet man eine Vielfalt von ungewöhnlichen Phänomenen, in ihnen spielen nicht nur die verborgenen Wesen oder Elfen eine wichtige Rolle, sondern auch Gespenster und Spukgestalten jeglicher Art, und außerdem Trolle, Unholde und Untiere, und nicht zuletzt auch der Teufel in eigener Person.

Volkssagen stellen in jedem Land einen wichtigen Bestandteil des kulturellen Erbes dar, auch wenn einige Motive international sind und sich auch in der Volkstradition anderer Länder wiederfinden. Nach dem Vorbild der Brüder Grimm begann man um die Mitte des 19. Jahrhunderts in Island Volkssagen zu sammeln, was nicht zuletzt auch der deutsche Rechtshistoriker Konrad Maurer befördert hat. Dank seiner Vermittlung konnte die erste gedruckte Sammlung isländischer Volkssagen 1862-64 in Leipzig herausgegeben werden.

Mein Wunsch ist, dass dieses Buch all denen, die in Island unterwegs sind, ein guter Reisebegleiter sein möge – und anderen vielleicht eine anregende Lektüre, eine Islandreise „im Geiste".

Jón R. Hjálmarsson

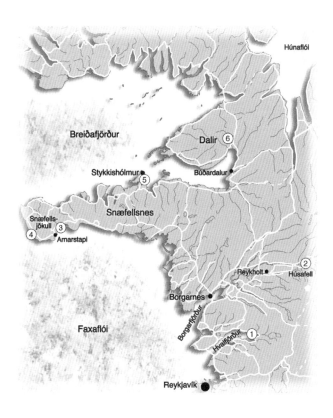

WESTISLAND

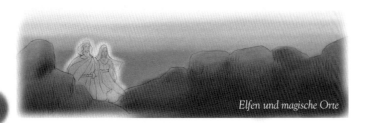

Elfen und magische Orte

Der böse Wal Rotkopf im Hvalfjörður

Viele Leute fahren von Reykjavík aus auf der Ringstraße in Richtung Westen oder Norden am Hvalfjörður (Walfjord) entlang. Es gibt viel Interessantes zu sehen, denn dieser Fjord gehört zu den schönsten, die Island zu bieten hat. Die heutige Straße um den Fjord ist hervorragend ausgebaut, und an schönen Sommertagen ist es ein Vergnügen, dort entlangzufahren. Deswegen kann man den 1998 eröffneten Tunnel getrost links liegen lassen und stattdessen den Fjord umrunden. Der Hvalfjörður schneidet aus der Faxaflói-Bucht ins Land ein. Er ist 30 km lang, an der Fjordmündung 4–5 km breit und über 80 m tief. Während des Zweiten Weltkriegs bot er den Schiffskonvois und U-Booten der Alliierten sicheren Schutz. Fjordauswärts gibt es weithin viel Unterland, das aber fjordeinwärts immer weniger wird. Das Fjordinnere, wo steile Berge teilweise direkt aus dem Wasser aufragen, teilt sich in zwei Buchten, Brynjudalsvogur und Botnsvogur. Zahlreiche eindrucksvolle Berge umrahmen den Hvalfjörður, Þyrill im Norden und Reynivallaháls im Süden. Am Ende des Fjords erheben sich Múlafjall, Hvalfell und das Botnssúlur-Massiv. Östlich von Hvalfell befindet sich der See Hvalvatn, der hoch in den Bergen liegt und 160 m tief ist. Die Botnsá bildet den Abfluss dieses Sees; auf ihrem kurzen Weg zum Meer stürzt sie in einem Wasserfall in eine enge Schlucht. Glymur heißt dieser Wasserfall, der mit 198 m der höchste in Island ist. Über den Ursprung der Namen Hvalfjörður, Hvalfell und Hvalvatn gibt uns die folgende Sage Auskunft:

Einstmals fuhren ein paar Leute von Suðurnes, dem westlichsten Teil der Halbinsel Reykjanes, hinaus zu der kleinen Insel Geirfuglasker (Riesenalkschäre), um Alken zu fangen. Als sie nach Hause zurückkehren wollten, fehlte einer von ihnen, und er konnte trotz langen Suchens nicht gefunden werden. Die anderen ruderten an Land, und den Vermissten hielt man für tot. Als aber ein Jahr später dieselben Leute wieder zur Insel hinausfuhren, fanden sie dort den Mann heil und gesund wieder. Es stellte sich heraus, dass Elfen ihn verzaubert und unsichtbar gemacht hatten, um ihn bei sich behalten zu können. Sie hatten ihn gut behandelt, aber trotzdem fühlte er sich nicht wohl bei ihnen und wollte mit seinen Leuten zum Festland zurück. Aber eine Elfin, die sein Kind unter dem Herzen trug, ließ sich von ihm versprechen, dass er das Kind taufen lassen würde, wenn sie es ihm zu seiner Pfarrkirche brächte. Einige Zeit später nahm der Mann an einem Gottesdienst in der Kirche von Hvalsnes teil. Als die Leute aus der Kirche traten, stand dort eine Wiege vor der Kirchentür. Darin lag ein Säugling, und ein Zettel dabei, auf dem geschrieben stand: „Der Vater dieses Kindes wird dafür sorgen, dass das Kind getauft wird." Die Leute waren sehr verwundert, aber der Pfarrer vermutete, dass der Mann, der ein ganzes Jahr auf der Riesenalkschäre gewesen war, wohl der Vater des Kindes sei. Er setzte dem Mann zu, sich zu dem Kind zu bekennen, aber der leugnete hartnäckig, der Kindsvater zu sein. Da stand auf einmal eine große würdevolle Frau neben ihm. Sie wandte sich zu dem Mann und sagte: „Jetzt werde ich dich in einen bösartigen Wal verwandeln. Du wirst fortan im Meer leben und viele Schiffe vernichten." Daraufhin nahm sie die Wiege mit dem Kind und verschwand. Die Leute vermuteten, dass es eine Elfenfrau von der Riesenalkschäre war, wo der Mann sich aufgehalten hatte.

Der Mann geriet plötzlich außer sich und rannte wie ein Wahnsinniger los, bis er ans Meer kam und sich von der Klippe Hólmsberg zwischen Keflavík und Leira ins Meer stürzte. Auf der Stelle verwandelte er sich in einen großen bösartigen Wal, der Rotkopf genannt wurde, weil der Mann eine rote Mütze getragen hatte, als er sich in die Fluten stürzte. Dieser Wal erwies sich als äußerst gefährlich und aggressiv, und man sagt, dass er 19 Boote zwischen Seltjarnarnes und Akranes versenkt habe, bevor ihm der Garaus gemacht werden konnte. Viele Menschen hatten schwere Verluste durch ihn erlitten. Mit der Zeit hielt er sich immer öfter in dem Fjord auf, der zwischen Kjalarnes und Akranes ins Land einschneidet. Aus diesem Grund erhielt dieser Fjord den Namen Hvalfjörður.

Zur selben Zeit lebte zu Saurbær an der Nordseite dieses Fjords ein Pfarrer, der alt und blind war. Er hatte zwei Söhne und eine Tochter, die alle schon erwachsen und sehr tüchtig waren. Der Pfarrer war aber in alten Künsten bewandert und blickte weiter als nur bis zu seiner Nasenspitze. Seine Söhne ruderten oft zum Fischen auf den Fjord hinaus. Dabei begegneten sie aber einmal dem Rotkopf, der ihr Boot zum Kentern brachte, so dass sie ertranken. Dem Vater ging der Verlust der Söhne sehr zu Herzen. Einige Zeit darauf bittet er seine Tochter, ihn die kleine Strecke Weges vom Hof Saurbær zum Fjord hinunter zu geleiten. Er nimmt einen Stab zur Hand und geht hinunter zum Ufer. Dort stößt er den Stab am Spülsaum in den Sand und stützt sich auf ihn. Dann fragt er seine Tochter, wie es auf dem Meer ausschaut, und sie erklärt, dass es spiegelglatt und schön ausschaut. Kurze Zeit später fragt der Vater wieder, wie es auf dem Meer aussehe, und dann sagt das Mädchen, dass sie etwas weiter draußen im Fjord einen pechschwarzen Streifen sähe, so als näherte sich eine riesige Walherde. Und als sie sagt, dass dieser strudelnde Streifen sie jetzt fast erreicht hatte, bittet der Pfarrer sie, weiter fjordeinwärts mit ihm zu gehen, und sie tut es. Der Strudel hält sich immer auf ihrer Höhe, und so geht es, bis sie an das Ende des Fjordes gelangen.

Als das Wasser flacher wurde, erkannte das Mädchen, dass es sich bei dem Strudel um einen einzigen Riesenwal handelte, der geradewegs in den Fjord hineingeschwommen war, als hätte ihn jemand dort hinein getrieben oder gezerrt. Als sie aber am Ende des Fjordes an die

Mündung der Botnsá kamen, bat der Vater seine Tochter, ihn am westlichen Ufer des Flusses weiter zu führen. Das tat sie, und der alte Mann kletterte mit ihrer Hilfe den Berghang hinauf, während der Wal sich den Fluss hinauf quälte. Es war ein schwieriges Unterfangen, denn der Fluss war klein und der Wal war groß. Als er aber in die Schlucht gelangte, durch die der Fluss in die Tiefe stürzt, da wurde es so qualvoll eng, dass alles ins Wanken geriet, als der große Wal sich hindurchzwängte. Als er schließlich den Wasserfall hinaufschwamm, zitterte die Erde wie bei einem gewaltigen Erdbeben und die Berge ringsum erdröhnten. Davon bekam der Wasserfall seinen Namen und hieß fortan Glymur (Dröhner) und die Anhöhen oberhalb des Wasserfalls heißen Skjálfandahæðir (Bebenhöhen).

Der Pfarrer aber ging unbeirrt weiter und machte erst Halt, als er den Wal in den See hinaufgezwungen hatte, aus dem die Botnsá abfließt. Seitdem heißt dieser See Hvalvatn (Walsee). Ein Berg liegt an diesem See, der ebenfalls nach diesem Ereignis benannt wurde und Hvalfell (Walberg) heißt. Als Rotkopf in den See gelangte, zerplatzte er nach all diesen Strapazen und seitdem hat niemand ihn wieder zu Gesicht bekommen. Am See aber fand man riesige Walknochen, die zum Beweis dienen mögen, dass diese Geschichte wahr ist. Der Pfarrer aber ging mit seiner Tochter heim, nachdem er den Wal in den See gezwungen hatte, und alle dankten ihm dafür, dass er sie von dem bösen Tier befreit hatte.

Westisland

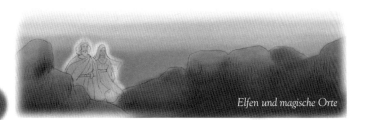

Elfen und magische Orte

Barnafoss

BORGARFJÖRÐUR

Dort, wo die schönen Täler des Borgarfjörður an das Hochland grenzen, bahnt sich die Hvítá (Weißfluss) vom Hochland ihren langen Weg hinunter zum Meer. Der Fluss bildet die Grenze zwischen den Bezirken Mýrasýsla und Borgarfjarðarsýsla. Die schöne und vielfältige Landschaft dort bietet grüne Auen und sanfte Hügel, bizarre Lavafelder und duftende Birkenwälder. Über allem thronen die Gipfel von Strútur, Hafrafell, Ok, Eiríksjökull und die weißen Eismassen des Langjökull. In nächster Nachbarschaft zum unbewohnten Hochland liegen nördlich und südlich der Hvítá die historisch bedeutsamen Höfe Kalmanstunga und Húsafell (Häuserberg). In der Nähe befinden sich auch verschiedene Lavahöhlen, von denen Surtshellir die berühmteste und mit 1500 m die längste und wahrscheinlich auch die größte ist. In früheren Zeit sollen sich Geächtete darin aufgehalten haben. Die Höhle liegt nur etwa 7 km von Kalmanstunga entfernt und ist leicht zu erreichen.

Húsafell war in früheren Zeiten Pfarrhof, und dort amtierten im Laufe der Jahrhunderte zahlreiche bedeutende Persönlichkeiten, von denen Snorri Björnsson, der dort von 1757 bis 1803 Pfarrer war, sicherlich der bekannteste ist. Er war ein überaus starker Mann und maß seine Kräfte gern an einem Stein, der heute noch am Rande der Heuwiese liegt. Der Stein heißt Kvíahella (Schafhürdenstein) und wiegt etwa 180 kg. Er hatte die Gewohnheit, seine Gäste zu einer Kraftprobe mit dem Stein einzuladen, aber die wenigsten schafften es, ihn zu heben. Von Snorri Björnsson heißt es auch, dass er außergewöhnlich zauberkundig war und angeblich mehr als 80 Gespenster exorziert hat, die ihm aus dem Hornstrandir-Gebiet auf den Hals gehetzt wurden, wo er früher als Pfarrer tätig gewesen war. Gespensterpferch heißt der Platz auf der Heuwiese von Húsafell, wo

Snorri die Gespenster in die Erde gebannt haben soll. Im Jahre 1812 wurden Pfarramt und Pfarrkirche in Húsafell niedergelegt. Erst sehr viel später wurde eine neue Kapelle gebaut und 1973 eingeweiht. Ásgrímur Jónsson, einer der bekanntesten isländischen Maler, der gern in der Umgebung von Húsafell arbeitete, hat sie entworfen. Zum Land von Húsafell gehört ein großes Birkenwaldgebiet, wo in letzter Zeit auch eine Ferienhauskolonie entstanden ist. In Húsafell sind heiße Quellen, die zur Beheizung der Häuser und für das Freibad genutzt werden. Darüber hinaus gibt es auch einen kleinen Laden und verschiedene andere Serviceangebote für Reisende. Von Húsafell aus gelangt man im Sommer über die alte Hochlandstrecke Kaldidalur (Kaltes Tal) nach Þingvellir.

Auf dem Gebiet des Hofes Hraunsás gibt es zahlreiche Wasserfälle. Dort befinden sich die Hraunfossar (Lavakaskaden), wo auf der Länge von etwa einem Kilometer zahlreiche unterirdisch unter einem Lavafeld fließende kristallklare Bäche an die Oberfläche treten und sich zwischen Birkengebüsch, Quellmoos und schönen Felsformationen in die Gletscherfluten der Hvítá stürzen – ein herrliches Naturschauspiel, das seinesgleichen sucht.

Ganz in der Nähe fällt die Hvítá im Barnafoss (Kinderwasserfall) in eine enge und malerische Schlucht, über die heute eine Fußgängerbrücke führt. Tief unten in der Schlucht befinden sich Steinbögen, die man aber nicht überqueren kann. Eine Volkssage berichtet davon, dass es einmal eine steinerne Brücke über den Fluss gegeben hat:

Einst lebte eine reiche Frau zu Hraunsás, die zwei Söhne im Kindesalter hatte. Eines Sonntags ging sie mitsamt allen anderen Hofbewohnern zur Kirche in Gilsbakki auf der anderen Seite des Flusses, und nur ihre beiden Söhne blieben zurück. Sie ermahnte ihre Söhne, zu Hause zu bleiben und den Hof nicht zu verlassen, solange sie fort war. Als aber alle Leute weg waren, begannen die beiden Jungen sich zu langweilen, und sie beschlossen, den Kirchgängern hinterherzulaufen. Sie gingen zur Hvítá hinunter und kamen bald zu der Steinbrücke. Sie soll ziemlich schmal gewesen sein und sich hoch über den Fluss gewölbt haben, der an dieser Stelle einen Wasserfall bildete. Die Jungen ängstigten sich und fassten sich deswegen bei der

West-island

BORGARFJÖRDUR

Hand, um über die Brücke zu gehen. Zunächst ging alles gut, aber als sie in der Mitte angekommen waren, fiel ihr Blick in die Tiefe und sie sahen in das reißende Wasser. Beim Anblick der schäumenden Strudel schwindelte ihnen so sehr, dass sie von der Brücke stürzten und auf der Stelle ertranken.

Als die Kirchgänger nach Hraunsás zurückkehrten, waren die beiden Jungen nirgends zu finden. Ihre Mutter ließ überall nach ihnen suchen, aber lange Zeit ohne Erfolg. Nach einiger Zeit erfuhr sie aber doch, was passiert war, denn jemand hatte die Jungen auf dem Weg zum Fluss beobachtet, aber nicht rechtzeitig zu Hilfe kommen können. Tiefe Trauer und Zorn ergriffen die Frau und sie ließ den Steinbogen über den Fluss zerstören, damit kein Mensch mehr den Fluss hier überqueren konnte. Nach diesem Ereignis ist der Wasserfall benannt worden und heißt seitdem Barnafoss (Kinderfall).

Am schlimmsten war es aber für die Mutter, dass die Leichen ihrer Söhne nicht gefunden wurden, damit sie in geweihter Erde begraben werden konnten. Sie gelobte, derjenigen Pfarrkirche den Hof Norður-Reykir zu schenken, in deren Gemeindegrenzen die Jungen an Land getrieben würden. Ebenso versprach sie, der Kirche, bei der die Jungen beerdigt würden, die Höfe Hraunsás und Húsafell als Bezahlung für die Grabstätte zu überlassen. Diese drei Höfe waren ihr ganzer Besitz. Nach diesem Gelöbnis verging eine Weile, bis die Leichen der Söhne in der Nähe von Norður-Reykir gefunden wurden, das zur Gemeinde Reykholt gehört. Dort wurden die Söhne begraben, und alle drei Höfe der Frau gingen in den Besitz dieser Gemeinde über.

Zauberer

West-island

Kolbeinn und der Teufel auf Þúfubjarg

SNÆFELLSNES

Wir fahren auf der Ringstraße 1 über die Brücke nach Borgarnes, biegen rechts ab und nach kurzer Zeit wieder links auf die Straße nach Ólafsvík. Nach ganz kurzer Zeit gelangen wir zum Hof Borg, wo in den Zeiten der Besiedlung Islands Skalla-Grímur, aus Norwegen kommend, Land in Besitz nahm. Dort wohnte sein Sohn, der Dichter Egill Skalla-Grímsson, Held der gleichnamigen Egilssaga. Wir fahren weiter durch das Mýrar-Gebiet mit seinen niedrigen Felsen und moorigen Niederungen. Vor uns zur Rechten ragen hohe Berge auf, Kolbeinsstaðafjall und Fagraskógarfjall. Recht bald erreichen wir die weiten Talgründe von Hnappadalur, und linker Hand erhebt sich der Lavaringwall Eldborg (Feuerburg) über der Ebene, einer der formschönsten Krater in ganz Island.

Rechts von der Hauptstraße liegt dann die langgestreckte Felswand von Gerðuberg mit ihren einmaligen Säulenbasaltformationen, und im Schutz einer hohen Lavawand steht das kleine Kirchlein von Rauðimelur, überragt von den Schlackenkratern Rauðukúlur (Rote Kugeln). Zur Rechten erheben sich hohe Berge, und zur linken erstrecken sich die hellen Sandstrände von Löngufjörur (Lange Strände).

Wir fahren weiter am Liparitberg Mælifell vorbei und gelangen unterhalb des Berges Axlarhyrna an eine Straßenkreuzung. Nach rechts geht es auf den Pass Fróðárheiði hinauf und hinüber nach Ólafsvík an der Nordseite der Halbinsel Snæfellsnes. Hier kann man auch einen kleinen Abstecher nach Búðir machen, wo sich zu Zeiten der Hanse ein wichtiger Handelsplatz von Bremer Hansekaufleuten befand. Geradeaus führt die Straße weiter an der Südseite der Halbinsel entlang. Hier liegt zunächst der Bauernhof Öxl, berühmt-berüchtigt wegen eines Massenmörders, der dort im 16. Jahrhundert sein Unwesen trieb und an die 20 Menschen ermordete und beraubte. Dann geht es durch die Bucht Breiðavík zum kleinen Fischerörtchen Arnarstapi (Adlerberg), benannt nach dem gleichnamigen Berg, zu dessen Füßen der Ort liegt. Die Küste dort bietet einen einzigartigen Reichtum an bizarren Felsformationen aus Säulenbasalt sowie Meeresgrotten und tiefen Spalten. Eine kleine Wanderung führt zum Gatklettur (Lochfelsen). In Arnarstapi wohnten in früheren Zeiten viele bedeutende Persönlichkeiten, darunter der Dichter Steingrímur Thorsteinsson, der u.a. zahlreiche Gedichte deutscher Klassiker und Romantiker ins Isländische übertrug. Heute ist Arnarstapi ein attraktives Ziel für Reisende, die dort ein Restaurant und einen Zeltplatz vorfinden.

Etwas weiter westlich liegt Hellnar, ebenfalls ein kleiner Ort direkt am Meer. Auch dort gibt es sehr interessante Felsformationen zu sehen, u.a. die Grotte Baðstofa, dicht besiedelt mit Nistplätzen der Dreizehenmöwe. Nicht weit von der Siedlung Hellnar befindet sich der Hof Laugabrekka, wo vor mehr als 1000 Jahren Guðríður Þorbjarnardóttir geboren wurde, die mit ihrem ersten Mann nach Grönland übersiedelte, mit ihrem zweiten Mann die erste Siedlung europäischer Einwanderer in Nordamerika gründete und dort den ersten Weißen gebar, der in Amerika das Licht der Welt erblickte. Sie kehrte später nach Island zurück und pilgerte von da aus nach Rom, und sie dürfte somit wohl die am weitesten gereiste Frau des frühen 11. Jahrhunderts gewesen sein. Der „erste Amerikaner" erbte den Hof seiner Eltern in Glaumbær im Skagafjörður. An der westlichsten Spitze der Halbinsel thront der vergletscherte Vulkan Snæfellsjökull (1446 m) und die bewohnten Gebiete ringsum heißen einfach „Unter dem Gletscher", wie der gleichnamige Roman von Halldór Laxness. Die magische Ausstrahlung des Gletschers lässt niemanden unberührt, auch wenn die von seiner vulkanischen Tätigkeit geformte Landschaft rau und unwirtlich wirken kann. In der Nähe des verlassenen Hofes Dagverðará und des Leuchtturms von Malarrif fallen am Strand die bizarren Steilfelsen Lóndrangar auf, deren höchster 75 m aufragt. Nahebei liegt die Klippe Svalþúfa, die mit Gras bewachsen ist, aber zum Meer hin steil abfällt. Dieses Kliff heißt Þúfubjarg. Die Brandung des Atlantiks hat die Felsen geformt und viele Höhlen und Vertiefungen ausgewaschen. Zahlreiche Seevögel bevölkern die Felsensimse, und das Rauschen des Meeres vereinigt sich mit den Vogellauten zu einer gewaltigen Sinfonie der Natur. Hier sollte man Halt machen und die spektakulären Felsformationen entlang der Küste auf sich einwirken lassen, und es kann nicht schaden, dabei die Volkssage von Kolbeinn Gletscherdichter und dem Teufel aufzufrischen, die einmal in der Nacht oben auf der Steilklippe Þúfubjarg beieinander saßen und um die Wette dichteten:

Einmal soll der Teufel mit Kolbeinn dem Gletscherdichter gewettet haben. Beide hatten sich auf der Þúfubjarg-Klippe unterhalb des Snæfellsjökull einzufinden, wenn dort die Brandung am wildesten war, um einen Dichterwettstreit auszutragen. Während der ersten Hälfte der Nacht sollte der Teufel Halbstrophen dichten, die Kolbeinn dann zu Ende bringen musste, und während der zweiten Hälfte sollte es dann umgekehrt gehen. Sie kamen überein, dass derjenige, der eine Strophe nicht zu Ende dichten könne, sich von der Klippe herunterstürzen und fortan dem anderen untertan sein sollte. Also machten sie sich auf und setzten sich eines Nachts auf die Klippe. Der Mond zog durch die Wolken und die beiden dichteten um die Wette. Der Teufel begann und Kolbeinn konnte alle seine Strophen umgehend und unverzüglich zu Ende dichten. Später in der Nacht übernahm dann Kolbeinn den ersten Strophenteil und dem Teufel gelang es lange Zeit sehr gut, die Strophen von Kolbeinn zu Ende zu bringen. Als die Nacht schon weit fortgeschritten war, sah Kolbeinn, dass es so nicht weitergehen konnte. Dann zog er ein Messer aus der Tasche, hielt es dem Teufel vor seine Glubschaugen, so dass die Schneide sich gegen den Mond abhob, und sprach dabei:

> Blick auf Schneide, glubsch glubsch
> Unter diesem Mond Mond.

Dem Teufel verschlug es die Sprache, denn er fand kein Wort, das sich auf glubsch reimte. Da wurde er ziemlich verlegen und sagte: „Das da ist doch keine Dichtung, Kolbeinn." Aber Kolbeinn dichtete die Strophe flugs zu Ende und sprach:

> Ich werf dich runter, wupsch wupsch,
> Tief, dass es sich lohnt lohnt.

Als der Teufel das hörte, war er so fassungslos, dass er von der Klippe stürzte, hinein in die Fluten, die an die Felsen brandeten. Man kann davon ausgehen, dass Kolbeinn seitdem vom Teufel nichts mehr zu befürchten hatte, und der hat ihm auch nie wieder angeboten, um die Wette zu dichten.

Gespenster und Phantome

West-island

Die Buchten von Dritvík und Djúpalónssandur

SNÆFELLSNES

Die Halbinsel Snæfellsnes ist reich gesegnet mit Naturschönheiten und einzigartigen Landschaftsformen. Gekrönt wird dieses Wunderwerk des Schöpfers durch den Snæfellsjökull, der mit 1446 m alle anderen Gipfel auf der Halbinsel überragt und eine magische Anziehungskraft besitzt. Der Gletscher hat eine Ausdehnung von 11 km^2, und heutzutage erklimmen ihn viele und wandeln damit auf den Spuren von Eggert Ólafsson und Bjarni Pálsson, die im Jahre 1754 als erste diesen Berg bezwangen. Jules Verne verewigte ihn in seinem Roman »Die Reise zum Mittelpunkt der Erde«. An der Spitze der Halbinsel gibt es verschiedene Sehenswürdigkeiten, u.a. die Bucht von Djúpalónssandur mit ihren beiden Süßwasserseen, die von bizarren Lavafelsen umrahmt sind. Dort finden sich auch ein Lochfelsen und eine Gespensterhöhle, in der es früher übel gespukt haben soll. Am Fuß des Lochfelsens liegen Steine, die zu Kraftproben dienten: Fullsterkur (Ganzstark) wiegt 155 kg, Hálfsterkur (Halbstark) 140 kg, und Hálfdrættingur (Halbe Portion) 49 kg. Früher gab es noch einen vierten Stein Amlóði (Schwächling) mit 23 kg. An diesen Steinen mussten die Fischer früher ihre Kräfte beweisen und wurden dementsprechend angeheuert. Während der Fangsaison herrschte hier damals reges Leben und Treiben – die Fischgründe gehörten zu den besten in Island, denn von Snæfellsnes aus brauchte man nicht weit hinauszurudern.

Ein Pfad führt zu dem etwas weiter nördlichen gelegenen Dritvík, einer von hohen Lavafelsen eingerahmten Bucht. Die Einfahrt für die Boote war sehr schmal und ziemlich gefährlich, aber in der Bucht selbst konnte man sicher anlegen. Auch Dritvík (Scheißbucht) war bis in die Mitte des 19. Jahrhunderts ein wichtiger Ort der Saisonfischerei. Von dort gingen 60 bis 70 Boote auf Fang, so dass sich dort etwa 300 bis 400 Fischer aufhielten. Es gab zahlreiche primitive Unterkünfte, Fischgestelle und Trockenplätze auf den Felsen, doch davon ist heute nur noch wenig zu sehen. Ein Nachteil war, dass es in Dritvík kein Süßwasser gab, es musste über Vatnsstígur (Wassersteig) von Djúpalónssandur geholt werden. An der äußersten Landspitze bei Dritvík ist ein Felsen mit einer höhlenartigen Öffnung, die Trollkirche heißt.

Viele alte Volkssagen und Erzählungen sind mit dieser Gegend verbunden, und eine davon lautet so:

In alten Erzählungen heißt es, dass nur solche Fischer von Djúpalónssandur ausruderten, die vor nichts zurückschreckten. Sie erprobten ihre Kräfte an den Probesteinen, die am Weg liegen und heute noch zu sehen sind. Sie heißen Fullsterkur (Ganzstark), Hálfsterkur (Halbstark) und Hálfdrættingur (Halbe Portion), und keiner durfte von Djúpalónssandur ausrudern, der nicht imstande war, Fullsterkur auf einen Sockel zu heben, der den Männern bis zur Mitte reichte. Von diesen hartgesottenen Seebären auf Djúpalónssandur erzählt man, dass sie sich eines Tages eine alte Frau schnappten und sie töteten. Andere Sagen, dass sie die Leiche von der Bahre gestohlen hätten, und wieder andere, dass sie die gerade Beerdigte ausgegraben hätten. Wie dem auch sei, jedenfalls verwendeten sie sie in jenem Frühjahr als Köder und fischten so überreichlich, dass sie ihr Boot jeden Tag bis zum Rand füllten, obwohl andere Fischer in der Nähe leer ausgingen. Ein Mann namens Sigurður, der nur eine „Halbe Portion" war, weigerte sich aber, mit dem Fleisch der Alten zu ködern. Sie erschien ihm eines Nachts im Traum und sprach zu ihm:

Zeichen wollen nicht weichen,
Schiffe den Strand nicht erreichen.
Fahr nicht hinaus in Gefahr,
Zeichen, Sigurd, nicht weichen.

Andere erzählen, dass sie gesagt habe: „Heute sollst du nicht ausrudern, denn ich will heute meine Knochen zusammenrütteln." Am nächsten Morgen stellte Sigurður sich krank, aber die anderen ruderten los und ertranken alle an diesem Tag.

Westlich von Dritvík gibt es eine Höhle. Kurz nach diesem Ereignis hörten Leute, die in der Nähe der Höhle unterwegs waren, dass dort irgendetwas im Gange war. Es hörte sich so an, als ob dort gesprochen würde. Ein oder zwei Männer von Helgafell sollen auf dem besagten Boot gewesen sein, und einer von ihnen war befreundet mit der Tochter des Bauern Narfi in Hólahólar. Diejenigen, die sich ganz nah an die Höhle herantrauten, hörten, wie mit dunkler Stimme eine Strophe gesprochen wurde:

Wie hässlich, in dieser Höhle zu hocken.
Daheim in Helgafell klingen die Glocken,
die zu Ringkampf und Tanzen locken.

Und ein anderer fuhr fort und sprach so deutlich, dass alle es vernahmen und die Strophe lernen konnten:

Ins Reich der Fische bin ich gekommen,
zum Licht der Sonne ist's ewig weit.
Dumpf schlepp ich mich, und wie benommen,
nach Hólahólar zur schönen Maid.

Der Eingang zur Höhle liegt schräg nach unten zum Meer. Man nahm an, dass die Leichen bei starker Brandung dort hineingespült worden waren, und deswegen heißt die Höhle seitdem Draugahellir (Gespensterhöhle).

Westisland — *Elfen und magische Orte*

SNÆFELLSNES

Drei Wünsche auf Helgafell

Snæfellsnes bietet auch auf der Nordseite herrliche Landschaften und Attraktionen und nicht zuletzt im Sommer ein überaus reiches Vogelleben. Nicht nur der Snæfellsjökull hat etwas Magisches, denn dasselbe gilt auch für den kleinen Berg Helgafell (Heiliger Berg) unweit des Hafenstädtchens Stykkishólmur. Eigentlich ist er mit 73 m Höhe nur ein schöner Hügel, der sich aber eindrucksvoll über der flachen Landschaft erhebt. In ihm wohnen geheimnisvolle Kräfte, denenzufolge demjenigen, der den Hügel erklimmt und bestimmte Regeln beachtet, drei Wünsche erfüllt werden, jedoch nur unter der Bedingung, dass die Wünsche aus lauterer Gesinnung heraus getan werden.

Zu Füßen des Helgafell befindet sich in wunderschöner Lage am Ufer von Helgafellsvatn der gleichnamige Hof, der auf eine bedeutende Geschichte zurückblicken kann. Þorsteinn Dorschbeißer errichtete den ersten Hof zu Helgafell. Er war der Sohn von Þórólfur Senfbart, der als erster in dieser Gegend Land genommen hatte. Ganz in der Nähe befand sich in alter Zeit auch eine Thingstätte für die westlichen Regionen des Landes, und sie existierte schon geraume Zeit vor der Gründung des Allthings zu Þingvellir, wo 930 der isländische Freistaat gegründet wurde.

Der Hof Helgafell und seine Bewohner stehen in enger Beziehung zur Gísla Saga Súrssonar. Þorgrímur, einer der Söhne von Þorsteinn Dorschbeißer, wurde von Gísli erschlagen und Gísli dafür geächtet. Þorgrímur war mit Gíslis Schwester Þórdís verheiratet gewesen. Ihr Sohn Snorri war später ein sehr einflussreicher Mann und in der realistischen Charakterisierung, die typisch für die isländischen Sagas ist, heißt es, dass viele ihn für klug und vorausschauend hielten, aber gleichzeitig auch für etwas hinterhältig und kaltblütig, wenn es erforderlich war. Er spielte auch eine wichtige Rolle im Zusammenhang mit der Annahme des Christentums auf dem Allthing im Jahre 1000. Er bekehrte sich und errichtete die erste Kirche zu Helgafell. Jahrhundertelang war Helgafell Pfarrhof, und noch heute steht dort eine Kirche.

Gegen Ende seines Lebens tauschte Snorri den Hof mit Guðrún Ósvífursdóttir, der weiblichen Hauptfigur der Laxdæla Saga. Sie war eine sehr schöne, aber auch eine sehr widersprüchliche Frau, die in ihren jüngeren Jahren einiges Unheil unter den Männern anrichtete. In späteren Jahren befleißigte sie sich aber einer christlichen Gesinnung und lebte ein beschauliches Leben. Sie wurde zu Helgafell beerdigt, und dort, wo man ihr Grab vermutet, wurde vor vielen Jahren ein Grabstein errichtet, in den die Jahreszahl 1008 (man nimmt an, dass sie in dem Jahr starb) und ihr Name eingelassen sind.

Im Jahre 1184 wurde ein Mönchskloster von der Insel Flatey (Flache Insel) nach Helgafell verlegt. Die Klostergründung hatte zur Folge, dass Helgafell über Jahrhunderte hinweg ein kirchliches und kulturelles Zentrum der Gegend wurde, in dem kostbare und schön illuminierte Pergamenthandschriften entstanden. Im Zuge der Reformation wurde das Kloster aufgelöst und seiner Kostbarkeiten beraubt. Die unschätzbare Bibliothek fiel in den bilderstürmerischen Wirren der Zeit den Flammen zum Opfer. Der lutherische Pfarrer, die die Verbrennung veranlasste, wurde nicht alt, denn nur ein Jahr nach dieser Schandtat ertrank er im See Helgafellsvatn.

Schon in den Anfängen isländischer Geschichte glaubten alle, die in der Nähe des Helgafell wohnten, an die Kräfte, die diesem kleinen Berg innewohnen. Sie hielten ihn für einen heiligen Ort und gaben ihm den Namen Helgafell. Der erste Siedler Þórólfur verfügte, dass niemand ungewaschen in seine Richtung blicken durfte. Der Berg war so heilig, dass niemand dort getötet werden durfte, weder Mensch noch Tier. Þórólfur und seine Söhne waren fest davon überzeugt, dass sie bei ihrem Tode in den Berg eingehen würden. Auf diesen Glauben verweist der Dichter Jón Helgason:

Im hohen Gewölbe von Helgafell
freundliche Strahlen fließen;

den Enkel, der dort Einzug hält,
die Ahnherren heiter begrüßen.
Beim Feuer sitzen die Vorfahr'n vergnügt,
und festlichen Met sie genießen;
uns kann in unseren Gräbern tief
nur höllische Kälte umschließen.

Diese Menschen waren Heiden und glaubten an Thor und Odin und andere Götter, doch der Glaube an den Berg blieb auch erhalten, nachdem man sich zum Christentum bekehrt hatte – dies schien sich nicht zu widersprechen. Nach der Gründung des Klosters errichteten die Mönche eine kleine Gebetskapelle oben auf dem Berg. Dort befinden sich heute noch die Relikte einer Mauer, die aus flachen Steinen geschichtet ist. Hier handelt es sich womöglich um die Überreste der alten Kapelle.

Der Glaube ist weit verbreitet, dass man auf dem Helgafell drei Wünsche erfüllt bekommt, wenn man es richtig anfängt. Nach Auskunft derjenigen, die sich da auskennen, ist die Methode die folgende: Man geht vom Grab der Guðrún Ósvífursdóttir hinauf auf den Berg. Während des Aufstiegs darf man niemals zurückblicken und kein Wort sprechen. Oben auf dem Berg angekommen, stellt man sich in die Überreste der Kapelle, blickt gen Osten und äußert still seine drei Wünsche. Richtet man sich genau nach diesen Verhaltensmaßregeln, bestehen angeblich beste Aussichten, dass die Wünsche in Erfüllung gehen, vorausgesetzt, sie entspringen einer lauteren Gesinnung, gereichen niemandem zum Schaden und werden niemals preisgegeben. Viele haben das heutzutage und früher ausprobiert, und zwar mit gutem Erfolg.

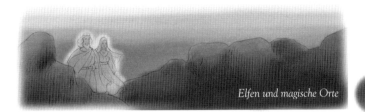

Elfen und magische Orte

Westisland

Die Elfenkirche in Tungustapi

DALIR

Das Gebiet Dalir (Täler) gehört zu den Gegenden in Island, wo man in wunderschöner Umgebung auf vielen geschichtlichen Pfaden wandeln kann. Von Búðardalur aus, dem Siedlungskern dieser Gegend, fahren wir in nördlicher Richtung und kommen bald ins Sælingsdalur, einem Tal, das sich vom Inneren des Hvammsfjörður aus in nordwestlicher Richtung in die Berge hinaufzieht. Durch dieses schöne und sattgrüne Tal schlängelt sich die Sælingsdalsá. Hier liegt der Hof Sælingsdalstunga, wo Guðrún Ósvífursdóttir, die weibliche Hauptfigur der Laxdæla Saga, wohnte, bevor sie den Hof mit Snorri Þorgrímsson tauschte. Man errichtete dort eine Kirche, deren Grundfesten man noch heute erkennen kann. Der Hof Sælingsdalstunga wird oft zu Tunga abgekürzt, und nicht weit von ihm liegt der mächtige Felsklotz Tungustapi, der wie eine Burg aus den Flußniederungen aufragt. Seit jeher glaubte man, dass in diesem Felsen verborgene Wesen lebten und dass sich dort ein Bischofssitz der Elfen und ihr Felsendom befänden. Davon berichtet uns eine in ganz Island bekannte Volkssage:

> Vor vielen Jahrhunderten lebte ein reicher Bauer in Tunga im Westen Islands. Er hatte zwei Söhne, die Arnór und Sveinn hießen. Sie waren vielversprechende junge Männer, aber vom Charakter her sehr verschieden. Arnór war ein fröhlicher junger Mann, der sich gern mit anderen Burschen vergnügte. Sie trafen sich oft zu munterem Spiel bei einem Felsen unten am Fluss, der Tungustapi (Tunga-Felsen) heißt. Im Winter rutschten sie oft in der Dämmerung unter Lachen und Rufen auf hartgefrorenem

Schnee vom Felsen herunter, und meist war Arnór der lauteste.

Sveinn war nur selten dabei, er ging lieber zur Kirche, wenn andere sich beim Spiel vergnügten. Er blieb auch häufig für sich und verweilte so manches Mal bei dem Felsen. Es hieß, dass er wohl mit den Elfen verkehrte, die in dem Felsen lebten, und eines war sicher: In jeder Silvesternacht verschwand Sveinn, und niemand wusste wohin. Oft bat Sveinn seinen Bruder darum, beim Felsen weniger Lärm zu machen, aber Arnór machte sich über ihn lustig und erklärte, kein Mitleid mit den Elfen zu haben, wenn es ihnen zu laut würde.

Eines Silvesterabends verschwand Sveinn wie gewöhnlich und blieb länger aus als je zuvor. Arnór zieht los, um ihn zu suchen, und geht zum Felsen hinunter. Der steht offen, und als er unzählige Lichterreihen sieht und lieblichen Gesang hört, wird ihm klar, dass bei den Elfen eine Messe gehalten wird.

Arnór tritt in die Tür und sieht, wie sein Bruder Sveinn vor dem Altar kniet, während ein Priester ihm die Hände auflegt, als solle er geweiht werden. Er ruft laut: „Sveinn, komm her, dein Leben steht auf dem Spiel." Sveinn schreckt auf und will seinem Bruder entgegenlaufen. In dem Augenblick ruft der Priester am Altar: „Schließt die Kirchentüren und straft das menschliche Wesen, das unseren Frieden gestört hat. Aber du, Sveinn, musst jetzt unsere Gemeinschaft verlassen, und dein Bruder trägt die Schuld daran. Weil du seinem Rufen mehr Beachtung geschenkt hast als den heiligen Weihen, wirst du das nächste Mal, wenn du mich hier in diesem Ornat erblickst, tot zu Boden sinken."

Die prächtig gekleideten Männer ergriffen Arnór und warfen ihn hoch, und Sveinn sah, wie er durch das Felsengewölbe über der Kirche entschwand. Gleichzeitig hörte man die Glocken erklingen, und alle liefen wild durcheinander zur Tür. Arnór rannte so schnell er vermochte nach Hause, aber hinter sich hörte er den Elfenritt mit Rauschen und Hufeklappern. Dann vernahm er, wie jemand in den ersten Reihen mit lauter Stimme sprach:

An dunklen Leiten wir reiten, wir reiten,
den Fant zu hetzen, den Fant zu fetzen,
auf dass es nie und nimmer geschieht,
dass er das Tageslicht wiedersieht,
die Sonne am hellen Himmel sieht.

Die Elfenschar brauste zwischen ihm und dem Hof vorbei, und Arnór konnte nur mit Mühe ausweichen. Am Hang südlich des Hofes gab er auf, denn er war am Ende seiner Kräfte. Er sank zu Boden, und dann ging der Elfenritt über ihn hinweg, und er war dem Tode näher als dem Leben.

Als Sveinn nach Hause kam, war er sehr bedrückt und sagte niemandem, was passiert war, erklärte aber, dass man nach Arnór suchen müsse. Er wurde am nächsten Morgen gefunden, da lag er im Sterben, aber er war noch bei Bewusstsein und konnte davon erzählen, was in der Nacht geschehen war. Er konnte nicht mehr ins Haus gebracht werden und starb dort am Hang, und der heißt seitdem Banabrekkur (Todeshang).

Sveinn war seitdem nicht mehr derselbe. Er neigte immer mehr zu Ernsthaftigkeit und Schwermut. Kurze Zeit später entsagte er dem weltlichen Leben und wurde Mönch im Kloster zu Helgafell. Er wurde ein überaus gelehrter Mann und konnte so herrlich intonieren, dass niemand es ihm gleichtat.

Als sein Vater alt geworden war, wurde er von einer schweren Krankheit heimgesucht. Als er den Tod nahen fühlte, schickte er seinem Sohn eine Nachricht und bat ihn heimzukommen. Beim Abschied im Kloster erklärte Sveinn, dass es ungewiss sei, ob er lebendig wiederkäme. Nach Tunga kam er am Karsamstag, und da war sein Vater schon sehr schwach. Sein letzter Wunsch war, dass Sveinn am Ostersonntagmorgen die Messe lesen sollte.

Er ließ sich zur Kirche tragen, denn dort wollte er sterben. Widerstrebend willigte Sveinn ein, aber nur unter der Bedingung, dass während der Messfeier niemand die Kirchentür öffnen dürfe, andernfalls stünde sein Leben auf dem Spiel. Darüber wunderte man sich, aber einige vermuteten, dass er es vermeiden wollte, zum Tungustapi hinüber zu schauen. Damals stand nämlich die Kirche auf einem kleinen Hügel, und von der Kirchentür aus blickte man direkt auf den Felsen.

Der Bauer wurde jetzt zur Kirche getragen. Sveinn hatte sich die Messgewänder angelegt und begann, die Messe zu lesen. Alle, die dabei waren, erklärten, dass sie nie so einen herrlichen Gesang oder so ein meisterhaftes Intonieren gehört hatten, und die Leute waren wie gebannt. Als Sveinn sich am Altar umdrehte, um den Segen zu spenden, wurde plötzlich die Kirchentür durch einen gewaltigen Wirbelvind aus dem Westen aufgerissen. Die Menschen erschraken und blickten zum Ausgang. Man konnte direkt zum Tungafelsen hinüberschauen, der ebenfalls offen zu stehen schien, und man sah den hellen Schein unzähliger Lichter. Als man aber wieder zum Altar zurückblickte, war Sveinn dort tot zu Boden gesunken. Im gleichen Augenblick war auch sein Vater von der Bank gestürzt und gestorben. Vor und nach diesem Ereignis herrschte völlige Windstille, und deswegen wussten alle, dass der Wirbelvind vom Tungustapi gekommen und nicht natürlichen Ursprungs gewesen war.

Der Bauer von Laugar war bei diesen Vorfällen anwesend, derselbe, der Arnór vor seinem Tod gefunden hatte. Er erzählte die ganze Geschichte, und dann verstanden die Leute, dass die Prophezeiung des Elfenbischofs in Erfüllung gegangen war. Als die Kirchentüren aufgerissen wurden, stand der Tunga-Felsen offen, und Sveinn und der Bischof blickten einander an, denn Elfenkirchen weisen genau in die entgegengesetzte Richtung wie die Kirchen der Menschen. Nach diesem Ereignis beschloss man, die Kirche von der Anhöhe in eine Talmulde in der Nähe des

Hofs zu versetzen. Seitdem liegt der Hof zwischen Kirche und Tungustapi, und kein Priester hat je wieder vom Altar aus durch die Kirchentür in den Elfenfelsen hinüberblicken können, und deswegen hat es dort seitdem auch nie wieder solche unerhörten Vorkommnisse gegeben.

DALIR

DIE WESTFJORDE

Trolle und Unholde

Die Westfjorde

Der Unhold in den Klippen von Látrabjarg

Wir reisen durch den südlichen Teil der Westfjorde und folgen der kurvenreichen Straße an den Fjorden und Buchten im Barðaströnd-Bezirk entlang, bis wir in den Vatnsfjörður (Seefjord) gelangen. Dort ging zu Beginn der isländischen Geschichte Raben-Flóki an Land und gab der Insel den Namen Island, nachdem er auf einen hohen Berg gestiegen war und von dort aus einen mit Treibeis angefüllten Fjord erblickt hatte. Hotel und Restaurant in der Nähe der Brücke über den Fluss Penna sind nach Flóki benannt. Der Vatnsfjörður lädt zwar zum Verweilen ein, aber wir folgen der Straße Nr. 62 und gelangen über den Pass Kleifaheiði bald in den Patreksfjörður. Im Inneren des Fjordes kommen wir an eine Weggabelung: Eine Straße führt zum Ort Patreksfjörður am Norðufer des Fjords, aber wir nehmen die andere am Südufer entlang und gelangen zunächst nach Sauðlauksdalur und dann in das wunderschöne Tal Örlygshöfn. In Hnjótur ist Gelegenheit, ein in seiner Art einmaliges Regionalmuseum zu besichtigen. Von Örlygshöfn aus müssen wir das Hochplateau Látraheiði überqueren, um zu unserem Ziel Látrabjarg zu gelangen. Látur (Pl. Látrar) ist die isländische Bezeichnung für Orte, wo Seehunde ihre Jungen gebären.

Látrabjarg heißen diese imposantesten Steilklippen in Island, die in Bjargtangar enden, der westlichsten Spitze Islands und somit Europas. Kurz bevor man nach Bjargtangar kommt, durchquert man die weite Bucht von Hvallátur, der westlichsten Siedlung in Island, und findet hier einen herrlichen Sandstrand vor. In früheren Zeiten konnten dort zahlreiche Höfe existieren, denn die Menschen lebten von Landwirtschaft und Fischfang. Vögel und Eier, die in den Steilklippen gefangen bzw. gesammelt wurden, stellten eine lebenswichtige Ergänzung der Vorräte dar. Auch hier gibt es Steine, an denen die Fischer ihre Kräfte maßen. Einer von ihnen heißt Brynjólfssteinn; er wiegt 350 kg und wurde von einem Mann namens Brynjólfur vom Meeresufer zum Strandwall getragen, er muss in der Tat ein Goliath gewesen sein.

Die Steilklippen von Látrabjarg haben eine Gesamtlänge von 14 km und sind an ihrem höchsten Punkt Heiðnakinn (Heidenkliff) 444 m hoch. In dem ansonsten geradlinigen Klippenrand gibt es einige talartige Einschnitte, und in den Schluchten und auf den Klippen findet sich viel Vegetation. Früher wurde dort sogar Heu gemacht. Felsen und Zinnen, die der nagenden Brandung widerstanden haben, ragen hier und am Fuß der Steilwand auf. Eine davon heißt Barð und ist 60 m hoch. An den Klippen von Látrabjarg sind nicht selten Schiffe gestrandet, und viele Seeleute sind dort ums Leben gekommen. 1947 havarierte dort kurz vor Weihnachten der britische Trawler Dhoon, doch die gesamte Besatzung konnte dank des selbstlosen und heldenhaften Einsatzes der einheimischen Bevölkerung gerettet werden. Darüber gibt es einen fesselnden Dokumentarfilm, und eine deutsche Fassung wird im Regionalmuseum Hnjótur gezeigt. Aber nicht nur Seeleute sind den Klippen zum Opfer gefallen, sondern auch viele von denen, die sich zum Vogelfang und Eiersammeln an den Felsen abseilen ließen. Zigtausende von Vögeln und noch mehr Eier wurden früher jährlich gesammelt, und das war eine wichtige zusätzliche Nahrungsquelle. Diese uralte Tradition wurde bis 1925 aufrechterhalten. Als im Jahr darauf zwei junge Männer dort beim Abseilen zu Tode kamen, wurde diese Betätigung praktisch eingestellt. Viele Volkssagen sind mit Látrabjarg verbunden, und eine handelt von Bischof Guðmundur dem Guten, der häufig auch liebevoll Gvendur genannt wurde. Er war Bischof von Hólar und ein mildtätiger Mann, der ganz Island bereiste und verschiedene Wunder wirkte, so dass er vom Volk sehr verehrt wurde.

In den Tagen von Bischof Guðmundur dem Guten (1161–1237) geschah es, dass die Leute ein Ungeheuer wahrzunehmen glaubten, das sich in den Klippen von Látrabjarg verbarg und die Jagd auf Vögel und das Eiersammeln sehr beeinträchtigte. Denen, die sich abseilten, passierten so viele Unfälle, dass es nicht mit rechten Dingen zugehen konnte. Wenn die Leute in die Klippen hinuntergestiegen waren, kam es häufig vor, dass diejenigen, die oben das

Seil festhalten mussten, plötzlich merkten, dass niemand mehr daran hing. Der Betreffende wurde dann später tot oder mit zerschlagenen Gliedern am Fuß der Klippe gefunden, und wenn man die Seilenden untersuchte, stellte sich heraus, dass sie immer mit einem scharfkantigen Gegenstand durchschnitten worden waren. Zu der Zeit wohnte in Hvallátur ein Mann namens Gottskálk. Er war ein bedeutender Mann, und es hieß, dass er zauberkundig sei. Aber auch er konnte nichts gegen diesen Bewohner des Kliffs ausrichten, obwohl er es nach Kräften versuchte. Daraufhin beschlossen Gottskálk und die anderen Leute, die ihre Pfründe in den Klippen hatten, sich mit ihren Schwierigkeiten an Bischof Guðmundur den Guten zu wenden. Der Bischof erkannte, dass hier eingegriffen werden müsste. Er begab sich also nach Látrabjarg und knöpfte sich den Klippenbewohner vor. Er tadelte ihn streng wegen seiner Übergriffe und erklärte, er werde ihn aus dem Fels vertreiben. Der Klippenbewohner bat den Bischof, Mitleid mit ihm zu haben, weil er gern dort wohnen bleiben würde, und sagte: „Irgendwo müssen auch die schwarzen Schafe ein Plätzchen haben". Der Bischof wurde dadurch etwas milder gestimmt und fragte den Klippenbewohner, wie viel Platz er bräuchte. Der erklärte, der Bischof könne das schon selber ausrechnen, wenn er erführe, für wie viele er zu sorgen habe. Als der Bischof fragte, wie viele es denn seien, antwortete der Klippenbewohner: „Für mich rudern zwölf Schiffe aus, auf jedem sind zwölf Männer. Jeder Mann hat zwölf Harpunen, und zwölf Seehunde werden mit jeder Harpune gefangen. Dann schneide ich den Seehund in zwölf Streifen und jeden Streifen in zwölf Stücke, und das ergibt ein Stück pro Mann und außerdem bekommen jeweils zwei einen Seehundkopf, und jetzt rechnet, mein Herr."

Der Bischof gab daraufhin dem Klippenbewohner und seinem Gefolge die Erlaubnis, den Teil der Felsen zu bewohnen, der seitdem Heiðnakast oder Heiðnabjarg

(Heidenfelsen) heißt. Es war der Teil der Klippen, der für Menschen am unzugänglichsten war und von Djúpidalur bis zur sogenannten Saxagjá reicht. Der Bischof verbot dem Klippenbewohner aufs strengste, diesen Bereich je zu verlassen, und begann sodann, die Steilklippen zu weihen. Er weihte alles nach seinem Gutdünken mit Ausnahme des Heidenfelsens. Aber den christlichen Menschen verbot er, sich vom Heidenfelsen aus abzuseilen und zu jagen oder zu sammeln. Danach hörten die Übergriffe des Klippenbewohners auf, und seitdem hat er nie wieder etwas von sich hören lassen, denn das Gebot des Bischofs wurde jahrhundertelang eingehalten.

Die Westfjorde

Zauberer

Zauberkünste in den Westfjorden

Die Westfjorde

ARNARFJÖRÐUR

Die Landschaft im südlichen Teil der Westfjorde ist von grandioser Schönheit. Es gibt wenig Unterland für die Landwirtschaft, denn die Berge sind steil und hoch und die Fjorde zahlreich. Diese Gegend ist sehr attraktiv für Reisende, denn es gibt sehr vieles zu entdecken. Von der Nordseite des Breiðafjörður aus kann man über zwei Routen fahren. Die eine führt aus dem Vatnsfjörður über den Pass Dynjandisheiði in den Arnarfjörður hinunter, die andere über Kleifaheiði nach Patreksfjörður. Wir werfen einen Blick auf das nette Örtchen, das den Namen des Fjords trägt. Von da aus geht es weiter nach Tálknafjörður, wo ebenfalls ein hübscher Fischereiort entstanden ist. Von Tálknafjörður fahren wir über den Pass Hálfdan weiter nach Bíldudalur, genau wie die anderen ein schön gelegenes Fischerdorf am Fuße steil aufragender Berge.

Von allen Fjorden südlich des Ísafjarðardjúp ist Arnarfjörður (Adlerfjord) der größte. Er ist etwa 30 km lang und zwischen fünf und zehn Kilometern breit. Zum Fjordinneren hin spaltet er sich bei Langanes in zwei Teile. Südlich von Langanes liegen die Suðurfirðir (Südfjorde), deren nördlichster Geirþjófsfjörður heißt und in der Gísla Saga Súrssonar dem geächteten Sagahelden Gísli Versteck und Unterschlupf bot. Nördlich von Langanes liegt der Borgarfjörður mit der Bucht Dynjandisvogur. Allenthalben findet man niedrigen Birkenwald und herrliche Ausblicke. Der Wasserfall Dynjandi (Rauschender), der von manchen auch Fjallfoss (Bergfall) genannt wird, ist zweifellos das spektakulärste Naturwunder dieser Gegend. Er fällt über 100 m über die Bergkante herab und breitet sich wie ein schäumender Fächer über die Felsterrassen aus.

Im Arnarfjörður gibt es zahlreiche berühmte Orte aus alter Zeit. Einer davon ist Selárdalur; früher war dort ein Pfarrhof, heute gibt es noch eine Kirche. Einer der bekanntesten Pfarrer dort lebte im 17. Jahrhundert, Páll Björnsson mit Namen. Zu dieser Zeit war der Hexenwahn sehr verbreitet, dem in Island aber nicht Frauen, sondern Männer zum Opfer fielen. Der ansonsten hochgelehrte Pfarrer war so voreingenommen gegen Hexenkünste, dass auf sein Betreiben hin zahlreiche Männer den Tod auf dem Scheiterhaufen fanden. In Brautarholt im Selárdalur lebte im 20. Jahrhundert der Künstler und Autodidakt Samúel Jónsson, dessen Skulpturen noch heute zu sehen sind.

Die West-fjorde

Auf der Nordseite des Arnarfjörður liegt Hrafnseyri. Im 12. Jahrhundert lebte hier der mächtige und noble Hrafn Sveinbjarnarson, der erste ausgebildete Arzt in Island. Sein Gegenspieler Þorvaldur von Vatnsfjörður neidete ihm Reichtum und Erfolg und ließ ihn im Jahre 1213 ermorden. Im 19. Jahrhundert gelangte Hrafnseyri wieder zu neuem Ruhm, denn dort wurde am 17. Juni 1811 der isländische Freiheitskämpfer und Nationalheld Jón Sigurðsson geboren. Ihm wurde ein Gedenkstein errichtet, und außerdem gibt es dort ein Museum und ein im alten Stil erbautes Restaurant. Von Hrafnseyri aus gelangt man über den Pass Hrafnseyrarheiði in den Dýrafjörður und über Gemlufallsheiði und durch einen 9 km langen Tunnel nach Ísafjörður, der Hauptstadt der Westfjorde.

ARNARFJÖRÐUR

Arnarfjörður ist nicht nur wegen seiner großartigen Landschaft und seiner historischen Orte berühmt, sondern seit alters her stehen die Menschen aus diesem Fjord in dem Ruf, über geheime Kenntnisse wie Zauberei und Hexerei zu verfügen. Ein Meister seines Fachs war im 19. Jahrhundert Jóhannes Ólafsson von Kirkjuból im Mosdalur an der Nordseite der Landzunge Langanes. Es gibt viele Erzählungen, die von den übernatürlichen Kräften dieses Mannes berichten; schon ein Gruß von ihm genügte, um andernorts Wiedergänger zu bannen. Dies beweist die Geschichte einer Frau aus dem Bitrufjörður, die von einem Familienspuk verfolgt wurde und deshalb fast den Verstand verlor. Sie schickte einen Mann zu

Jóhannes, um seine Hilfe zu erbitten. Er nahm sich der Sache wohlwollend an, schrieb einige Runen auf einen Zettel und bat den Boten, ihn der Frau zu bringen. Den Zettel sollte sie nach dem Wiedergänger werfen, wenn sie ihn das nächste Mal gewahr würde, und dabei erwähnen, dass Jóhannes von Kirkjuból grüßen lasse. Die Frau tat wie geheißen. Der Spuk verschwand und die Frau war bald wieder völlig genesen.

Ganz in der Nähe von Bíldudalur liegt Otradalur, wo in früheren Zeiten eine Kirche stand. Zur Sagazeit lebte dort Eyólfur der Graue, der in der Gísla Saga Súrssonar den Tod von Gísli herbeiführte. Im 18. Jahrhundert war Bernharður Guðmundsson Pfarrer in Otradalur. Er war dichterisch begabt und wusste auch sonst einiges mehr als andere. Dieser Pfarrer lag im Streit mit einem Mann aus Tálknafjörður, der Ármann hieß und zu Eysteinseyri wohnte. Dieser Mann wollte sich an dem Pfarrer rächen und beschwor ein Gespenst herauf, das Klaufi genannt wurde, weil es Rinderhufe hatte. Der Pfarrer aber verstand sich so gut auf solche uralten Künste, dass er sich und seine Frau vor diesem Unwesen bewahren konnte; Klaufi gelang es aber, einige seiner Schafe zu töten. Am meisten aber störte es den Pfarrer, dass dieser Spuk ihm auf Schritt und Tritt folgte und auch Tiere bei den Bauern tötete, bei denen er Hausbesuche machte oder anderen Verrichtungen nachging. Der Pfarrer setzte alles daran, den Spuk unschädlich zu machen, aber es gelang ihm nicht. Daraufhin wandte er sich an einen anderen Mann aus Tálknafjörður, der Grámann hieß und in dem Ruf stand, zauberkundig zu sein. Er bat ihn, den Spuk wieder in die Erde zu bannen. Grámann erklärte, dass sei nicht so einfach, wollte es aber trotzdem versuchen. Aber der Spuk war so übermächtig, dass die Erde ihn nirgendwo aufnehmen wollte, bis auf einen Erdhöcker im Lambeyrardalur. Da gelang es Grámann endlich, den Spuk zurück in die Erde zu bannen. Aber er war immer noch so virulent, dass kein lebendes Wesen und kein fliegender Vogel sich auf diesem Erdhöcker niederlassen konnte, ohne auf der Stelle tot umzufallen, und bis auf den heutigen Tag wächst dort kein einziger Grashalm.

Die Westfjorde

ARNARFJÖRÐUR

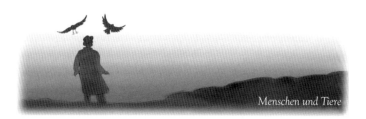

Menschen und Tiere

BOLUNGARVÍK — Die Westfjorde

Þjóðólfur und Þuríður, die den Sund füllt

Bolungarvík ist ein ansehnlicher Fischerort mit etwa 1200 Einwohnern im westlichen Teil des Ísafjarðardjúp, der 1974 das Marktrecht erhielt. Die Bucht von Bolungarvík ist umgeben von mächtigen, steilen Bergen, Óshyrna im Süden und Traðarhyrna im Norden. Zwei herrlich grüne Täler ziehen sich hinauf in die Berge, und zwischen ihnen ragt das Bergmassiv Ernir auf. Hóll ist ein großes Anwesen, zu dem auch eine Kirche gehört. Dort lebten in früheren Zeiten mächtige und einflussreiche Persönlichkeiten. Nicht nur die landschaftliche Umgebung von Bolungarvík ist grandios und majestätisch, sondern auch der Panoramablick auf die Berge und Fjorde jenseits des Ísafjarðardjúp, von Grænahlíð bis Snæfjallaströnd.

Schon in ältester Zeit ruderte man von Bolungarvík zum Fischen hinaus, denn von dort ist es nicht weit zu ertragreichen Fischgründen. Früher säumten viele Fischerhütten das Meeresufer, die aber nur während der Fangsaison bewohnt waren. Erst nachdem 1890 am Ort ein Handelshaus errichtet worden war, begannen die Fischer, sich dort anzusiedeln. 1911 wurde mit dem Bau eines Hafens begonnen. Die Einwohner von Bolungarvík leben in der Mehrzahl vom Fisch, sei es im Fang oder in der Verarbeitung, aber es gibt auch andere Erwerbsmöglichkeiten. Heutzutage ist natürlich alles, was mit Fischfang bzw. Fischverarbeitung zu tun hat, hochtechnisiert und auf dem modernsten Stand, aber in Bolungarvík kann man in einem lebendigen Museum noch nachvollziehen, wie in früheren Zeiten der Fang vonstatten ging. Im Jahre 1988 begann man mit der Restaurierung der früheren Fischstation Ósvör, und so gut wie alles wird genauso präsentiert, wie es zur Blütezeit der Fischerei von Ruderbooten aus war. Es gibt dort u.a. Fischerhütten zu sehen, Trockengestelle, ein Salzhaus, eine Bootswinde und vieles andere, was zum Fang dazugehörte. In der Umgebung von Bolungarvík sieht man auch Relikte eines anderen Erwerbszweigs, denn bei Gil in Syðridalur wurde in den Jahren 1917–1921 Braunkohle zu Heizzwecken abgebaut.

In früheren Jahrhunderten war Bolungarvík relativ isoliert und nur auf dem Seeweg gut zu erreichen. Die Verkehrsanbindung wurde aber mit dem Bau der Straße an Óshlíð entlang, die nach Ísafjörður führt und 1950 in Betrieb genommen wurde, entscheidend verbessert, denn dadurch wurde der Ort endlich an das Straßennetz des Landes angeschlossen. Die Strecke war aber wegen Steinschlag und Lawinengefahr nicht ungefährlich, und dort mussten ständig Verbesserungen vorgenommen werden, um die Sicherheit der Verkehrsteilnehmer zu gewährleisten. 2010 wurde ein 5.400 m langer Tunnel in Betrieb genommen. Von Bolungarvík aus gibt es einen fahrbaren Weg über Skálavíkurheiði nach Skálavík, wo die wohl ältesten Gesteinsschichten in ganz Island zu finden sind, die ein Alter von 15–16 Millionen Jahren aufweisen.

Die Westfjorde

Im Landnahmebuch ist die Rede von Þuríður sundafyllir und ihrem Sohn Völu-Steinn, die aus Nordnorwegen nach Island kamen und sich in Bolungarvík ansiedelten. Diese Þuríður war eine Zauberin. Bevor sie nach Island kam, soll sie während einer Hungersnot in Nordnorwegen durch einen Zauber alle Sunde mit Fischen gefüllt haben, weswegen sie den Beinamen sundafyllir (Sundfüller) erhielt. Auf dieselbe Weise ließ sie auch die Fischbänke von Kvíarmið im Ísafjarðardjúp entstehen und dafür musste ihr jeder Bauer in der Region ein ungehörntes Mutterschaf geben. In dieser Sage geht es um die Beziehung zwischen Þuríður und ihrem Bruder Þjóðólfur: Im Tungudalur in der Bucht von Bolungarvík entspringt der Fluss Hólsá und mündet nach nur kurzem Lauf mitten in der Bucht ins Meer. Nördlich des Flusses steht der Hof Tunga, ein großes Gehöft mit stattlichen Häusern, und einige Volkssagen, dass der Hof Þjóðólfstunga geheißen habe. Þuríður sundafyllir hatte einen Bruder namens Þjóðólfur. Er fragte seine Schwester, ob er sich in der Bucht ansiedeln dürfe, und sie gestattete ihm, so viel Land in Besitz zu nehmen, wie er an einem Tag einzäunen könnte. Er begann also mit der Umzäunung und nahm sich vor, sowohl Hlíðardalur als auch Tungudalur einzuzäunen, kam aber nur bis zur Mitte des Tungudalur. Þjóðólfur wollte beide Täler in Besitz nehmen, aber Þuríður war der Meinung, dass das Tal, das er nur halb geschafft hatte, ihr gehörte, und sie setzte sich durch. Das missfiel Þjóðólfur außerordentlich. Er wollte sich rächen, indem er einen Ochsen, den Þuríður besaß und auf einer Weide bei Stígahlíð hielt, stehlen. Sie beobachtete aber, dass er nach Stígahlíð ging, und eilte ihm unverzüglich nach. Er schnappte sich den Ochsen und wollte nach Hause.

Dann trafen sie sich dort, wo es Ófæra (unpassierbare Stelle) heißt und nur ein schmaler Saumpfad durch genauso steil aufragende wie steil abfallende Felswände führt. Sie griff ihn unverzüglich an und wollte den Ochsen wiederhaben, konnte aber nichts ausrichten. Da wurde sie so zornig, dass sie ihren Bruder verwünschte und in einen Felsbrocken verwandelte, auf den die Vögel scheißen sollten. Aber er verwünschte sie ebenfalls und verwandelte sie in einen schroffen Felsen dort, wo es am windigsten ist. Seitdem steht sie ganz oben an der Nordspitze von Óshlíð, wie man heute noch sehen kann. Þjóðólfur aber wurde in einen Felsbrocken verwandelt und rollte ins Meer, wo er an einer Klippe hängen blieb. Dieser Felsbrocken war seitdem immer voller Vögel und wurde Þjóðólfur genannt. Er lag bis zum Herbst 1936 am gleichen Ort, aber dann verschwand er auf einmal über Nacht, obwohl kein Sturm das Meer aufgewühlt hatte, und niemand wusste, was aus ihm geworden war. Noch lange Zeit danach erinnerten sich die Leute in Bolungarvík an Þjóðólfur und wussten ganz genau, wo er gelegen hatte, denn beim Hinausrudern kam man direkt an ihm vorbei. Sie behaupten auch, das Wasser dort bei der Klippe sei so seicht, dass er keinesfalls dort in der Nähe sein könne, denn dann müsste man ihn sehen können. Deswegen glaubt man jetzt, dass der Stein verschwand, als die Frist der Verwünschung abgelaufen war. Man sieht heute noch die Spuren an dem Platz, wo er auf der Klippe gelegen hat, und an der Unterseite war er rund fünf Faden lang. Und damit endet die Geschichte von den Verwünschungen der Geschwister Þuríður sundafyllir und Þjóðólfur.

Die West-fjorde

BOLUNGARVÍK

Zauberer

Die Westfjorde

Schabernack und Spuk bei den Pfarrern von Aðalvík

HORNSTRANDIR

An der Nordseite des Ísafjarðardjúp liegt die Bucht Aðalvík, die auf den offenen Atlantik hinausweist. Der Berg Ritur bildet die Südgrenze der Bucht, und nach Norden hin erhebt sich Straumnes, ein steiles, mächtiges Bergmassiv. Am Meeresufer ist immer noch das Wrack des Frachtschiffes Goðafoss zu erkennen, das 1916 hier strandete. In dieser Bucht gibt es verhältnismäßig viel Unterland mit viel Vegetation. Zwischen den Bergen ziehen sich einige Täler hinauf, von denen Staðardalur das südlichste ist. Hier liegt Staðarvatn, und in diesem See soll ein Wassergeist leben, der das eine oder andere an Streichen auf Lager hat. An der Mündung des Staðardalur liegt der Hof Sæból direkt am Meer. Von dort ruderte man früher viel zum Fischen hinaus, und damals bildete sich so etwas wie ein Siedlungskern. Auch in Látrar im Norden der Bucht von Aðalvík gab es früher ein Fischfangzentrum. Aðalvík war damals genau wie andere Gegenden in Hornstrandir vergleichsweise dicht besiedelt. Man lebte dort gleichermaßen von Landwirtschaft und Fischerei, und verfügte darüber hinaus auch noch über andere reiche Pfründe. Heute ist die Gegend verlassen und menschenleer, denn die Siedlung wurde um die Mitte des 20. Jahrhunderts aufgegeben. Es gibt aber noch viele ehemalige Wohnhäuser, die von den Besitzern instand gehalten und im Sommer als Ferienhäuser genutzt werden. Obwohl man nicht behaupten kann, dass die Gegend von Hornstrandir eine gute Verkehrsanbindung hat, finden trotzdem in letzter Zeit Naturliebhaber in zunehmendem Maße ihren Weg dorthin. Sie werden von der einmaligen und spektakulären

Landschaft angezogen. Eines der Gebäude, die noch in Aðalvík stehen, ist die Kirche von Staður, ein eindrucksvolles Gotteshaus mit Portal, Turm und Empore, das heute vom Heimatverein von Sléttuhreppur instand gehalten wird.

In früheren Jahrhunderten gab es viele bekannte Pfarrer zu Staður in der Bucht Aðalvík. Einer von ihnen war Snorri Björnsson, der sich später einen legendären Ruf als Pfarrer von Húsafell im Borgarfjörður erwarb, wo er im 18. Jahrhundert 16 Jahre amtierte. Er galt als außerordentlich bewandert in den schwarzen Künsten, was ihm in seinen Beziehungen zu den Ortsansässigen gut zustatten kam, denn er behielt immer die Oberhand. Es gibt zahlreiche Geschichten von Snorri, als er in Aðalvík tätig war, und eine von ihnen berichtet davon, dass der Pfarrer eines Tages am Meeresufer dabei war, etwas zu zimmern, und nicht weit von ihm werkelte sein ebenfalls zauberkundiger Nachbar. Dieser Nachbar verstand sich darauf, Runen in kleine Hölzchen zu ritzen, und sie bewirkten, dass derjenige, der die Runen las, das Augenlicht verlor und erblindete. Der Nachbar warf ein solches Runenhölzchen ins Meer und dirigierte es dorthin, wo der Pfarrer zimmerte. Pfarrer Snorri war auf diesen üblen Streich nicht gefasst, hob das Runenholz auf, las die Runen und verlor sogleich das Augenlicht. Snorri war aber auch ein guter Dichter, und in dieser Situation griff er auf seine dichterischen Fähigkeiten zurück und konnte die Blindheit mit Reimen abschütteln. Daraufhin schabte er sämtliche Runen von dem Hölzchen ab, warf es wieder ins Meer und sprach: „Jetzt schwimm zu deinem Herrn und töte ihn, wenn er dich wieder zu etwas Bösem verwendet." Der Bauer sah das Holz und hob es auf. Jetzt wollte er so mächtige Runen hineinritzen, dass sie den Pfarrer besiegen müssten. Aber dabei rutschte das Schnitzmesser ab, so dass es dem Bauern bis ans Heft in die Brust fuhr und ihn erdolchte. So hatte ihn die gerechte Strafe für seine bösen Taten ereilt.

Nach Snorri Björnsson war Vigfús Benediktsson 18 Jahre lang in Staður als Pfarrer tätig. Er wurde häufig von den Zaubertricks seiner Gemeindeschäfchen belästigt, aber er profitierte davon, dass seine Frau sehr umtriebig war. In einer Volkssage wird folgendes über ihn berichtet: Als Pfarrer Vigfús in Aðalvík Pfarrer war, gab es in dieser Gemeinde sehr viele, die sich auf Zauberei und Hexenkunst verstanden und sich mit dem Pfarrer anlegten. Eines Samstags ruderte der Pfarrer zusammen mit zwei Brüdern zu einer Insel hinaus, um seine Lämmer dort hinzubringen. Als sie auf der Insel angekommen waren, ließen sie die Lämmer frei. Der Pfarrer ging auf die Insel, während die anderen beim Boot warten sollten. Als der Pfarrer wieder zurückkam, waren die Brüder weggerudert und hatten ihn allein zurückgelassen. Die Frau des Pfarrers hieß Málfríður. Sie war überaus klug und verstand sich auf die verschiedensten Dinge, und außerdem stand sie in dem Ruf, zauberkundig zu sein. Sie wartet unten beim Meer, als das Boot zurückkehrt, und fragt die Brüder, wo Pfarrer Vigfús sei. Sie behaupten, er verfasse die Sonntagspredigt und grinsen dazu. Sie antwortet, dass es durchaus denkbar sei, dass er ihnen morgen die Leviten lesen würde. Dann gehen sie auseinander, und die Brüder kehren nach Hause zurück und kümmern sich nicht weiter um den Pfarrer.

Ganz früh am nächsten Morgen kommen dieselben Brüder zur Kirche. Als sie eintreten, sehen sie, dass der Pfarrer am Altar steht. Er hält eine geharnischte Predigt, die sie wohl verdient hatten. Nach dem Gottesdienst sagt die Pfarrersgattin zu ihnen: „Jetzt habt ihr eine Predigt bekommen, die der Pfarrer genau auf euch gemünzt hat, und das hattet ihr auch verdient." Sie antworten, sie hätten dem Pfarrer noch nicht für die Predigt gedankt, wollten es aber später nachholen.

Sie kamen dann den ganzen Sommer über nicht zur Kirche und erschienen erst wieder am ersten Sonntag nach Winteranfang. Der eine der Brüder war verheiratet und saß im Chor, aber der andere war unverheiratet und saß auf den normalen Kirchenbänken. Die Pfarrersfrau sieht, dass die beiden sich ständig angrinsen. Als der Pfarrer gerade die Kanzel bestiegen hat, verlassen die Brüder die Kirche und es vergeht eine Weile. Mitten in der Predigt ruft die Pfarrersfrau ihrem Mann zu: „Fúsi, geh hinaus; es ist höchste Zeit." Der Pfarrer hört sofort auf zu predigen und geht hinaus. Da sieht er, wie der eine Bruder Feuer unter einem Topf anfacht, während der andere Runenzeichen kritzelt. Der Pfarrer geht hin und will den Topf ausschütten, aber in dem Augenblick kommt seine Frau Málfríður hinzu und sagt ihm, er solle das lassen. Dann nimmt sie den Topf und gießt den Inhalt dem einen Bruder über den Kopf und wirft den leeren Topf nach dem anderen, und beide sind auf der Stelle mausetot. Málfríður erzählte später, dass es höchste Zeit gewesen war, denn die beiden hätten mit ihrem Zauber den Pfarrer Vigfús auf der Kanzel töten wollen.

Solange Pfarrer Vigfús in Aðalvík amtierte, hatte er immer mit Zauberern zu kämpfen, und schließlich musste er sich um eine andere Pfarrstelle bewerben, denn in Aðalvík war er seines Lebens nicht mehr sicher. Nachdem er Pfarrer im Bezirk von Austur-Skaftafell geworden war, wurden ihm ständig Wiedergänger und Spukgestalten nachgeschickt, aber seine Frau konnte sie alle wieder dorthin zurückzaubern, wo sie hergekommen waren und somit verhindern, dass sie ihm etwas antaten. Pfarrer Vigfús hatte gesagt, dass diese bösen Geister ihm den Garaus machen würden, wenn er länger leben würde als seine Frau. Aber dazu kam es nicht, denn sie überlebte ihn, nachdem er in hohem Alter friedlich gestorben war.

Gespenster und Phantome

Das berüchtigte Gespenst von Snæfjöll

Die Westfjorde

SNÆFJALLASTRÖND

Die lange Küstenlinie an der Nordseite von Ísafjarðardjúp reicht von Kaldalón bis zum Vébjarnarnúpur und heißt Snæfjallaströnd. Dort gibt es einige Vegetation und an manchen Stellen sogar Birkengebüsch, aber die Winter sind schneereich. Deswegen bleiben oft bis in den Sommer hinein viele Schneewechten in den Hängen liegen, manchmal bis hinunter auf Meereshöhe. Früher standen dort eine Reihe von Höfen, obwohl es so gut wie kein Unterland gibt. Man lebte zumeist vom Fischfang, und um 1900 entstand sogar ein kleines Dorf, das heute verschwunden ist. Heute leben dort nur noch wenige Menschen, u.a. in Unaðsdalur und auf der Insel Æðey, die unmittelbar vor der Küste liegt.

In Snæfjallastaður, das oft auch einfach Staður oder Snæföll genannt wird, war jahrhundertelang der Pfarrhof der Gemeinde und der Amtssitz des Pfarrers. Der letzte verließ um die Mitte des 19. Jahrhunderts diesen Ort, und 1865 wurde die Kirche nach Unaðsdalur verlegt, und von den Pfarrhöfen in Kirkjuból bzw. Vatnsfjörður betreut. Der alte Pfarrsitz in Snæfjallastaður ist heute verlassen, nur das Schulhaus ist übrig geblieben aus der Zeit, als das kleine Fischerdorf noch existierte. An dem Ort, wo früher die Kirche stand, deren Grundmauern heute noch zu erkennen sind, steht heute ein Gedenkstein. Eine interessante Gespenstergeschichte ist mit diesem Ort verbunden:

Von 1588 bis 1615 war Jón Þorleifsson Pfarrer in Snæfjallastaður. Er war sehr klug, aber er galt als äußerst streng. Er war zweimal verheiratet, und seine erste Frau hieß Sesselja. Sie hatten drei Kinder, darunter einen Sohn namens Jón, der auf dem Hof bei seinem Vater und seiner Stiefmutter lebte. Mit seiner zweiten Frau hatte der Pfarrer keine Kinder. Der Pfarrerssohn Jón verliebte sich in eine Stallmagd, die auf dem Hof seines Vaters arbeitete. Auch ein Knecht stellte diesem Mädchen nach, und deswegen herrschte zwischen Jón und dem Knecht ein gespanntes Verhältnis. Eines Tages zu Anfang des Winters war der Knecht, der auch als Schafhirte arbeitete, auf der Suche nach einigen Schafen, aber wegen des verharschten Schnees und der eisigen Glätte gelang es ihm nicht, eine Gruppe Tiere vom Berghang heimzuholen. Der Pfarrer schalt ihn einen Jammerlappen, weil er unverrichteter Dinge zurückgekehrt war, und befahl seinem Sohn, loszuziehen und die Schafe zu holen. Dem widerstrebte das sehr, und er erklärte, dass es unmöglich sei. Der Pfarrer wollte aber nichts davon hören und Jón musste gezwungenermaßen losziehen, obwohl sich alles in ihm dagegen sträubte. Von diesem Gang kehrte er nicht mehr zurück, denn er stürzte am Hang zu Tode.

Es wird nicht erwähnt, ob seine Leiche gefunden wurde oder nicht, aber recht bald hatte es den Anschein, als fände er keine Ruhe und ginge um. Er setzte vor allem der Magd und dem Knecht zu. Die Annalen geben Auskunft darüber, dass es in den Westfjorden damals wild gespukt hat, und dieses Gespenst erwies sich bald als eines von der übelsten Sorte. Es hielt sich meist in den Hängen der Snæfjöll auf und spielte denen, die dort unterwegs waren, durch Steinewerfen und andere Angriffe übel mit. Es hieß, dass es vor allem auch auf seinem ehemaligen Hof herumspukte und dort Fenster zerschlug und Schafe tötete. Häufig saß es tagsüber in der Wohnstube, während die Frauen Wolle verarbeiteten, und abends musste man ihm mit dem anderen Gesinde auf dem Hof zu essen geben. Oft soll es die Essnäpfe der anderen ausgeschleckt haben. Einmal hörte ein Knecht des Pfarrers, wie jemand im Trockenschuppen Fischhaut vom getrockneten Fisch herunterriss, und er sah, dass dort das Gespenst zugange war. Da sagte der Knecht zu ihm: „Willst du nicht ein Messer,

Kamerad?" Und das Gespenst beeilte sich zu antworten: „Tote brauchen keine Messer. Sie zerren und fressen."

Eines Winters fehlte es dort im Westen an Tabak. Pfarrer Jón beschloss, das Gespenst in den Eyjafjörður in Nordisland zu schicken, denn er wusste, dass es in Akureyri Tabak gab. Das Gespenst war daran gewöhnt, Botengänge für den Pfarrer zu machen, aber kaum jemals bekam es ausreichend Proviant mit auf den Weg. Als es aus Akureyri zurückkam, sah jemand, wie der Spuk da saß und fraß, und rings herum lag der ganze schöne Tabak verstreut. Der Mann sprach: „Wer du auch bist, gib mir doch etwas Tabak." Das Gespenst riss die fürchterlichen Glubschaugen auf, raffte den Tabak zusammen und verschwand. Es blieben jedoch zwei Rollen Kautabak liegen, auf denen es gesessen hatte.

Der Pfarrer wollte sich gerne dieses Spuks entledigen. Zu diesem Zweck schrieb er seinem Freund Einar Sigurðsson zu Skorrastaður im Norðfjörður (Ostisland), und schickte das Gespenst mit dem Brief zu ihm. Er war überzeugt, dass nur Pfarrer Einar das Gespenst zur Strecke bringen konnte. Das Gespenst kommt dann eines Abends bei Pfarrer Einar an, der bereits im Bett lag. Der Pfarrer fragt es, ob er zu ihm gekommen sei, und das Gespenst bejaht. Dem Pfarrer kommt dieser Gast ziemlich dünn und ausgemergelt vor. Plötzlich geht das Gespenst zum Angriff über, aber der Pfarrer nimmt das Seitenbrett von seinem Bett und haut ihm so kräftig über den Arm, dass es in Stücke brach. Im gleichen Moment, warf der Spuk dem Pfarrer den Brief hin. Der Pfarrer stand auf und befahl dem Gespenst, wieder zurück in den Westen zu gehen, doch das wollte es auf keinen Fall. Der Pfarrer tat dann so, als wüsste er schon einen guten Rat, und sagte ihm, es solle nach Snæfjallastaður gehen, und zwar dann, wenn der Gottesdienst gerade zu Ende sei, und darauf achten, dass es Pfarrer Jón am Friedhofstor begegnete. Dort solle es ihm den Zettel aushändigen, den er ihm jetzt gleich geben würde. Daraufhin musste das Gespenst losziehen, obwohl es sich dagegen sträubte. Es traf Pfarrer Jón beim Friedhofstor an und übergab ihm den Zettel. Darauf stand aber eine Beschwörungsformel geschrieben, und Pfarrer Jón begann unverzüglich, den Spuk von allen lebenden Menschen und Tieren fort- und hinunter in die tiefsten und finstersten Unterwelten zu exorzieren. Diese Beschwörungsformel war so mächtig, dass der Spuk in die Erde versank und seitdem nie wieder in Snæfjallastaður oder andernorts sein Unwesen getrieben hat.

Die Westfjorde

SNÆFJALLASTRÖND

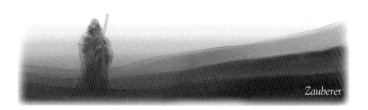

Zauberer

Der Spuk und Pfarrer Jón in Tröllatunga

Die Westfjorde

STEINGRÍMSFJÖRÐUR

Steingrímsfjörður heißt ein großer Fjord in Strandir, dem nordöstlichen Teil der Westfjorde. Er ist 28 km lang und an seiner Mündung 7 km breit, wird aber zum Fjordinneren hin enger. An seiner Südseite leben viele Menschen, und der größte Ort ist Hólmavík mit etwa 500 Einwohnern und wachsender Fischindustrie. Die Nordseite des Fjordes ist weniger dicht besiedelt, obwohl es dort auch ein kleines Fischerdorf auf Drangsnes gibt. Im Innern des Fjordes zieht sich das Staðardalur in die Berge hinauf, schön bewachsen und fruchtbar. Das Tal ist nach dem alten Pfarrhof Staður benannt, der in früheren Jahrhunderten Breiðabólsstaður hieß. Durch das Tal gelangt man heutzutage hinauf das Hochplateau Steingrímsfjarðarheiði und hinüber ins Ísafjarðardjúp. Nahe der Mündung des Fjords liegt die Insel Grímsey, die größte Insel im Bezirk Strandir. In einer alten Sage heißt es, dass drei Trolle einmal vorgehabt hatten, an der schmalsten Stelle einen Sund zwischen den Westfjorden und der übrigen Insel zu graben. Zwei arbeiteten im Süden und warfen das ausgehobene Erdreich hinter sich in den Breiðafjörður, während im Norden eine Trollfrau allein am Werke war. Es gelang ihnen aber nicht, das Vorhaben zu vollenden, denn als die Sonne aufging, wurden sie zu Stein. Die Folgen der Erdbewegungen sieht man noch heute, nämlich die Inseln im Breiðafjörður im Süden und die Insel Grímsey im Norden.

In einem reich bewachsenen und schönen Tal im Süden des Steingrímsfjörður liegt der Hof Tröllatunga, wo zuerst Steingrímur wohnte, nach dem der Fjord benannt ist. Früher glaubte man, dass es im Land von Tröllatunga reiche Erze und verborgene Schätze gäbe. Einmal begann man, im sogenannten Gullhóll (Goldhügel) zu graben, aber Schätze fand man nicht. Hingegen ist die Gegend reich an

Pflanzenfossilien und Braunkohle, die in den alten Gesteinsschichten lagern und die zu erforschen sich sicher lohnt. In Tröllatunga war jahrhundertelang ein Pfarrhof, und bis 1910 stand dort noch eine Kirche, so dass viele Pfarrer dort residiert haben. Einer von ihnen war Pfarrer Björn Hjálmarsson, der dort am Anfang des 19. Jahrhunderts amtierte. Dem Vernehmen nach war er ein guter Theologe sowie dichterisch begabt, und er verstand sich auf die Medizin. Außerdem führte er eine gute Feder und konnte malen. Unter seinen Kindern war sein Sohn Jón, den er zum Priester ausbilden ließ. Nach Abschluss seiner Studien war er einige Jahre als Assistent seines Vaters tätig, aber ihm war kein langes Leben vergönnt. Von Pfarrer Jón gibt es eine interessante Sage, die auch mit Zauberern im Arnarfjörður in Verbindung steht, die in früheren Zeiten einen besonderen Ruf hatten.

Björn Hjálmarsson war lange Pfarrer in Tröllatunga im Strandir-Bezirk. Einer seiner Söhne hieß Jón. Pfarrer Björn ließ ihn studieren, und danach arbeitete er bei ihm als Vikar. Pfarrer Jón war ein lebensfroher Mensch, der sich oft über Hexen- und anderen Aberglauben lustig machte, wenn er merkte, dass andere an so etwas glaubten. Eines Sommers hatte sich ein Mann aus dem Arnarfjörður in Tröllatunga verdingt, und der brüstete sich damit, dass er sich genau wie alle anderen im Arnarfjörður auf schwarze Künste verstehe. Als der Pfarrer das hörte, fing er an, den Mann zu provozieren und zu hänseln, indem er ihn unablässig aufforderte, endlich zu zeigen, wessen er fähig sei. Der Mann geriet schließlich in Wut und erklärte, er würde ihm einen Spuk auf den Hals hetzen, der ihm schon zeigen würde, was er könne. Der Pfarrer lachte darüber und forderte den Mann aus Arnarfjörður auf, sein Versprechen wahrzumachen. Der zog daraufhin zurück in seinen Heimatfjord, während Pfarrer Jón dieses Versprechen bald vergessen hatte.

Im Sommer darauf schlief der Pfarrer in einer Stube nahe dem Eingang des Hofs, und eines Nachts im Spätsommer erwachte er dadurch, dass er zu spüren glaubte, wie ihn etwas unter der Bettdecke berührte. Der Pfarrer schaut hin und glaubt am Fußende einen kleinen Teufel zu sehen. Er legt sich wieder hin und beachtet das nicht. Da greift der Kobold wieder nach ihm und kitzelt ihn. Da richtet sich der Pfarrer auf und sagt: „Hinaus mit dir. Du bist zu erbärmlich, als dass ich dich fürchten könnte." Da verschwand der Kobold. Aber nach einer kleinen Weile bemerkt der Pfarrer, dass etwas in den Raum hineingleitet, das einem dichten Dampfnebel gleicht. Als der Nebel ganz hereingewallt war, erschien es dem Pfarrer, als würde daraus ein Ungetüm, das die ganze Stube ausfüllte. Da sprach der Pfarrer: „Ich fürchte dich nicht. Du bist nichts als dein Umfang. Wenn mich etwas umbringen soll, dann muss schon etwas mehr Saft und Kraft dahinterstecken."

Aber dann fiel dem Pfarrer der Mann aus dem Arnarfjörður ein mitsamt seinem Versprechen. Er bereitet sich also auf ein neues Trugbild vor, fühlt sich aber trotzdem nicht bedroht. Mit einem Mal sieht er etwas, was wie ein Bild zur Tür hereinschwebt. Das Phantom glühte rot wie Feuer, und seine Gestalt glich einem spitzwinkligen Dreieck. Im gleichen Augenblick glaubt der Priester in der ganzen Stube Bett an Bett stehen zu sehen, und in jedem Bett liegt ein Mensch mit nackter Brust. Dann scheint es ihm, als schwebe das Dreieck von der Tür weg und stieße eine Spitze in die Brust eines Mannes, der in dem Bett der Tür gegenüber lag. Der Pfarrer sieht, wie sich die Spitze tief hineinbohrt und er hört, wie der Mann einen Wehlaut ausstößt, bevor er stirbt. Dann schwebt das Dreieck zu dem Danebenliegenden und tötet ihn auf dieselbe Weise, und auch der gibt einen Laut des Jammers von sich. Das Phantom ruht nicht eher, als bis es alle umgebracht hat, so schien es jedenfalls dem Pfarrer.

Schließlich schwebt dieses Bild auf den Pfarrer zu, doch der springt nackt aus dem Bett, breitet die Arme aus und sagt mit lauter Stimme: „So komm denn, aber komm in Jesu Namen." Kaum hatte der Priester diese Worte gesprochen, verschwanden alle Halluzinationen und alles wurde wieder wie normal. Und damit endet die Geschichte vom furchtlosen Pfarrer in Tröllatunga.

Die West-fjorde

STEINGRÍMSFJÖRÐUR

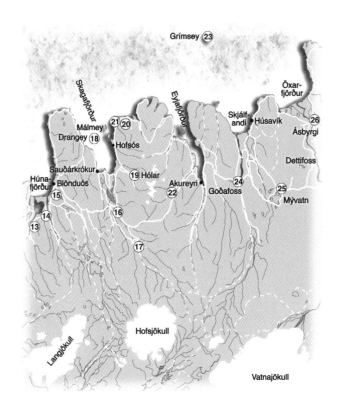

NORDISLAND

Trolle und Unholde

Kolas Schlucht

Nordisland

VÍÐIDALUR

Um in den Norden Islands zu gelangen, überqueren wir die Hochebene Holtavörðuheiði, und fahren am Hrútafjörður (Bocksfjord) entlang in den Miðfjörður (Mittfjord), eine friedliche und fruchtbare Gegend. Es gibt viel Interessantes zu sehen, wenn man sich ein wenig abseits der Hauptstraße hält. Laugarbakki ist ein kleiner Ort am Ostufer der Miðfjarðará mit einem Schulzentrum. Von dort gelangt man innerhalb kurzer Zeit zum Hof Bjarg, wo Grettir Ásmundarson, Held der Grettis Saga und stärkster Mann seiner Zeit, geboren wurde. Eine Skulptur erinnert vor allem an das Schicksal der Mutter dieses Helden. Vor der Ostküste von Vatnsnes liegt der Felsen Hvítserkur (Weißhemd), so benannt wegen des Guanos der vielen Seevögel, die auf ihm brüten. Der Felsen erinnert an ein Fabeltier aus längst vergangenen Zeiten der Erdgeschichte. In alten Volkssagen heißt es, dass dort ein Nachttroll unterwegs war, der beabsichtigte, das Kloster in Þingeyrar auf der anderen Seite der Bucht unter einem Steinhagel zu begraben, aber als ihn die Strahlen der aufgehenden Sonne trafen, erstarrte er zu Stein.

Weiter geht es, und bald erhebt sich Borgarvirki (Felsbastion) linker Hand vor uns. Diese beeindruckende Felsformation besteht aus 10–15 m hohen Basaltsäulen. Ganz oben befindet sich eine 5–6 m tiefe Senke, die nach Osten hin offen ist. Dort ist eine Steinmauer aufgeschichtet worden, und allenthalben sieht man Relikte solcher von Menschenhand geschaffenen Mauern. In der Senke selbst finden sich Überreste von zwei Häusern oder Hütten, und dort ist auch eine Wasserstelle. Es gibt keinerlei Zeugnisse über Borgarvirki in alten Quellen. Einige vertreten die Theorie, dass Barði Guðmundsson von Ásbjarnarnes die Mauern hat errichten lassen, als er in kriegerische Auseinandersetzungen mit den

Leuten aus dem Borgarfjörður verwickelt war. Von diesen Ereignissen wird in der Heiðarvíga Saga berichtet. Mündlichen Traditionen zufolge sollen die gegnerischen Scharen einmal mit einem ganzen Heer von Süden angerückt sein. Barði erhielt Kunde davon und zog sich mit seinen Mannen nach Borgarvirki zurück. Die Leute aus dem Borgarfjörður umzingelten die Felsbastion und wollten Barði und seine Leute aushungern. Aber er führte sie hinters Licht, indem er die letzten Blutwurststücke über die Mauern zu den Angreifern hinunterwerfen ließ. Das legten diese so aus, als seien noch so reichliche Vorräte vorhanden, dass sich die Belagerung nicht lohnte. Sie zogen ab, und Barði behielt die Oberhand. Anderen Erzählungen zufolge hat Finnbogi der Starke von Stóra-Borg die Bastion befestigt, als er mit den Leuten aus Vatnsdalur in Fehde lag, und wieder andere vermuten, dass Borgarvirki während der Besiedlungszeit zur Verteidigung für den gesamten Bezirk gedient habe. Wie dem auch sei, Borgarvirki gehört zu den ältesten und bedeutendsten Bauwerken von Menschenhand in Island.

Nicht weit davon liegt Víðidalur (Weites Tal), und wir befinden uns hier in einer reichen und historisch bedeutsamen Gegend. Wir biegen von der Ringstraße Nr. 1 nach rechts in das Tal ab. Recht bald erreichen wir den Hof Víðidalstunga, der auf der Landzunge zwischen der Víðidalsá und der Fitjá steht. Auf diesem Hof ließ der Grundherr Jón Hákonarson um die Wende vom 13. zum 14. Jahrhundert die Handschrift Flateyjarbók anfertigen, wozu 113 Kalbfelle benötigt wurden. Später gelangte diese mittelalterliche Handschrift auf die Insel Flatey im Breiðafjörður und wurde nach ihr benannt. Dort bekam im 17. Jahrhundert Bischof Brynjólfur Sveinsson das Manuskript und schenkte es dem dänischen König Fredrik III. Ungefähr drei Jahrhunderte lang befand sich dieses kostbare Pergament in Kopenhagen, bis es 1971 mitsamt dem Codex Regius der Lieder-Edda nach Island zurückkehrte, nachdem sich Dänen und Isländer über die Rückgabe der isländischen Manuskripte geeinigt hatten. In Víðidalstunga wohnte jahrhundertelang dasselbe Geschlecht, das sich auch nach dem Stammsitz den Familiennamen Vídalín zulegte. Aus dieser Familie stammen zahlreiche berühmte Männer, u.a. Páll Vídalín, der zusammen mit dem Handschriftensammler Árni Magnússon ein Verzeichnis über Bevölkerung und Grundbesitzverhältnisse in Island erstellte, und Bischof Jón Vídalín, der im 18. Jahrhundert eine vielgelesene Hauspostille verfasste.

Wir überqueren die Fitjá, in der sich die sogenannten Kerafossar (Bottichfälle) befinden, die man sich anschauen sollte. Dann führt die Straße über die Víðidalsá und ein kleines Stück in das Tal hinein. Wir halten bei einer weiteren Brücke über die Víðidalsá, wo der Fluss in zwei wunderschönen Wasserfällen in eine enge Schlucht fällt, die Kolugljúfur heißt. Diese steilwandige Schlucht ist etwa einen Kilometer lang und 40-50 m tief. Die Schlucht erhielt ihren Namen von der Trollfrau Kola, die dort in alten Zeiten hauste und von riesenhafter Größe war. Von ihr berichtet eine alte Volkssage:

Nord-island

VÍÐIDALUR

Unweit des Hofes Kolugil befindet sich eine tiefe Schlucht, die Kolugljúfur genannt wird. In dieser Schlucht soll in uralten Zeiten ein Riesenweib namens Kola gehaust haben, nach dem die Schlucht benannt wurde. Auf der westlichen Seite der Schlucht gibt es eine grasbewachsene Mulde, die heute Kolurúm (Kola-Bett) heißt. Dort soll Kola sich nachts zum Schlafen gelegt haben. Vor dieser Mulde stehen zwei schmale Felssäulen. Zwischen ihnen ist eine Scharte, und von dort fallen die Felsen senkrecht ab zur Víðidalsá, die durch die Schlucht fließt. Zum Frühstück soll sich Kola mit der Hand Lachse aus dem Fluss geangelt haben.

Beim Hof Kolugil befindet sich der Hügel Koluhóll. Dort liegt Kola angeblich begraben. Man hat oft versucht, den Hügel aufzugraben, aber jedes Mal musste man wieder aufhören, denn währenddessen geschahen merkwürdige Dinge. Entweder schien die Kirche von Víðidalstunga in hellen Flammen zu stehen, oder die Víðidalsá schien über die Kiesbänke oberhalb von Kolugil aufwärts zu fließen und auf den Hof zuzusteuern. Jetzt hat dieser Hügel oben eine kleine Vertiefung. Das war die Geschichte von der Trollfrau Kola, die sich zwar heute nicht mehr bemerkbar macht, aber trotzdem lohnt es sich, ins Tal hineinzufahren und sich die Umgebung anzusehen, in der sie zu ihren Lebzeiten hauste.

Menschen und Tiere

Das Mädchen von Skíðastaðir und der Rabe

Auf der Hauptstraße durchqueren wir den Húnavatns-Bezirk in östlicher Richtung und gelangen zum Vatnsdalur (Seetal). Die Sicht ins Tal ist allerdings von einer eigenartigen Hügelgruppe, den berühmten Vatnsdalshólar (Hügel von Vatnsdalur) verstellt. Sie sind angeblich unzählbar, genau wie die Seen auf Arnarvatnsheiði und die Inseln im Breiðafjörður. Es gibt verschiedene Theorien über die Entstehung dieser Hügel; die meisten neigen zu der Ansicht, dass sie in vorgeschichtlicher Zeit durch einen kolossalen Bergsturz aus dem gegenüberliegenden Berg Vatnsdalsfjall zustande kamen.

Südlich der Hügel liegt der große See Flóðið (Flut), der 1720 ebenfalls bei einem Erdrutsch entstand, als der Fluss Vatnsdalsá durch die herabstürzenden Gesteinsmassen gestaut wurde. Derselbe Erdrutsch vernichtete den Bauernhof Bjarnastaðir und forderte sechs Menschenleben. Vatnsdalsá gehört zu den schönsten und fischreichsten Lachsflüssen des Landes. Im inneren Vatnsdalur vereinigen sich viele kleinere und größere Bäche mit diesem Fluss; sie kommen vom Hochland und ergießen sich in vielen hübschen Wasserfällen in das Tal.

Im Vatnsdalur ließ sich als erster der Landnehmer Ingimundur der Alte nieder, und zwar in Hof (Tempel). Er wählte dieses Tal, weil es ihm fruchtbar und schön erschien, denn dort gab es sowohl Weiden als auch Wälder. Bevor er den endgültigen Hofplatz gewählt hatte, wurde Ingimundur die Tochter Þórdís geboren. Das war im südlichen Teil der oben erwähnten Hügel, und ihr wurde dort ein Gedenkstein errichtet. Der kleine Hain dort heißt ebenfalls nach ihr, nämlich Þórdísarlundur. Vom langgestreckten Bergmassiv Vatnsdalsfjall gingen des öfteren Gesteinslawinen zu Tal, wovon die Hänge deutlich Zeugnis ablegen.

Der Erdrutsch von Bjarnastaðir wurde bereits genannt, aber 1545 hatte ein noch viel größerer Bergsturz stattgefunden, unter dem der Hof Skíðastaðir und 13 Hofinsassen begraben wurden. Der Sage zufolge überlebte ein Mädchen diese Katastrophe auf wundersame Weise:

Zu Skíðastaðir lebte in alter Zeit ein überaus wohlhabender Bauer. Er hatte viel Gesinde, das sommers wie winters hart für ihn arbeiten musste. Während der Heuernte durften die Dienstmägde nur sonntags Essen kochen, damit sie unter der Woche ausschließlich im Heu arbeiten konnten. Niemandem auf dem Hof war es gestattet, zur Kirche zu gehen, und niemals wurden abends fromme Geschichten vorgelesen. Eines Sonntagsmorgens konnte man von vielen Höfen in der Nachbarschaft aus sehen, wie eine weißgekleidete Gestalt in nördlicher Richtung am Vatnsdalsfjall entlangging. Sie hatte einen Stab in der Hand, und oberhalb von Skíðastaðir machte sie Halt und schlug mit dem Stab an den Berg. Im gleichen Augenblick löste sich ein Erdrutsch aus dem Berg, schwoll zu einer gewaltigen Geröllawine an und begrub den Hof Skíðastaðir vollkommen unter sich. Bis auf ein Mädchen, das sich zu dem Zeitpunkt vom Hof entfernt hatte, kamen alle Menschen, die auf dem Hof lebten, ums Leben.

Dieses Mädchen war schon lange in Skíðastaðir gewesen, obwohl ihr die Sitten dort missfielen und sie sich nur schwer mit der Gottlosigkeit des Hausherrn abfinden konnte. Sie war gutmütig und sehr arbeitswillig, weswegen sie bei ihrer Herrschaft und den anderen sehr beliebt war. Oft musste sie an Feiertagen Essen kochen, durfte aber zum Lohn dafür immer nur den Breitopf auskratzen. Der Winter vor diesem Erdrutsch war sehr streng gewesen, es gab eine große Hungersnot, und Mensch und Vieh starben. Zwar waren die Vorratskammern des Bauern von Skíðastaðir prall gefüllt, doch weigerte er sich, anderen etwas abzugeben. Kamen Notleidende zu seinem Hof, jagte er sie unbarmherzig von dannen. Das Mädchen war sehr betrübt, dass es den bedürftigen und hungrigen Leuten nicht helfen konnte, und deswegen versuchte sie immer, ihnen heimlich etwas von ihrem eigenen Essen und von dem, was sie auskratzte, zuzustecken. Dieser strenge Winter setzte aber auch nicht zuletzt den Tieren sehr zu, die draußen leben mussten, und sie verendeten zuhauf. Die Raben kamen damals in Scharen zu den Höfen, um im Abfall zu picken, wenn es denn welchen gab. Das Mädchen war immer darum bemüht, so viel wie möglich hinauszuwerfen, denn sie hatte Mitleid mit allen Geschöpfen und wollte den Raben ebenso wie den Menschen helfen. Einer dieser Raben war so zutraulich, dass er gleich um sie herumhüpfte, sobald sie zur Tür hinaustrat. Im Frühjahr und Sommer nach diesem harten Winter kam er jeden Morgen in der Frühe nach Skíðastaðir, denn das Mädchen hielt immer etwas für ihn bereit.

An dem Sonntagmorgen, als der Erdrutsch niederging, war das Mädchen in aller Herrgottsfrühe aufgestanden, um den Brei zu kochen. Sie beeilte sich mit dem Auskratzen, denn sie wollte etwas für den Raben haben, wenn er käme. Sie war gerade damit fertig, als sie den Raben draußen krächzen hört. Dann geht sie mit den Breiresten in einer Kelle hinaus und legt sie auf den Hofplatz, dort wo sie ihm immer zu fressen gab. Aber anstatt zu fressen, hüpft der Rabe auf dem Hofplatz umher und fliegt dann eine kleine Strecke auf die Heuwiese hinaus. Das Mädchen geht ihm nach mit der Kelle in der Hand, aber auch dort will er nicht fressen und fliegt weiter auf die Wiese. So geht es eine ganze Weile weiter, das Mädchen läuft dem Raben nach und bietet ihm Essen an, aber er flattert immer wieder auf und fliegt Stück für Stück weiter vom Hof weg. Das Mädchen versteht überhaupt nicht, warum der Rabe sich so verhält, versucht aber weiter, ihm sein Fressen zu geben. Diese Verfolgungsjagd führt die beiden immer weiter vom Hof weg, und schließlich sind sie schon über die Heuwiese hinaus. Da denkt das Mädchen bei sich, dass es so nicht weitergehen könne, aber im gleichen Augenblick, als sie wieder zum Hof zurückkehren will, hört sie ein gewaltiges Dröhnen im Berg, das dem

Erdrutsch und der Wasserflut vorausging, und sie sieht, welches Unglück über den Hof hereinbricht. Daraufhin lobte sie Gott von ganzem Herzen, dass er diesen verständigen Raben zu ihrer Rettung geschickt hatte.

Göttliche und dämonische Wesen

Der Schnitter von Tindar

Auf der Fahrt durch das reiche Bauernland im Norden gibt es vieles, wofür es sich lohnt, Halt zu machen und sich umzuschauen. Über die Hochebene Holtavörðuheiði geht es hinunter in den Hrútafjörður, und in Brú oder Staðarskáli bietet sich eine willkommene Gelegenheit, Rast zu machen. So machten es auch früher die regionalen Postboten aus West-, Süd- und Nordisland, die sich hier trafen. Sie tauschten die Post und die neuesten Nachrichten aus, und anschließend ritt jeder wieder in seinen Landesteil zurück. Zur Erinnerung an diese Zeiten wurde ihnen in Staðarskáli ein Denkmal errichtet. Die Ringstraße führt am Ostufer des Hrútafjörður entlang. Kurz bevor wir nach rechts in Richtung Miðfjörður fahren, liegt linker Hand unten am Fjord das frühere Schulzentrum Reykjaskóli. Sehenswert ist das Regionalmuseum dort, wo wir alles Wissenswerte über den früher so einträglichen Haifischfang erfahren. Vor allem die Leber wurde verarbeitet, und mit Haifischlebertran aus Island wurden früher die Straßenlaternen in Kopenhagen beleuchtet. Dann verlassen wir den Hrútafjörður. Im Miðfjörður biegen wir kurz nach Laugarbakki von der Ringstraße 1 ab und gelangen bald nach Hvammstangi, einem kleinen Fischereiort im Westen der Halbinsel Vatnsnes. Auf dieser Halbinsel liegt Illugastaðir, ein Hof mit reichen Pfründen. Dort lebte ein Mann namens Natan Ketilsson, der im Jahre 1828 mitsamt seinem Knecht ermordet wurde. Die Mörder zündeten das Haus an, um die Spuren des Verbrechens zu tilgen, aber sie wurden trotzdem gestellt. Für diesen Mord wurden Friðrik Sigurðsson und Agnes Magnúsdóttir zum Tode verurteilt und 1830 in den Vatnsdalshólar in der Nähe von Sveinsstaðir enthauptet. Das war die letzte Hinrichtung, die in Island stattfand. Ganz an der Spitze der Halbinsel Vatnsnes liegt der Hof Hindisvík, wo sich dank

Nord-island

ÁSAR

der Bemühungen von Pfarrer Sigurður Norland von Tjörn Seehunde und Vögel ungestört tummeln können. Wenn wir die Halbinsel, auf der es viel zu sehen gibt, umrundet haben, sollten wir in der Nähe von Súluvellir halten und Hvítserkur anschauen, eine eigenartige Felsformation direkt vor der Küste. Auch der Hof Breiðabólsstaður hat historische Bedeutung, denn hier entstanden 1117–18 die ersten isländischen Pergamenthandschriften, in denen die Gesetze des Landes aufgezeichnet wurden. Im 16. Jahrhundert gab es hier eine Druckerei.

Wir folgen dann der Ringstraße weiter nach Osten und fahren durch grasbewachsene Niederungen, durch die sich Víðidalsá schlängelt. Nachdem wir den Fluss überquert haben, liegt rechter Hand der Hof Lækjamót. Dort lebten im ausgehenden 10. Jahrhundert eine Zeit lang die ersten christlichen Missionare, die sich nach Island wagten, der sächsische Bischof Friedrich und der Isländer Þorvaldur der Weitgereiste. Sie wurden von den Heiden im Umkreis gehasst, die eine Truppe sammelten, um den Christen das Dach über dem Kopf anzuzünden und sie zu verbrennen. Als sie sich aber der Heuwiese von Lækjamót näherten, flog ein großer Vogelschwarm geradewegs auf sie zu. Die Pferde wurden scheu, die schwer bewaffneten Männer stürzten vom Pferd und es gab viele Verletzte. Auf diese Weise zerschlug sich der Mordbrandplan. Weiter östlich liegt dann der Hof Stóra-Giljá direkt an der Straße. Von diesem Hof stammte Þorvaldur der Weitgereiste. Ein wenig oberhalb der Heuwiese liegt ein großer Stein, der den Namen Gullsteinn (Goldstein) trägt. Þorvaldurs Vater Koðrán war Heide und er war fest davon überzeugt, dass sein Schutzgeist in diesem Stein hauste. Als die Missionare aber eine Messe an diesem Stein feierten, zersprang der Stein. Das wertete Koðrán als ein Zeichen dafür, dass der christliche Gott, an den sein Sohn glaubte, mächtiger war als sein Schutzgeist, und er ließ sich taufen. Zum Gedenken an diese ersten Missionare hat man dort jetzt ein Kreuz errichtet. Und noch andere Dinge erinnern dort an die Kirchengeschichte des Landes, denn auf dem flachen Landstrich zum Meer hin sehen wir die Steinkirche von Þingeyrar, wo 1133 das erste Kloster Islands gegründet wurde. In der sehenswerten Kirche, die 1877 eingeweiht wurde, befindet sich u.a. ein kostbares Altarbild aus Alabaster, das im 15. Jahrhundert in England entstanden ist.

Auf unserer Weiterfahrt überqueren wir Laxá í Ásum, einen der ertragreichsten Lachsflüsse des Landes und mithin der teuerste. Die *leicht hügelige Landschaft südlich von Blönduós ist fruchtbar und für Landwirtschaft besonders geeignet. Hier liegt der Hof Tindar, mit dem eine Volkssage verbunden ist:*

Es war einmal ein Bauer, der lebte zu Tindar im Húnavatn-Bezirk; er hieß Árni Þorleifsson. Er verstand es zu wirtschaften, und außerdem war er in den schwarzen Künsten bewandert. Eines Sommers war der Graswuchs auf den Heuwiesen sehr spärlich, denn wegen des Treibeises, das vor der Küste lag, war es ungewöhnlich kalt. Árni mähte den ganzen Sommer über nicht, damit das Gras so lange wie möglich wachsen konnte. Alle anderen machten Heu, so wie sie es gewohnt waren, und als sie schon alles eingebracht hatten, hatte Árni noch nicht einmal angefangen zu mähen. Kurze Zeit später aber verlangte er vom Teufel, die Hauswiese von Tindar in einer Nacht zu mähen. Der Teufel erkundigte sich, welchen Lohn er dafür bekäme. Als der Bauer ihm das freistellt, erklärte der Teufel, er wolle Árni selbst zum Lohn. Árni ging darauf ein unter der Bedingung, dass der Teufel es schaffen würde, in einer Nacht die gesamte Wiese zu mähen und vor Tagesanbruch fertig zu sein.

Die Heuwiese von Tindar ist aber voller Steine, und am allerschlimmsten war es bei den Mauerresten an Ende der Wiese, dort wo es Gníputótt (Zackenfleck) heißt. In früheren Zeiten soll da eine Kapelle gestanden haben, und man konnte dort keinen Sensenhieb tun, ohne auf Steine zu stoßen. Kurze Zeit später macht Árni viele Sensenschäfte fertig und befestigt gewetzte Sensen daran. Am gleichen Abend noch befiehlt er seinem Gesinde, im Haus zu bleiben und sich während der Nacht nicht zu rühren. Die Leute taten, wie der Bauer sie geheißen hatte, nur eine alte Frau nicht. Sie wollte unbedingt wissen, was draußen vor sich ginge, deswegen stand sie auf und spähte durch eine Ritze in der Tür hinaus. Da sah sie auf jedem Grashöcker ein Teufelchen sitzen, aber im gleichen Moment erblindete sie auf dem

Auge, mit dem sie hinausgeschaut hatte, und darüber verlor sie den Verstand.

Als der Bauer am nächsten Morgen zur Tür hinaus trat, hatte der Teufel die ganze Wiese gemäht, aber nicht das Stück bei Gníputótt. Seine Sensenhiebe waren bedeutend langsamer geworden, und die Sense hatte kaum noch Biss. Árni ging zu ihm hin und hörte, wie der Teufel die folgende Strophe sprach:

> Gníputótt hat Geröll genug,
> Eisen klirrt an Steinen,
> der Tindar-Bauer ist sehr klug,
> und macht es schwer für den Einen.

Der Teufel hatte die ganze Wiese geschafft bis auf zwei Grashöcker innerhalb der Kapellenreste. Auf den einen hatte Árni eine Bibel gelegt, und auf den anderen den Davidspsalter, und begreiflicherweise mied der Teufel derartige Literatur. Árni erklärte, dass damit die Abmachung hinfällig sei, und dass er den Teufel nie wieder sehen wollte. Der Zackenfleck heißt auch heute noch immer so und ist am Rand der Heuwiese zu sehen.

Gespenster und Phantome

Sólveig und Pfarrer Oddur

Vom kleinen Pass Vatnsskarð (Seescharte) blickt man hinunter in das fruchtbare Tiefland des Skagafjörður, das sich zwischen majestätischen Bergen zu beiden Seiten des Fjords ausdehnt. Der Skagafjörður kann auf eine bedeutende Geschichte zurückblicken. Wir machen Halt beim Denkmal für den nach Kanada ausgewanderten Dichter Stephan G. Stephansson, der aus diesem Fjord stammte und in Kanada weiterhin Gedichte auf Isländisch verfaßte. Wir genießen die herrliche Aussicht – zur Linken erhebt sich Tindastóll (Zinnenstuhl), und aus dem Meer ragen die Inseln Drangey und Málmey auf. Im Süden reckt Mælifellshnjúkur seinen formschönen Gipfel in das kühle Blau des Himmels, und auf der anderen Seite erheben sich die Berge von Blönduhlíð bis in über 1000 m Höhe. Zu ihren Füßen reihen sich die Höfe wie Perlen an einer Schnur. Der Hof Miklibær ist ein berühmter historischer Ort und seit alters her ein bedeutender Pfarrhof. Auf dem Friedhof neben der Kirche befindet sich das Grab des Dichters Bólu-Hjálmar mit einem Gedenkstein darauf. Ganz in der Nähe fand im 13. Jahrhundert die Schlacht von Örlygsstaðir statt, doch wir wollen hier eine mysteriöse Begebenheit aus dem 18. Jahrhundert aufgreifen. Sie handelt von einem unglücklichen Mädchen, Sólveig mit Namen, das ihrem Leben ein Ende setzte, und von Pfarrer Oddur Gíslason, der auf dem Weg zum Nachbarhof spurlos verschwand. Es gibt viele mündliche Überlieferungen, und eine Version dieser Geschichte lautet wie folgt:

Ein Mädchen namens Sólveig war bei Pfarrer Oddur Gíslason zu Miklibær in Diensten. Sie hatte ein Verhältnis mit dem Pfarrer und wollte seine Frau werden, aber er ließ sich nicht darauf ein. Das verwirrte ihr den Verstand und sie versuchte mehrmals, sich das Leben zu nehmen. Deswegen wurde sie von den Leuten auf dem Hof ständig beaufsichtigt. In der Nacht war es vor allem eine Frau namens Guðlaug Björnsdóttir, die Schwester von Pfarrer Snorri zu Húsafell, die sich um Sólveig kümmerte. Eines Abends in der Dämmerung konnte Sólveig aber doch ihrer Bewacherin entkommen und lief zu einer Ruine auf der Heuwiese. Der Knecht Þorsteinn folgte ihr, aber sie war so schnell gewesen, dass sie sich bereits die Kehle aufgeschnitten hatte, als der Knecht sie fand. Er sah, wie das Blut aus ihrem Hals schoss, und soll gesagt haben: „Jetzt hat der Teufel sie in Empfang genommen." Er hörte sie noch etwas sagen und verstand soviel, als dass er dem Pfarrer ausrichten solle, sie bäte darum, auf dem Friedhof begraben zu werden. Nach diesen Worten starb sie.

Þorsteinn der Knecht berichtete daheim, was passiert war, und er überbrachte dem Pfarrer den Wunsch von Sólveig, in geweihter Erde begraben zu werden. Der Pfarrer ersuchte um eine Ausnahmeerlaubnis, die er aber nicht erhielt, weil das Mädchen sich das Leben genommen hatte. In der Nacht, nachdem er den abschlägigen Bescheid erhalten hatte, träumte der Pfarrer von Sólveig, die sagte: „Weil du mir es nicht vergönnst, in geweihter Erde zu liegen, soll das gleiche auch für dich gelten." Sie sah sehr erzürnt aus. Daraufhin wurde Sólveig ohne christliches Begräbnis außerhalb des Friedhofs eingescharrt. Wenig später begann sie, Pfarrer Oddur zu behelligen, wenn er allein unterwegs war, beispielsweise wenn er zur Annex-Kirche in Silfrastaðir ritt. Das sprach sich im ganzen Kirchspiel herum, und jedermann fühlte sich verpflichtet, den Pfarrer nach Hause zu begleiten, wenn er spät abends noch unterwegs war.

Eines Tages ritt Pfarrer Oddur zu seiner Annex-Kirche, und der Tag war schon zur Neige gegangen, ohne dass er zurückgekehrt war. In Miklibær machte man sich normalerweise keine Sorgen um ihn, denn es war bekannt, dass immer irgendjemand den Pfarrer nach Hause begleitete, wenn er spät unterwegs war. Auch dieses Mal war der Pfarrer nicht allein nach Hause geritten, aber als er bei der Hofwiese angekommen war, sagte er zu seinem Begleiter, dass er jetzt umkehren könne, denn er würde den Rest des Weges unbeschadet überstehen, und dann trennten sich ihre Wege. Spät am Abend hörten die Leute in Miklibær, wie an die Haustür gepocht wurde, aber weil ihnen das Klopfen seltsam vorkam, ging niemand zur Tür. Dann hörte man, wie jemand wie auf der Flucht vor etwas auf das Dach über der Wohnstube hochkletterte, doch bevor derjenige sich am Fenster bemerkbar machen konnte, hatte es den Anschein, als würde er bei den Füßen gepackt und heruntergezogen. Gleichzeitig glaubte man auch einen Wehlaut zu hören. Als man spät am Abend noch einmal hinausschaute, stand das Pferd des Pfarrers auf dem Hofplatz, Handschuhe und Peitsche waren unter dem Sattelsitz. Die Leute in Miklibær wurden jetzt sehr unruhig, denn es war klar, dass der Pfarrer bis nach Hause gekommen war, aber jetzt war er nirgends zu finden. Man suchte überall nach ihm und fragte auf allen Höfen nach, auf denen er möglicherweise Halt gemacht haben könnte, und dann stellte es sich heraus, dass er am Abend bis zur Einfriedung der Wiese begleitet worden war, dann aber den Rest des Weges allein zurückgelegt hatte. Jetzt zogen große Suchtrupps los, und viele Tage lang durchkämmte man die ganze Gegend, doch ohne den geringsten Erfolg. Dann brach man die Suche ab, und die meisten hielten es für wahrscheinlich, dass Sólveig ihre Drohung wahrgemacht und dafür gesorgt hatte, dass der Pfarrer nicht in geweihter Erde ruhen würde. Man vermutete, dass sie ihn zu sich in den Steinhügel geholt habe, aber niemand ging dem auf den Grund.

So lautet die Volkssage über Sólveig und Pfarrer Oddur. Es gibt noch verschiedene andere Überlieferungen im Zusammenhang mit seinem Verschwinden, und manche meinen, dass seine Leiche gefunden und heimlich begraben worden sei, möglicherweise in Héraðsdalur. Nichts davon konnte aber bewiesen werden, und das Verschwinden des Pfarrers ist ein unlösbares Rätsel geblieben.

Nord-island

BLÖNDUHLÍÐ

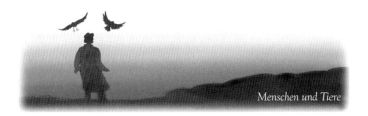

Menschen und Tiere

Schaf-Snorri von Þorljótsstaðir

Aus der Tiefebene des Skagafjörður ziehen sich drei lange Täler nach Süden ins Hochland hinauf. Das Tal in der Mitte heißt Vesturdalur (Westtal). Um dorthin zu gelangen, biegen wir nahe beim Dienstleistungszentrum Varmahlíð von der Ringstraße 1 nach Süden ab. Die Straße führt uns durch Tungusveit zum Vesturdalur, das am Anfang sanfte, grasbewachsene Hügel und reiches Weideland zu bieten hat. Zum Hochland hin verengt sich das Tal, und die Berge werden höher und steiler. Vesturdalur ist ein fruchtbares Tal, in dem viele Bauernhöfe liegen, die allerdings in früheren Zeiten noch zahlreicher waren. Darauf weisen viele alte Ortsnamen hin, aber ansonsten findet man kaum noch Spuren menschlicher Siedlung. Im innersten Teil des Tales, nur 20 km nördlich des Gletschers Hofsjökull, liegt der Ödhof Hraunþúfuklaustur (Lavahügelkloster), geheimnisvoll umwoben von vielen alten Volkssagen. Dort soll in alten Zeiten ein Kloster gestanden haben, doch die Meinungen darüber, ob es ein Mönchs- oder ein Nonnenkloster war, gehen auseinander. Es gibt dort aber noch einige alte Ruinen, und die mündliche Tradition weiß zu berichten, dass man vor langer Zeit dort eine Glocke gefunden habe, einen Kelch und einen Türring, und diese Gegenstände seien in den Besitz der Kirche von Goðdalir übergegangen.

In der Nähe von Hraunþúfuklaustur liegt die Schlucht Hraunþúfugil. Zwei Ortsnamen in dieser Schlucht weisen möglicherweise auf ein früheres Klosterleben dort hin. Hraunþúfa heißt ein hoher Felsvorsprung im südlichen Teil der Schlucht. Eine Sage erzählt, dass ein Abt einmal einen Schafhirten, der Holofernes hieß, auf diesen Felsen mitgenommen habe. Der soll ihm dabei geholfen haben, dort einen reichen Silberschatz zu vergraben. Danach sei der Abt mit dem Hirten auf einen anderen Felsen an der Nordseite der Schlucht gegangen und habe ihn hinuntergestürzt, damit er das Silberversteck nicht verraten könne. Dieser Felsen trägt bis heute den Namen von Holofernes. Eine andere Geschichte von Holofernes besagt, dass er Schafhirte bei den Nonnen von Hraunpúfuklaustur gewesen sei. Da hatte er ein erbärmliches Leben, denn jeden Morgen band ihm die Äbtissin ein Sahnefass auf den Rücken, und er durfte erst dann nach Hause kommen, wenn die Sahne vom Schütteln zu Butter geworden war. Er musste jeden Tag mit dieser Bürde auf dem Rücken die Schafe hüten. Zuletzt gab Holofernes es auf, diesen hartherzigen Nonnen zu dienen, und er setzte seinem Leben ein Ende, indem er vom Felsen sprang, der seitdem nach ihm benannt ist.

In späteren Jahrhunderten war der Hof Þorljótsstaðir der letzte Hof im Vesturdalur, der erst kurz vor 1950 verlassen wurde. Man vermutet, dass Þorljótsstaðir seit dem 10. Jahrhundert besiedelt war, denn ganz in der Nähe des Hofes wurde eine alte heidnische Grabstätte gefunden. Viele Jahrhunderte lang war dieser Hof einer der abgelegensten im ganzen Land. Allerdings ist er jetzt, nachdem er aufgegeben wurde, wieder ganz gut erreichbar, denn aus dem Vesturdalur wurde eine Piste für Jeeps hinauf ins Hochland gelegt, über die man zur Oase Laugafell und auf die Sprengisandur-Route gelangen kann. Eine schöne Volkssage verbindet sich mit Þorljótsstaðir. Sie berichtet von dem Bauern Snorri, der so viele Schafe besaß, dass er deswegen Schaf-Snorri genannt wurde:

In Þorljótsstaðir lebte ein Mann, der Schaf-Snorri genannt wurde. Damals war schon eine geraume Zeit verstrichen, seitdem die Pest in Island gewütet hatte. Snorri besaß viele Schafe, die er im Winter frei auf dem Hang beim Hof weiden ließ. Die Herde wurde von zwei hervorragenden Leittieren angeführt. Einmal gab es einen besonders strengen Winter. Dann geschah es, dass Snorris Schafe zwischen Neujahr und Dreikönig plötzlich samt und sonders wie vom Erdboden verschwunden waren, und soviel er auch suchte, er konnte sie nirgends finden. Aber als der Schnee im Frühjahr zu tauen begann, waren sie alle wieder zur Stelle. Auch der folgende Winter war streng. Snorri nahm sich vor, diesmal besser auf seine Schafe aufzupassen, er hielt sich in ihrer Nähe und steckte sich ein fettes Stück

Bauchspeck in die Tasche. Er kam an einen Ort, der heute noch Snorrasteinn heißt, in der Nähe von Klaustur, wo vor der Pest ein bedeutender Hof gewesen war. Snorri setzte sich auf diesen Stein und aß von seinem Speck, während sich seine Schafe auf der westlichen Seite des Flusses, südlich der Schlucht Hraunþúfugil, befanden.

Als Snorri die Schafe zurücktreiben wollte, rannten sie nach Süden den Hang hinauf. Snorri lief ihnen nach, konnte sie aber nicht einholen. Das Wetter war verhangen und es hatte leicht zu schneien angefangen. Die Schafe liefen östlich von Ásbjarnarvötn (Seen von Ásbjörn) weiter nach Süden; in diesen Seen angelte man früher viele Forellen. Weiter ging es an Lambahraun (Lämmerlava) und Illviðrishnjúkar (Schlechtwettergipfel) vorbei, und dann östlich des Hofsjökull nach Süden. Snorri lief ihnen fast drei Tage lang nach, bis er schließlich zu einem Hof kam, wo er eine frischgemähte Wiese vorfand. Dann bemerkte er einen Schafstall. Ein Mann stand in der Tür und sagte, als er die Schafe sah: „Da seid ihr ja wieder, ihr Ärmsten." Snorri fragt, woher er die Tiere kennt. Der Mann erwidert, sie hätten den vergangenen Winter hier verbracht. Snorri will wissen, wo er denn überhaupt sei. „In Hamarsholt in der Hreppar-Gemeinde," sagte der Bauer. Snorri blieb über den Winter dort und hatte es gut bei dem Bauern. Am Karfreitag aber zogen die Schafe wieder über die Berge nach Norden, denselben Weg, den sie gekommen waren, und Snorri zieht mit ihnen. Nach Þorljótsstaðir kam er am Ostersamstagabend. Er ging in die Küche und fand dort einen Fleischtopf über dem Feuer. Er nahm sich ein Stück und aß es. Im gleichen Augenblick betrat seine Frau den Raum, und weil sie ihren Mann für tot gehalten hatte, glaube sie, ein Gespenst zu sehen, und fiel in Ohnmacht. Dann kümmerte er sich um seine Frau, und als sie wieder zu sich kam, schlossen sie sich freudig in die Arme. Man sagt, dass Snorri es dem Bauern in Hamarsholt reichlich vergolten habe, dass er die Schafe den Winter über bei sich aufgenommen hatte.

In Hraunþúfuklaustur hat früher angeblich eine Kirche gestanden. Dort ist ein Rastplatz für Pferde und Treiber, die die Schafe von Lambatungur heimholen. Einmal maßen die Treiber wie gewöhnlich ihre Kräfte beim Ringkampf. Dabei wurde einer zu Fall gebracht. Er fiel aufs Knie und spürte so etwas wie eine spitzen Stein. Bei näherem Hinsehen stellte sich aber heraus, dass dort ein kupferner Gegenstand aus dem Boden ragte. Als nachgegraben wurde, kam dort eine Glocke zum Vorschein.

Trolle und Unholde

Die Bösen müssen auch irgendwo eine Bleibe haben

Wenn man auf der Ringstraße 1 über den Pass Vatnsskarð in den Skagafjörður gelangt, hat man bei schönem Wetter nicht nur einen herrlichen Ausblick auf die gewaltige Bergwelt des Skagafjörður, sondern nach Norden hin auch auf die beiden steil aus dem Meer aufragenden Inseln Drangey und Málmey. Vom Denkmal für Stephan G. Stephansson, das von dem Bildhauer Ríkarður Jónsson stammt, fahren wir hinunter nach Varmahlíð und von dort aus in nördlicher Richtung nach Sauðárkrókur, mit weit über 2000 Einwohnern ein relativ großes Handels- und Dienstleistungszentrum. Darüber hinaus leben die Menschen hier aber auch von Fischfang, Kleinindustrie und Gewerbe. Auch der Fremdenverkehr nimmt einen wichtigen Platz ein. Von hier aus werden organisierte Fahrten zur Insel Drangey unternommen. Die Steilküsten dieser Insel ragen am Westufer des Fjordes 180 m senkrecht aus dem Meer auf, und nur an einer Stelle kann man sie erklimmen. Das ist aber nur etwas für Schwindelfreie, denn um ganz nach oben zu gelangen, muss man zuletzt mithilfe der in die Tuffelsen eingelassenen Eisengriffe hochklettern. Oben ist die 0.2 km² große Insel ziemlich flach und ganz und gar grasbewachsen. Früher weideten dort im Sommer Schafe, und man erntete auch Heu. Besonders wichtig waren aber in früheren Zeiten die riesigen Mengen von Seevögeln, die ihre Brutkolonien in den Felsen haben. Jahrhundertelang wurden diese Pfründe genutzt, indem man Jagd auf die Vögel machte und ihre Eier sammelte. In manchen Jahren wurden dort im Frühjahr über 200.000 Vögel gefangen, und die Insel wurde nicht umsonst die Vorratskammer des Skagafjörður genannt. Es gibt nur zwei

Menschen, die jemals auf der Insel einen festen Wohnsitz hatten, und das sind die Brüder Grettir und Illugi aus der Grettis Saga, die 1028–1031 dort lebten. Grettir war geächtet und aus der menschlichen Gemeinschaft ausgestoßen, und weil er aufgrund einer Verwünschung Angst davor hatte, allein zu sein, hatte sein Bruder ihn zu diesem Schlupfwinkel begleitet. Die Feinde von Grettir konnten ihn erst dann auf der Insel überwältigen und töten, als sie sich die finsteren Künste einer Zauberin zunutze gemacht hatten. Am bekanntesten ist wohl die Geschichte, als den Brüdern das Feuer ausging und Grettir der Held an Land schwamm, um in Reykir Feuer zu holen. Erst im 20. Jahrhundert haben sich einige Wagemutige daran versucht, Grettir diese Leistung nachzutun. Viele Volkssagen ranken um die Insel Drangey. Es gibt sogar eine von ihrer Entstehung:

Nord-island

DRANGEY

Es waren einmal zwei Nachttrolle, die in Hegranes wohnten. Sie wollten ihre Kuh zu einem Stier bringen, und da es in der ganzen Gegend weit und breit keinen gab, mussten sie mit der Kuh in den Westen nach Strandir. Sie zogen los und der Trollmann hatte die Kuh am Strick, während die Trollfrau antrieb. Sie waren noch gar nicht weit gekommen, da ging die Sonne im Osten auf, und als die ersten Strahlen sie trafen, wurden alle drei zu Stein. Kerlingin (die Alte) heißt eine einzelne Felszinne im Süden der Insel, und Karlinn (der Alte) hieß eine andere, die früher im Norden der Insel war, aber bei einem Erdbeben im Jahre 1755 einstürzte. Die Kuh selbst wurde zur Insel, und auch das passt gut, weil sie für die Bewohner des Skagafjörður in übertragenem Sinne so etwas wie eine Milchkuh war, die den Menschen Nahrung sicherte.

Im Laufe der Jahrhunderte hat es viele tödliche Unfälle in Drangey gegeben, was nicht verwunderlich ist, denn steile Felsen zu erklimmen und sich zum Eiersammeln von oben abseilen zu lassen, ist ein gefährliches Unterfangen. Wegen der großen Zahl der Unfälle glaubten die Menschen früherer Zeiten, es ginge nicht mit rechten Dingen zu, denn oft hatte es den Anschein, als seien die Stricke mit einem scharfen Gegenstand durchgeschnitten oder mit der Axt durchgehauen worden. Ein Gerücht kam auf, dass irgendwelche Ungeheuer oder Klippenbewohner dort ihr Unwesen trieben, die verhindern wollten, dass die Menschen Vögel fingen und Eier sammelten, und deshalb waren die Menschen nicht sehr darauf erpicht, in Drangey auf Jagd zu gehen. Zu Anfang des 13. Jahrhunderts amtierte in Hólar, dem Bischofssitz des Nordlands, Bischof Guðmundur Arason. Er unterstützte die Armen und Bedürftigen und wurde deswegen Gvendur der Gute genannt. Er war im ganzen Land bekannt, weil er zum Nutzen von Mensch und Tier übel beleumundete Orte segnete. Er weihte auch viele Brunnen in ganz Island, die auch heute noch ihm zu Ehren den Namen Gvendar-Brunnen tragen.

Gvendur der Gute erfuhr von den schrecklichen Menschenverlusten in Drangey, denn die Insel war in den Besitz von Hólar gekommen. Er beschloss, Abhilfe zu schaffen, und begab sich mit seinen Priestern zur Insel hinaus. Auf dem Weg nach oben hielt er eine Messe auf einem Felsvorsprung, der seitdem Gvendar-Altar heißt. Auch heute noch machen dort alle, die die Insel besuchen, Halt, um zu beten. Danach begann der Bischof, die Vogelfelsen zu weihen, er sang und betete und besprengte sie mit Weihwasser. Alles verlief gut, bis er an die Nordseite kam. Dort ließ er sich wieder an den Felsen abseilen und begann mit den Segnungen. Nach kurzer Zeit aber kam aus den Felsen eine haarige graue Pranke hervor, die ein scharfes Schwert hielt. Die Pranke begann an dem Seil herumzusäbeln, an dem der Bischof hing, und zwei Taue gingen entzwei. Der Bischof kam mit dem Leben davon, weil die dritte Kardeele hielt, zumal sie besonders gesegnet worden war. Doch dann erdröhnte eine Stimme aus dem Felsen, die sprach: „Die Bösen müssen auch irgendwo eine Bleibe haben." Der Bischof hörte sogleich auf zu weihen und ließ sich nach oben ziehen. Ein Teil der Klippen blieb also ungeweiht, und dort heißt es seitdem Heiðnaberg (Heidenklippe). Dort nisten angeblich die allermeisten Vögel in Drangey.

Zauberer

Zauber-Loftur

Hólar í Hjaltadal im Skagafjörður war jahrhundertelang ein überaus bedeutendes und in ganz Island berühmtes Anwesen. Und wir begeben uns jetzt nach Hólar, oder, wie es im Isländischen seit alters her heißt, »heim nach Hólar«. Das Anwesen liegt mitten im Hjaltadalur, einem Tal, das tief ins Land einschneidet und von eindrucksvollen Bergen umgeben ist. Der Berg, den den Bischofssitz überragt, heißt Hólabyrða und ist 1244 m hoch. Von dort stammt das rötliche Gestein, aus dem die Kirche errichtet wurde. Der Bischofssitz in Hólar wurde im Jahre 1106 gegründet. Der erste Bischof war Jón Ögmundsson, der später heiliggesprochen wurde. Bischof Jón gründete dort auch eine gelehrte Schule und bereitete die Gründung des ersten isländischen Klosters vor. Weitere bedeutende Bischöfe waren Guðmundur Arason, der als Gvendur der Gute im Volke lebte und in ganz Island Brunnen, Vogelfelsen und gefährliche Orte weihte. Auch Jón Arason darf nicht unerwähnt bleiben; er war der letzte katholische Bischof in Island und wurde 1550 in den Wirren der Reformationszeit in Skálholt enthauptet. Bischof Guðbrandur Þorláksson gründete in Hólar eine Druckerei, und dort wurde 1584 die erste Bibel in isländischer Sprache gedruckt.

Der Dom von Hólar ist eine der ältesten Steinkirchen des Landes; er wurde 1763 eingeweiht. Die Gräber vieler Bischöfe befinden sich unter dem Kirchenfußboden, wovon die Grabplatten zeugen. In der Kirche gibt es eine Reihe von kostbaren Kunstgegenständen, u.a. zwei alte Kruzifixe und ein Altarbild aus Alabaster, das Jón Arason wahrscheinlich in den Niederlanden kaufte und der Kirche zum Geschenk machte. Der Taufbrunnen stammt von Guðmundur Guðmundsson, einem vielseitig begabten Künstler und Handwerker, der u.a. die große

Domkirche in Skálholt für Bischof Brynjólfur Sveinsson erbaute. 1801 wurde das Bistum Hólar niedergelegt, und danach war Hólar lange Zeit Pfarrkirche. 1882 wurde dort eine Landwirtschaftsschule gegründet, die heute in einigen Fachbereichen Hochschulstatus erhalten hat und sich großer Beliebtheit erfreut. Auch einer der beiden Weihbischöfe der Staatskirche hat dort seinen Sitz, so dass der Ort heute wieder etwas von seinem früheren Ansehen zurückgewonnen hat. Im Laufe der Jahrhunderte sind viele junge Isländer dort ihren ersten Studien nachgegangen und wurden später Pfarrer an den verschiedensten Kirchen des Landes. Die meisten dieser Studenten waren später angesehene Mitglieder der Gesellschaft, aber natürlich gibt es immer wieder schwarze Schafe. Einer dieser Studenten war ein gewisser Loftur, der sich mit schwarzer Kunst und Hexerei beschäftigte. Viele Geschichten wurden von ihm erzählt, und er bot dem Dramatiker Jóhann Sigurjónsson Stoff für sein berühmtes Schauspiel Zauber-Loftur. Hören wir, was es mit diesem Schüler auf sich hatte:

Es war einmal ein Student in Hólar, der Loftur hieß. Er befasste sich mit schwarzer Kunst und stiftete auch viele seiner Mitschüler dazu an, obwohl es bei denen kaum über ein bisschen Hokuspokus hinausging. Loftur hingegen spielte mit seinen Zauberkünsten vielen übel mit. Einmal wollte er zu Weihnachten nach Hause reiten; er bemächtigte sich einer Dienstmagd, verpasste ihr Hufeisen und legte ihr Zaumzeug an, um dann in wildem Hexenritt auf ihr nach Hause und wieder nach Hólar zu jagen. Das Mädchen war danach lange Zeit krank, und solange Loftur am Leben war, konnte sie niemandem davon erzählen. Eine andere Dienstmagd schwängerte er und brachte sie dann mit Hexerei um.

Damals war Þorleifur Skaftason Dompfarrer zu Hólar. Er redete Loftur oft und ernsthaft ins Gewissen, doch der schlug alles in den Wind. Er spielte auch dem Pfarrer übel mit, der aber nicht zu Schaden kam, weil er ebenfalls über gewisse Kenntnisse verfügte. Alles, was Loftur sich angeeignet hatte, stammte aus dem Buch Gráskinna (Graufell), aber das reichte ihm nicht. Deshalb war er ganz versessen darauf, in den Besitz des Buches Rauðskinna (Rotfell) zu gelangen, das Bischof Gottskálk der Grimmige besessen und mit ins Grab genommen hatte. Einmal zu Beginn des Winters unterhielt sich Loftur mit einem Mitschüler, von dem er wusste, dass er beherzt war, und bat ihn, ihm dabei zu helfen, die alten Bischöfe aus dem Grab heraufzubeschwören. Er sollte am Glockenstrang stehen und anfangen zu läuten, wenn ihm das Zeichen dazu gegeben würde. Der Mitschüler erklärte sich gezwungenermaßen bereit, denn Loftur hatte ihm angedroht, dass er ihn andernfalls umbringen würde.

Nachdem das ausgemacht war, standen sie in der verabredeten Nacht auf und gingen zur Kirche. Der Mond schien, und deswegen war es in der Kirche ziemlich hell. Der Mitschüler stellte sich unter die Glocken, aber Loftur bestieg die Kanzel und begann mit seinen Beschwörungen. Bald erhoben sich die alten Bischöfe einer nach dem anderen aus ihren Gräbern. Sie trugen weiße Gewänder, hatten ein Kreuz auf der Brust und einen Krummstab in der Hand. Nichts deutete darauf hin, dass sie etwas mit schwarzer Kunst zu tun hatten, und deswegen steigerte Loftur die Beschwörung. Er ging so weit, die Psalmen von David auf den Teufel umzumünzen. Dann erklang ein gewaltiges Dröhnen, als Bischof Gottskálk der Grimmige sich aus seinem Grab erhob. Den Krummstab hatte er in der linken Hand, und in der rechten hielt er ein rotes Buch. Höhnisch sprach er: „Gut gesungen, mein Sohn, aber mein Rotfell bekommst du nicht." Loftur steigerte sich so maßlos in seine Beschwörungen hinein, dass er zum Schluss das Vaterunser auf den Teufel umdichtete.

Da geriet alles ins Wanken, und die Kirche erbebte in ihren Grundfesten. Gottskálk reichte Loftur widerwillig eine Ecke des Buches, der seine Hand danach ausstreckte. Als der Mitschüler das sah, hielt er das für das vereinbarte Zeichen, griff nach dem Glockenstrang und läutete wie wild. Da verschwanden die Bischöfe alle wieder in ihren Gräbern, aber Loftur stand wie betäubt und ratlos da. Er schlich sich hinaus. Nach diesen Ereignissen war Loftur wie von Sinnen, und er war überzeugt, dass er sein Seelenheil verwirkt hatte. Von da an ertrug er es nicht mehr, allein zu sein, und bei Anbruch der Dunkelheit musste stets ein Licht für ihn angezündet werden. Oft hörte man ihn den Satz murmeln: „Am Sonntag in der Mittfastenzeit bin ich in den ewigen Qualen der Hölle."

Schließlich wurde beschlossen, Loftur zu einem frommen Pfarrer in Staðastaður auf Snæfellsnes zu schicken, der dafür bekannt war, dass er geistig Verwirrte und diejenigen, die hexerischem Treiben zum Opfer gefallen waren, heilen konnte. Bei ihm erholte sich Loftur und machte einige Fortschritte. So verging die Zeit bis zum Sonntag in der Mittfastenzeit. Da wurde der Pfarrer zu einem Sterbenden in der Nachbarschaft gerufen. Bevor er losritt, sagte er zu Loftur, dass nichts passieren würde, wenn er sich nur daran hielte, nicht hinauszugehen. Aber kaum war der Pfarrer fort, da stand Loftur auf und ging zum nächsten Hof. Dort konnte er einen unbeliebten alten Kerl dazu bewegen, mit ihm zum Fischen auszurudern. Bei Windstille und schönem Wetter fuhren sie los und waren nicht weit vom Land, aber das Boot kehrte nie wieder zurück und wurde auch nirgends angetrieben. Später erzählte dann ein Mann, er habe eine riesige graue und behaarte Pranke aus dem Meer kommen sehen, die den Steven des Bootes packte, wo Loftur saß, und Mensch und Nachen in die Tiefe hinabzog.

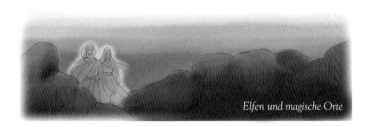

Elfen und magische Orte

Der Kaufmann in Búðarbrekkur

Die majestätische Bergwelt und die Inseln Drangey und Málmey geben dem Skagafjörður ein eigenes Gepräge. In diese eindrucksvolle Kulisse reiht sich Kap Þórðarhöfði ein, das steil und felsbewehrt aufragt. Es ist benannt nach dem Landnehmer Höfða-Þórður Bjarnason, der sich in Höfði niederließ. Sein Urenkel war Þorfinnur karlsefni, der in Grönland Guðríður Þorbjarnardóttir heiratete. Die beiden nachten einen Siedlungsversuch in dem Land, das Leifur Eiríksson im Westen von Grönland entdeckt hatte, und lebten Anfang des 11. Jahrhundert ein paar Jahre in „Vinland", wo ihr Sohn Snorri als erster Weißer in Amerika geboren wurde. Wegen Zwistigkeiten mit den Eingeborenen kehrten sie aber schließlich zurück nach Island und lebten auf dem Hof Glaumbær im Skagafjörður.

Þórðarhöfði liegt kurz hinter Hofsós unweit der Straße, die nach Siglufjörður und Ólafsfjörður führt. Das Kap ist durch zwei Kiesbänke mit dem Land verbunden, und zwischen dem Festland und dem Kap liegt der fischreiche See Höfðavatn, der mit etwa 10 km^2 der größte Binnensee im Skagafjörður-Bezirk ist. Am Ausfluss des Sees herrscht nicht selten großer Fischreichtum. Früher gab es Pläne, bei Þórðarhöfði einen Hafen zu bauen und dort ein Fischereizentrum einzurichten.

Þórðarhöfði ist ein uralter Vulkan, auf dessen Gipfel eine Kratermulde noch gut zu erkennen ist. Das Kap ist 202 m hoch und hat eine Fläche von fünf Quadratkilometern. Zwei Vertiefungen an seiner Seeseite heißen Skessuspor (Riesinnenspuren). Eine Trollfrau in Strandir hatte einmal vor, ihre Schwester im Ólafsfjörður zu besuchen. Sie wollte sich den Weg um den Skagafjörður abkürzen, indem sie hinübersprang, und von ihr stammen diese Spuren. Im Süden von Þórðarhöfði findet sich der Ortsname Búðarbrekkur (Budenhänge).

Dort gibt es einige Tufffelsen, wo die Verborgenen Wesen Wohnstätten, Kirche und Handelsladen haben sollen. Die Sage vom Bauern auf Þrastarstaðir, der zum Handelsort in Hofsós unterwegs war, könnte darauf hindeuten, dass das stimmt:

Es war einmal ein Mann, der hieß Þórður und war Bauer in Þrastarstaðir. Er galt als etwas wunderlich. Eines Wintertags macht er sich auf den Weg zum Handelsplatz in Hofsós. Es herrschte so starkes Schneetreiben, dass die anderen Leute auf dem Hof in Sorge waren, er würde den Weg nicht finden, aber Þórður zieht nichtsdestotrotz mit seinem Sack voller Tauschwaren los. Der Weg führt ihn über das Sumpfgebiet, das nördlich von Hofsós liegt. Schon bald hat er aber in dem dichten Schneetreiben die Richtung verloren und irrt deswegen den ganzen Tag bis zum Abend umher. Aber auf einmal glaubt er, einen Handelsladen vor sich zu sehen, dessen Größe ihn staunen machte. Er hält auf die hell erleuchteten Fenster zu. Durch eines der Fenster sieht er, dass dort Leute tanzen, und er hört Instrumentenklänge. Als er anklopft, erscheint ein gutgekleideter Mann in der Tür, der ihn fragt, was er wünscht. Þórður sagt, dass er sich verirrt hat und bittet darum, ihm Obdach zu gewähren, wenn es irgendwie ginge. Der Mann erklärt, dass sei ohne weiteres möglich, und sagt: „Folg mir nur ins Haus mit deinem Sack. Morgen werde ich mit dir handeln, und du wirst dabei nicht schlechter fahren als in Hofsós." Daraufhin führt der Mann Þórður in die Stube, wo sich seine Frau, die Kinder und das Gesinde befanden, alle farbenprächtig gekleidet. Der Mann flüstert seiner Frau zu, dass jemand gekommen sei, der sich verirrt habe und erschöpft sei. Er bittet sie, sich seiner anzunehmen. Sie holt sofort reichlich vom besten Essen herbei, und der Hausherr bringt eine Weinflasche und zwei Gläser. Er füllt zwei Gläser, trinkt aus dem einen und fordert Þórður auf, das andere zu trinken. Was der auch tut, und es kommt ihm so vor, als habe er noch nie so etwas Gutes getrunken. Er trinkt dann ein

Glas nach dem anderen, unterhält sich glänzend und wird ziemlich angeheitert. Zum Schluss wird ihm ein gutes Bett zugewiesen, und er schläft sich ordentlich aus.

Am nächsten Morgen bekommt er wieder gut zu essen, und dann bittet ihn der Hausherr in den Laden. Þórður packt die Waren aus, die er mitgebracht hatte, und er bekommt die Hälfte mehr dafür als in Hofsós. Und in dem Laden standen nicht nur viel mehr Waren zum Verkauf, sondern sie waren auch viel billiger, als es in Hofsós üblich war. Þórður füllte seinen Sack mit Korn, Leinen und verschiedenen Kleinigkeiten. Zum Schluss schenkte ihm der Kaufmann einen Schal für seine Frau und Brot für die Kinder und erklärte, dass er ihn jetzt dafür belohne, seinen Sohn einmal aus Lebensgefahr errettet zu haben. Þórður sagte, er könne sich gar nicht daran erinnern, so etwas getan zu haben, aber dann erzählte der Kaufmann ihm folgende Geschichte:

„Einmal warst du zusammen mit anderen Männern unterhalb von Þórðarhöfði, und ihr habt auf günstigen Wind gewartet, um hinaus nach Drangey zu fahren. Deine Kameraden fingen an, mit Steinen zu werfen und nach einem bestimmten Stein zu zielen. Weil die Sonne schien und es heiß war, hatte sich mein Sohn an dem Stein hingelegt, um sich auszuruhen, denn er hatte in der Nacht kaum geschlafen. Du hast den Leuten das Steinewerfen verboten und gesagt, das wäre ein nichtiges Vergnügen. Sie hörten zwar auf, mit Steinen zu werfen, aber machten sich über dich lustig wegen deiner merkwürdigen Einfälle. Sie sagten dir, du seist schon immer etwas wunderlich gewesen. Hättest du das damals nicht getan, wäre mein Sohn zu Tode gekommen."

Als der Kaufmann die Geschichte beendet hatte, bereitete sich Þórður auf den Heimweg vor, denn das Wetter hatte sich inzwischen gebessert. Er verabschiedete sich von den Leuten, und der Kaufmann begleitete ihn ein Stück und wünschte ihm Wohlergehen, als er sich verabschiedete. Þórður geht dann seines Weges, und ein wenig später blickt er sich um und sieht dann nichts als die Felsen von Þórðarhöfði ganz in der Nähe. Er ist sehr verwundert über das Ganze. Als er zu Hause ankommt und seiner Frau die ganze Geschichte erzählt, zeigt er ihr die Waren und gibt ihr den Schal. Sie ist hocherfreut und dankt ihm aufs herzlichste. Das, was Þórður mitgebracht hatte, wurde von vielen Leuten aus der Gegend besichtigt und bestaunt. Solche schönen Dinge hatte man nie zuvor in Island gesehen. Den Kaufmann allerdings und seine Familie hat Þórður nie wiedergetroffen, aber von den Mitbringseln bewahrte er sein ganzes Leben lang etwas auf, um sie vorzeigen zu können.

Nord-
island

HÖFÐASTRÖND

Trolle und Unholde

Pfarrer Hálfdan und die Frau in Málmey

Wir bleiben in diesem Teil des Skagafjörður, fahren etwas weiter in nördlicher Richtung und sehen linker Hand die Insel Málmey aus dem Fjord aufragen. Sie liegt unweit der Küste, ist ungefähr 4 km lang und etwa 2.4 km² groß. Im Süden ist die Insel niedrig, steigt dann aber an und erreicht im Norden eine Höhe von 156 m. Die höchste Stelle heißt Kaldbakur, und von dort aus hat man einen unvergleichlichen Panoramablick in alle Richtungen. Die Insel hat viel Vegetation, und jahrhundertelang gab es auch einen Bauernhof dort, und zwar bis 1950, als die Häuser in Flammen aufgingen, und daraufhin zogen die letzten Bewohner fort. Málmey blickt also auf eine lange Geschichte zurück. Früher gab es auch eine Kirche auf der Insel, die bis um die Mitte des 18. Jahrhunderts bestanden hat. Sie wurde vom Pfarrer zu Fell in Sléttuhlíð betreut. Verschiedene Verwünschungen ruhten auf Málmey. Dort durfte beispielsweise kein Pferd gehalten werden, und Ehepaare durften sich dort nicht länger als 20 Jahre aufhalten. Falls man das nicht beachtete, würde die Hausfrau verschwinden und nie wieder gesehen werden.

Der Hof Fell liegt nahe an der Straße, wenn man von Hofsós aus Richtung Norden fährt. Heutzutage gibt es keinen Pfarrer mehr in Fell, aber die Gemeindekirche steht noch immer dort. Viele bekannte Priester haben dort amtiert, von denen einige sich auch auf die schwarze Kunst verstanden haben sollen. Von diesen war Pfarrer Hálfdan Narfason der berühmteste, der um 1500 hier sein Amt versah. Er galt als sehr gelehrt in allen Disziplinen, nicht zuletzt in der schwarzen Kunst. Eine der bekanntesten Volkssagen, die sich um ihn ranken, handelt von dem Verschwinden einer Frau in Málmey und den Versuchen ihres Mannes, sie mit Hilfe dieses zauberkundigen Pfarrers wiederzufinden:

Eines Tages zur Zeit von Pfarrer Hálfdan zu Fell lebte ein Mann in Málmey, der Jón hieß. Er war verheiratet und sehr wohlhabend, als sich diese Geschichte zutrug. Jón hatte als junger Mann in Málmey mit der Wirtschaft begonnen und war dort die ganze Zeit geblieben. Jetzt waren aber die zwanzig Jahre verstrichen, in denen es für seine Frau ungefährlich war, sich auf der Insel aufzuhalten. Noch nie hatte es jemand gewagt, dort länger zu bleiben. Aber weil Jón ein eigenwilliger und wenig abergläubischer Mensch war, beschloss er, weiterhin in Málmey zu bleiben, denn er hatte die Insel von seinem Vater geerbt. Das 21. Jahr vergeht bis Weihnachten, ohne dass etwas passiert. Am Heiligabend aber verschwindet die Frau spurlos, und niemand wusste, was aus ihr geworden war, obwohl weit und breit gründlich nach ihr gesucht wurde.

Bauer Jón nimmt sich den Verlust sehr zu Herzen und möchte gern herausfinden, was es mit diesem Verschwinden auf sich hat. Er macht sich reisefertig, um zu Pfarrer Hálfdan nach Fell zu gehen, dem er von seinem Kummer berichtet. Der Pfarrer erklärt, dass er zwar herausfinden könne, was aus der Frau geworden sei und wo sie sich befinde, aber es sei alles andere als erfreulich und werde ihm keinerlei Nutzen bringen. Der Bauer fragt, ob der Pfarrer es so einrichten kann, dass er seine Frau zu sehen bekommt. Er sagt, es würde ihn beruhigen, wenn er wüsste, wo sie wäre. Dem Pfarrer widerstrebt es zwar sehr, diese Bitte zu erfüllen, aber weil der Bauer so inständig bittet, erklärt er sich schließlich doch dazu bereit. Er bestellt den Bauern an einem bestimmten Tag zu sich, und zwar abends spät, wenn alle anderen sich schon zur Ruhe begeben hätten.

Bauer Jón kommt zur verabredeten Zeit nach Fell, und der Pfarrer ist bereits reisefertig. Ein graues Pferd mit Zaumzeug und Zügeln steht an der Nordseite des Friedhofs. Der Priester geht zu diesem Pferd, das er Gráni nennt, und steigt auf. Dem Bauern bedeutet er, hinter ihm aufzusitzen, und gleichzeitig spricht er: „Jetzt warne ich dich, du darfst kein einziges Wort sprechen, was auch immer dir vor Augen kommt oder geschieht. Falls du dich nicht daran hältst, gilt es dein Leben." Der Pfarrer reitet los, und der Bauer wundert sich gar sehr, wie schnell der Ritt auf diesem Pferd vonstatten geht. Sie reiten auf dem kürzesten Weg aus dem Fjord hinaus und um die Berge herum, vorbei an Dalatá und Siglunes, und nehmen Richtung auf das Massiv von Ólafsfjarðarmúli. Dem Bauern ist das nicht ganz geheuer, und einmal, als das Pferd stolpert und in die Knie geht, bekommt er es mit der Angst und stößt einen Schrei aus. „Du hast dich verplappert, halt bloß die Schnauze," sagt der Pfarrer, und das ist auch heute noch eine Redewendung.

Ohne weitere Zwischenfälle reiten sie von Norden her auf Ólafsfjarðarmúli zu. Dort gibt es gewaltige steile Felswände. Sie steigen ab und der Priester geht auf die Felswand zu. Er zieht einen kleinen Stab aus der Tasche und schlägt mit ihm an den Felsen. Nach einer Weile öffnet sich der Berg und zwei blau gekleidete Frauen treten heraus, die die Frau von Bauer Jón zwischen sich führen. Sie hat sich stark verändert und ist kaum noch zu erkennen, blau angeschwollen wie eine Trollfrau. Auf ihrer Stirn sah man aber das Zeichen des Kreuzes mit der menschlichen Hautfarbe. Später sagte Pfarrer Hálfdan, dass dies ihr Taufzeichen war, und das dies das einzige gewesen sei, was noch an ihre frühere Existenz erinnert hätte. Die Frau spricht jetzt ihren Mann an und sagt: „Du bist also gekommen, Jón, doch was willst du von mir?" Dem Bauern verschlägt es die Sprache, und der Pfarrer fragt, ob Jón seine Frau wiederhaben oder mit ihr sprechen will. Jón schüttelt den Kopf. Dann schickt der Pfarrer die Frauen zurück in den Berg und schließt ihn. Das Tor sichert er so, dass niemand durch diese Frauen Schaden erleiden sollte. Die Stelle heißt seitdem Hálfdanarhurð (Hálfdanstor) und ist an der Nordseite von Ólafsfjarðarmúli deutlich zu sehen, denn es ist von roter Farbe und unterscheidet sich von dem anderen Gestein.

Die folgende Strophe über diese Begebenheit stammt von Jón Helgason:

> Die gewaltigen Gipfel von Ólafsfjord
> sind gigantische Felsenzangen;
> dort ragt der schaurige Schrofen ins Meer,
> dort schäumen die Wogenphalangen.
> Nach Halfdan das rote Tor ist benannt,
> um in den Berg zu gelangen.
> Dort lebt eine Frau, getauft mit dem Kreuz,
> bei garstigen Trollen gefangen.

Pfarrer Hálfdan und der Bauer von Málmey nehmen dann den gleichen Weg zurück und kommen noch vor Tagesanbruch nach Fell. Sie steigen an derselben Stelle ab, wo sie aufgestiegen waren, und der Pfarrer nimmt Gráni die Zügel ab. Als er dem Pferd das Zaumzeug aus dem Maul genommen hat, zieht er ihm eins über. Das gefällt dem Grauen gar nicht und er schlägt nach dem Pfarrer aus. Der weicht zur Seite, so dass der Tritt in die Friedhofsmauer geht, in der eine Scharte entsteht. Es heißt, dass es trotz vieler Versuche seitdem niemals gelungen ist, diese Lücke zu füllen. Und dem Vernehmen nach ist seitdem niemand mehr in Málmey zu Schaden gekommen, allerdings hat auch niemand mehr versucht, dort länger als 20 Jahre zu wohnen.

Gespenster und Phantome

Der Küster zu Myrká

HÖRGÁRDALUR

Nord-
island

In ganz Nordisland ist die Landschaft außerordentlich vielfältig, und das gilt nicht zuletzt für die spektakuläre Bergwelt zwischen Skagafjörður und Eyjafjörður. Die Ringstraße führt uns über die Passstraße Öxnadalsheiði, die in einem engen Tal mit tiefen Schluchten und engen Seitentälern liegt. Jenseits des Passes fahren wir durch das heute im oberen Teil verlassene Öxnadalur, das von hohen Bergen eingeschlossen ist. Bald eröffnet sich uns linker Hand der Blick auf die Zinnen Hraundrangar, die an Berge in den Dolomiten erinnern. Zu ihren Füßen liegt der Hof Hraun, auf dem im Jahre 1807 der Dichter und Naturwissenschaftler Jónas Hallgrímsson geboren wurde. Er genießt auch heute noch große Popularität. Sein Verdienst ist es auch, Heinrich Heine in kongenialen Übersetzungen in Island bekannt gemacht zu haben.

Halb im Berg oberhalb des Hofs liegt der See Hraunsvatn, und über ihm ragen die Zinnen auf, die höchste erreicht 1075 m. Einer Sage zufolge soll oben auf der höchsten Zinne ein Kistchen mit Gold zu finden sein. Erst 1956 wurde sie erklommen, aber bei der Gelegenheit wurden keinerlei Kostbarkeiten gefunden. Möglicherweise ist der Gipfel aber schon früher einmal von jemandem bezwungen worden, der das Gold mitgenommen und darüber Stillschweigen bewahrt hat.

Aber abgesehen von dieser Sage bieten die Zinnen einen fantastisch schönen Anblick und viele Reisende machen hier Halt, um sie bewundern. Nach Osten hin schweifen die Blicke über ein fruchtbares Tal. Etwas weiter zum Talausgang hin vereinigt sich von rechts kommend die Bægisá mit der Öxnadalsá, Auf dem Hof Ytri-Bægisá steht eine winzige Kirche, wo im 18. Jahrhundert ein bekannter Priester und Dichter große Leistungen vollbrachte, indem er u.a. Klopstocks »Messias« und

Miltons »Paradise Lost« ins Isländische übersetzte. Dann mündet das Öxnadalur ins Hörgárdalur, in dem der Hof Myrká liegt, der in früheren Zeiten ebenfalls ein Pfarrhof war, und eine gruselige Sage erzählt vom Küster zu Myrká und seiner Verlobten, die in Bægisá lebte:

Es war einmal ein Küster zu Myrká, dessen Liebste Guðrún hieß und sich beim Pfarrer von Bægisá verdingt hatte. In der Adventszeit ritt der Küster nach Bægisá, um Guðrún zum Weihnachtsfest nach Myrká einzuladen. Er besaß ein Pferd mit grauer Mähne, das er Faxi genannt hatte. Es wurde abgemacht, dass er Guðrún am Heiligen Abend abholen solle. Bevor der Küster kam und Guðrún einlud, hatte es heftig geschneit und Seen und Flüsse waren eisbedeckt. Als er aber nach Bægisá kam, setzte ein gewaltiges Tauwetter ein, und während er dort verweilte, schwoll die Hörgsá zu einem reißenden Wildwasser an, auf dem große Eisbrocken trieben. Er ritt abends zurück und konnte die Öxnadalsá auf einer Schneebrücke überqueren, aber als er zur Hörgsá kam, hatte das Eis die Brücke abgesprengt, die er auf dem Hinweg benutzt hatte. Als er ein Stück flussaufwärts geritten war, fand er noch eine Eisbrücke. Er ritt hinüber, aber in der Mitte brach sie ein und er stürzte in den Fluss.

Am nächsten Morgen sah ein Bauer aus der Nachbarschaft ein Pferd mit Zaumzeug unterhalb der Heuwiese stehen und vermeinte, den Faxi des Küsters zu erkennen. Er erschrak sehr, denn er hatte den Mann tags zuvor über den Fluss reiten, aber nicht zurückkommen sehen. Als er dorthin kommt, ist Faxi ganz nass und zerschunden. Dann geht er flussabwärts und findet den toten Küster auf einer Landzunge. Am Hinterkopf des Toten waren Verletzungen, die wohl von treibenden Eisschollen herrührten. Der Bauer eilte nach Myrká und berichtete, was passiert war. Der Küster wurde nach Myrká überführt und in der Woche vor Weihnachten begraben. Wegen der Schneeschmelze und der angeschwollenen Flüsse erfuhr niemand in Bægisá von diesem Ereignis. Am Heiligen Abend war das Wetter endlich wieder schön, und das Hochwasser in den Flüssen war zurückgegangen, so dass Guðrún sich auf das Weihnachtsfest in Myrká freute. Sie machte sich gegen Abend zurecht, und war schon fast reisefertig, als an die Tür geklopft wurde. Die Frau, die ihr beim Ankleiden half, ging zur Tür, sah aber niemanden draußen. Draußen war es weder hell noch dunkel, denn der Mond zog durch die Wolken und war abwechselnd verdeckt oder schien hell. Als die Frau zurückkam und erklärte, niemanden gesehen zu haben, sagte Guðrún: „Dieses Spiel gilt mir, und ich werde auf jeden Fall hinausgehen." Sie war dann fast fertig, hatte aber noch nicht den Mantel angezogen. Den nahm sie, fuhr in den einen Ärmel und warf dann den Mantel halb über die Schulter. Draußen sah sie Faxi stehen und einen Mann bei ihm, den sie für den Küster hielt. Er half ihr auf das Pferd, stieg dann selbst auf und setzte sich vor sie. So ritten sie eine Weile, ohne miteinander zu sprechen.

An der Hörgsá waren hohe Eisränder, und als das Pferd hinuntersprang, lüftete sich der Hut des Küsters ein wenig, und da der Mond in diesem Augenblick durch die Wolken brach, sah Guðrún den nackten Totenschädel. Da sprach der Küster mit hohler stimme:

Mond gleitet, Tod reitet,
Siehst nicht den weißen Fleck in meinem Nacken,
Garún, Garún?

Sie erschrak sehr und schwieg. Sie ritten weiter, ohne dass ein Wort gesprochen wurde. Erst als sie in Myrká ankamen und vor dem Friedhofstor abstiegen, sagt der Küster:

Warte hier doch, Garún Garún,
während ich den Faxi Faxi

> bringe auf die Weide Weide
> hinter diesem Zaune Zaune.

Daraufhin führte er das Pferd fort, Guðrún aber sah auf den Friedhof und erblickte dort ein offenes Grab. Nun wurde ihr angst und bange, und sie griff nach dem Glockenstrang am Friedhofstor und läutete. Im gleichen Moment wurde sie von hinten gepackt, aber es war ihr Glück, dass sie den Mantel nur halb übergeworfen hatte, denn so fest wurde daran gezerrt, dass der Mantel an der Ärmelnaht zerriss. Das letzte, was sie von dem Küster sah, war, wie er ins offene Grab stürzte und die Erde von beiden Seiten über ihn hereinbrach. Währenddessen läutete Guðrún unablässig, bis schließlich die Leute auf dem Hof herbeieilten und sie ins Haus führten. Sie war vollkommen außer sich, denn sie war sich sicher, dass es ein Spuk gewesen war, obwohl sie keine Nachricht vom Tod des Küsters erhalten hatte. Die Leute von Myrká sagten ihr dann, was vorgefallen war, und sie erzählte, was sich auf dem Ritt zugetragen hatte.

Als die Leute abends schlafen gegangen waren und das Licht gelöscht hatten, kam der Küster und suchte Guðrún heim. Das Gespenst ging derart um, dass die Leute keinen Schlaf finden konnten. Einen halben Monat lang musste immer jemand bei Guðrún sein und nachts über ihr wachen. Sogar der Pfarrer saß bei ihr und las aus dem Psalter vor. Schließlich holte man jemanden aus dem Skagafjörður, der sich auf das Exorzieren von Gespenstern verstand. Dem gelang es, unter heftigen Beschwörungen den Spuk in die Erde zu bannen. Zum Schluss wälzte er einen großen Stein auf das Grab, und dort ruht der Küster bis auf den heutigen Tag. Danach hörte der Spuk auf, und Guðrún erholte sich wieder. Kurz darauf ging sie zurück nach Bægisá, aber es heißt, dass sie von diesen Ereignissen für ihr ganzes Leben gezeichnet war.

Menschen und Tiere

Grímsey

Auf der Insel Grímsey befindet sich die nördlichste Siedlung von Island. Sie liegt 41 km vor der Küste, und der Polarkreis geht durch den nördlichen Teil der Insel. Sie ist 5.3 km² groß und ragt an der höchsten Stelle 105 m aus dem Meer. Fast überall fällt die Insel in steilen Klippen zum Meer hin ab, nur nicht an der Südseite. In Grímsey herrscht ein eher mildes Klima, und es gibt ziemlich viel Vegetation. In den Klippen befinden sich zahlreiche Vogelkolonien, wo man sich abseilt, um Vögel zu fangen und Eier zu sammeln. Früher gab es in Grímsey lange Zeit zwölf Gehöfte, aber manchmal auch mehr. Die Inselbewohner leben seit jeher gleichermaßen von Fischfang, Landwirtschaft und anderen Pfründen. Auf der Insel gibt es einen Flugplatz und der Hafen wurde in letzter Zeit modernisiert. Immer mehr Reisende machen heutzutage einen Abstecher nach Grímsey. Besucher erhalten einen speziellen Pass, wenn sie den Polarkreis überquert haben. Die Zahl der Einwohner auf der Insel ist unterschiedlich gewesen, und zeitweilig sah es so aus, als ob die Siedlung nicht weiterbestehen würde. Heutzutage leben etwa hundert Menschen dort, und Fischfang ist die Lebensgrundlage. Früher war in Grímsey auch ein Pfarrer ansässig, doch heute wird die dortige Kirche von Akureyri aus betreut. Auf der Insel gibt es ein Geschäft, eine Wetterstation, ein Gemeindehaus und anderes mehr. Im 19. Jahrhundert standen die Menschen in Grímsey in dem Ruf, besonders begabte Schachspieler zu sein. Willard Fiske, ein reicher Amerikaner, erfuhr anlässlich einer Islandreise davon und wollte die Inselbewohner unterstützen. Er machte eine Schenkung von etlichen Schachbrettern, einer Bibliothek und einem Fonds, aus dem neue Bücher für die Bibliothek gekauft werden sollten.

In der Heimskringla (Weltkreis) von Snorri Sturluson wird darüber berichtet, dass der norwegische König Ólafur Haraldsson zu Beginn des 11. Jahrhunderts danach strebte, Island unter seine Herrschaft zu bringen. Als sein Ansinnen in Island abgelehnt wurde, schlug der Beauftragte des Königs vor, dass die Isländer, um die freundschaftlichen Beziehungen nicht zu gefährden, dem König die Insel Grímsey zum Geschenk machen sollten. Diese Idee fanden viele nicht schlecht, und man stand kurz davor, dem Vorschlag zuzustimmen, als Einar von Þverá seine Stimme erhob und eine berühmte Rede hielt. Er sprach sich nachdrücklich gegen jede Landabtretung aus und wies darauf hin, dass der König auf Grímsey bequem ein ganzes Heer von Männern unterhalten und von da aus nach Belieben ganz Island erobern könnte. Die Isländer sahen ein, dass Einar Recht hatte, und sie lehnten es ab, Grímsey dem König zum Geschenk zu machen.

Mit dem Treibeis, das häufig in der Nähe der Insel zu finden ist, sind nicht selten Eisbären nach Grímsey gekommen und dort an Land gegangen. 1969 wurde beispielsweise ein großes Tier erlegt, das jetzt im Regionalmuseum in Húsavík zu sehen ist. Ein anderer Bär hat einmal in Grímsey von sich reden gemacht, erhielt aber der Sage nach einen wesentlichen besseren Empfang als der ausgestopfte Teddy in Húsavík:

Einmal geschah es in Grímsey, dass das Feuer ausging, und niemand auf der Insel konnte einheizen oder kochen. Das geschah zu einer Zeit, als es noch keine Streichhölzer gab, und deswegen hatte man keine andere Wahl, als Feuer vom Festland zu holen. Damals war klares Wetter und so starker Frost, dass der Sund von Grímsey zugefroren war. Drei wackere Männer erklärten sich bereit, zum Festland zu gehen, und sie zogen bei strahlend schönem Wetter frühmorgens los. Mitten auf dem Sund kommen sie zu einer Wake, und zwei der Männer springen hinüber, aber der dritte traut sich nicht. Die beiden Männer setzen nun ihren Weg fort, und sagen dem anderen, er solle zur Insel zurückkehren. Er findet es aber unrühmlich, zurückzukehren und er geht an der Wake entlang, um möglicherweise eine Stelle zu finden, wo er hinüberkommen kann. Im Verlauf des Tages bewölkt es sich, und ein Sturm kommt von Süden mit viel Regen. Da bricht das Eis allenthalben auf, und zuletzt findet sich der Mann auf einer Eisscholle wieder, die aufs offene Meer hinaustreibt. Gegen Abend gelangt er an einen größeren Eisberg und springt hinüber. Dort sieht er aber dann ganz in die Nähe eine Eisbärin mit zwei Jungen. Der Mann fror und war hungrig, und jetzt fürchtete er außerdem um sein Leben. Die Bärin schaute eine Weile auf den Mann, steht dann auf und bedeutet ihm, sich auf ihr Lager zu legen. Der Mann tut das, aber ihm ist keineswegs wohl dabei. Dann legt sich die Bärin wieder und lässt den Mann zusammen mit den Jungen an ihren Zitzen säugen.

Die Nacht vergeht, und am nächsten Morgen steht die Bärin auf, entfernt sich ein Stück vom Lager und bedeutet dem Mann, ihr zu folgen. Dann legt sich das Tier nieder und gibt dem Mann zu verstehen, er solle auf seinen Rücken klettern. Als er oben ist, steht das Tier auf und schüttelt sich so heftig, dass der Mann herunterfällt. So vergehen drei Tage. Der Mann schläft nachts im Bärenlager, trinkt Bärenmilch, und jeden Morgen lässt ihn die Bärin auf den Rücken klettern und schüttelt ihn wieder ab. Am vierten Morgen schafft er es aber, sich oben zu halten, wie sehr die Bärin sich auch schüttelt. Noch am gleichen Tag schwimmt die Bärin mit dem Mann auf dem Rücken aufs Meer hinaus und bringt ihn sicher nach Grímsey.

Als sie an Land sind, fordert der Mann die Bärin auf, ihm zu folgen. Er nimmt sie mit zu sich nach Hause, lässt seine beste Kuh melken und gibt der Bärin kuhwarme Milch zu trinken, soviel sie will. Daraufhin lässt er zwei seiner besten Schafe schlachten, bindet sie an den Hörnern zusammen und legt sie der Bärin quer über den Rücken. Danach trottet die Bärin zum Meer und schwimmt mit den Schafen auf dem Rücken zu ihren Jungen. Jetzt wurden die Leute in Grímsey froh, denn im gleichen Augenblick, als sie verwundert der Bärin nachschauten, sahen sie ein Schiff mit geblähten Segeln vom Festland kommen. Auf ihm waren die beiden anderen Männer, die das ersehnte Feuer mit sich brachten. Alle drei waren wohlbehalten zurück, und man konnte wieder Feuer machen und Essen kochen.

Nordisland

GRÍMSEY

Trolle und Unholde

Götter und Trolle unter dem Goðafoss

Nord-island

BÁRÐARDALUR

In Island gibt es unzählige Wasserfälle in allen erdenklichen Formen und Größen – schmale, breite, hohe, niedrige, kleine und große, berühmte und wenig bekannte, und alles dazwischen. Die Vielfalt dieser Naturphänomene ist schier unerschöpflich. Einer der eindrucksvollsten Wasserfälle ist Goðafoss (Götterfall), von dem die meisten fasziniert sind, wenn sie Nordisland bereisen. Er ist landschaftlich besonders reizvoll gelegen, unweit der Ringstraße.

Die Fahrt beginnt in Akureyri, der wunderschön am Eyjafjörður (Inselfjord) gelegenen Hauptstadt von Nordisland. Über das Schwemmland der Eyjafjarðará führen uns die Brücken an das östliche Ufer des Fjords nach Svalbarðsströnd, wo schöne Bauernhöfe die Hänge säumen. Verborgene Wesen sollen hier allenthalben in Geröllblöcken und Felsen hausen. Hohe Berge mit Schneewehen in den oberen Regionen rahmen den Horizont im Süden ein. Der höchste ist Kerling (Trollweib) mit 1538 m. Den Eyjafjörður verlassen wir über den kleinen Pass Víkurskarð und gelangen ins Fnjóskadalur, wo ein wunderschöner natürlicher Wald Hänge und Talgrund überzieht. Beim See Ljósavatn (Heller See) öffnet sich die Landschaft, und nach Süden hin zieht sich das Bárðardalur, das längste bewohnte Tal in Island, das bis ins Hochland hinaufreicht. Durch dieses Tal hat sich der Fluss Skjálfandafljót einen Weg durch einen uralten Lavastrom gebahnt, wie es sich am Goðafoss eindrucksvoll zeigt.

Am südöstlichen Ende von Ljósavatn steht der Hof gleichen Namens, auf dem zu Zeiten der Gode Þorgeir Þorkelsson lebte. Sehenswert ist die nach ihm benannte Kirche in der Nähe des Wasserfalls. Diesmal suchen wir unsere Geschichten nicht im reichen Schatz der Volkssagen, sondern in anderer alter Literatur:

Þorgeir Þorkelsson hatte das oberste Amt im isländischen Freistaat inne, er war Gesetzessprecher und hatte entscheidenden Anteil daran, dass im Jahre 1000 durch Parlamentsbeschluss das Christentum als offizielle Religion in Island eingeführt wurde. Er selber war noch Heide, als er in diesem schicksalhaften Sommer zum Versammlungsort in Þingvellir ritt. Nachdem die Entscheidung, die er nach 24-stündiger Bedenkzeit allein traf, vom Allthing gebilligt wurde, war er sicherlich einer der ersten, die sich taufen ließen, und als Christ kehrte er zurück nach Ljósavatn. Er ging allen mit gutem Beispiel voran und entfernte die geschnitzten Götterstatuen aus seinem Tempel, brachte sie zum Skjálfandafljót und warf sie dort in den Wasserfall, der von dieser Aktion seinen Namen erhielt und seitdem Goðafoss (Götterfall) heißt.

Während wir uns von diesem Wasserfall faszinieren lassen, kommt uns nicht nur die Geschichte von Þorgeir und seinen Statuen in den Sinn, sondern auch eine Episode aus der Grettis Saga, die am gleichen Wasserfall stattgefunden hat, obwohl er in der Saga nicht namentlich genannt ist. Dort heißt es, dass sich Grettir der Starke, über den die Acht verhängt worden war, auf dem Hof Sandhaugar im Bárðardalur verbarg. Auf Sandhaugar waren aber schreckliche Dinge passiert. Schon zweimal waren zu Weihnachten diejenigen, die den Hof zu bewachen hatten, während alle anderen zur Christmette gingen, spurlos verschwunden. Im ersten Jahr war es der Bauer selbst gewesen, der verschwand, und im zweiten Jahr ein Knecht. Grettir erbietet sich, allein auf dem Hof zu bleiben und nach dem Rechten zu sehen. Nachdem die Leute weggeritten waren, verrichtete er alle anliegenden Arbeiten, und anfangs war alles ruhig. Mitten in der Nacht aber hört er ein gewaltiges Dröhnen, und eine schreckliche Trollfrau kommt hereingestampft. Sie greift Grettir augenblicklich an, und sie ringen lange Zeit, zuerst drinnen im Haus, und dann geht der Kampf draußen weiter. Die Riesin versucht mit allen Kräften, ihn zum Flussufer hinunterzuzwingen und die Felsen hinunterzustürzen. Viel hat nicht gefehlt, doch in letzter Minute kann Grettir unter Mühen seine rechte Hand losreißen und sein Schwert zücken. Damit versetzt er der Trollfrau einen gewaltigen Hieb auf die Schulter, durch den der Arm abgetrennt wurde, und die Trollfrau stürzt in die Schlucht beim Wasserfall. Grettir war nach diesem Kampf völlig erschöpft, erholte sich aber dank der guten Pflege der Hausfrau Steinvör auf Sandhaugar bald wieder.

Grettir hegte den starken Verdacht, dass sich in der Schlucht noch mehr Trolle verbergen könnten. Nach Weihnachten konnte er Pfarrer Steinn von Eyjadalsá dazu bewegen, mit sich zu kommen und den Fluss und seine Umgebung in Augenschein zu nehmen. Hinter dem Wasserfall schien eine Höhle zu sein, und Grettir wollte dies genauer erkunden, obwohl der Zugang schwierig war. Den Priester hatte er mitgenommen, um das Seil zu halten, das er sich umgebunden hatte. Dann bereitete er sich auf die Erkundung vor, war nur spärlich gekleidet und hatte das Schwert umgegürtet, trug aber sonst keine Waffen. Dann sprang er vom Felsen hinunter in den Wasserfall. Der Pfarrer sah nur noch seine Fußsohlen und wusste nicht, was weiter mit ihm geschah. Grettir tauchte unter den Wasserfall, was äußerst schwierig war, denn es gab reißende Strudel. Er musste ganz bis auf den Grund tauchen, um hinter den Wasserfall zu gelangen. Dort ragte ein Felsklotz heraus, den er erklimmen konnte. In den Felsen hinter dem Wasserfall war eine riesige Höhle. Er ging in die Höhle hinein, in der ein großes Feuer loderte. Dort hockte ein furchterregender Riese. Als Grettir sich ihm näherte, sprang der Riese auf, ergriff einen schweren Holzscheit und hieb nach dem Eindringling. Grettir schlug mit dem Schwert nach dem Scheit, so dass er entzwei ging. Der Riese wollte dann nach seinem Schwert greifen, das in der Höhle hing, aber im selben Augenblick versetzte Grettir ihm einen

Hieb an die Brust, der fast alle Rippen absäbelte und den halben Bauch dazu, so dass die Eingeweide herausquollen und in den Fluss fielen. Der Pfarrer, der am Ufer saß und den Strick hielt, sah einige blutige Fetzen beim Seil hochkommen. Da verließ er seinen Posten und eilte nach Hause. Inzwischen war es Abend geworden, und der Pfarrer erklärte, dass Grettir tot sein müsse.

Doch zurück zu Grettir. Er ließ die Hiebe auf den Riesen niederprasseln, bis dieser tot war. Dann zündete er ein Licht an und erkundete die Höhle. Es wird nicht gesagt, welche Schätze er dort fand, aber man nimmt an, dass sie beträchtlich waren. Er hielt sich bis spät in die Nacht dort auf, fand die Knochen von zwei Männern und sammelte sie in einen Lederbeutel. Dann wollte er zurück, fand das Seil und rüttelte daran, denn er ging davon aus, dass der Pfarrer am anderen Ende säße und ihn hochziehen würde. Als er aber merkte, dass niemand zog, musste er die steilen Felsen allein hochklettern. Dann ging er nach Eyjadalsá und setzte den Beutel mit den Knochen beim Eingang der Kirche ab, damit sie in geweihter Erde begraben werden konnten. Und nach diesen Großtaten von Grettir kam niemand mehr im Bárðardalur durch Trolle oder andere Ungetüme zu Schaden.

Nord-island

BÁRÐARDALUR

Trolle und Unholde

Der Nachttroll und der Steinnachen am Mývatn

Viele sind sich darin einig, dass der Schöpfer mit dem Mývatn (Mückensee) und seiner Umgebung ein ganz besonderes Kleinod geschaffen hat. Attraktionen aller Art und natürliche Reichtümer machen diese Gegend für jeden zu einem faszinierenden Reiseziel. In Broschüren und Prospekten findet man Mývatn häufig als das Juwel des Nordlands angekündigt, und das ist mehr als berechtigt.

Mývatn hat seinen Namen von den enormen Mückenmengen erhalten, die dort an schönen Tagen zu Myriaden die Luft bevölkern können. Manchmal hat es den Anschein, als seien Wolken vor die Sonne gezogen. Mit einer Ausdehnung von 36.5 km² ist der Mývatn der viertgrößte isländische Binnensee. Gleichzeitig ist der See flach, an der tiefsten Stelle nur 4.5 m tief. Zahlreiche Buchten säumen seine Ufer, und etwa 40 Inseln und Schären liegen im See.

Der Mývatn ist nicht zuletzt als Vogelparadies, unter anderem leben in diesem Biotop mehr Entenarten zusammen als an irgendeinem anderen Ort der Welt. Die Eier aus Entengelegen waren früher eine wichtige zusätzliche Nahrungsquelle und sind es in allerdings stark eingeschränktem Maße noch heute. Es gibt in diesem See mehr Forellen als in jedem anderen isländischen See, und die Mývatn-Forelle, frisch oder geräuchert, ist ein kulinarischer Hochgenuss, der seinesgleichen sucht. Der Forellenfang war immer sehr wichtig für die Menschen in dieser Gegend, denn in früheren Jahrhunderten hat es angeblich am Mývatn niemals Hungersnöte gegeben, auch wenn in anderen Landesteilen die Menschen vom Hungertod dahingerafft wurden.

Seit Alters her haben die Menschen am Mývatn Forellen gefangen. Im 13. Jahrhundert, als Bischof Guðmundur der Gute das Land bereiste, soll dort ein besonderer Fischreichtum geherrscht haben. Er kam eines Tages zum Mývatn, und ihm folgte wie gewöhnlich eine Menge Menschen. Er und sein Gefolge schlugen ihre Zelte in Reykjahlíð auf, das bis auf den heutigen Tag ein wichtiger Rastplatz für Reisende geblieben ist. Der Bauer in Reykjahlíð war nicht auf einen solchen Andrang von Gästen vorbereitet, und ihm gingen die Vorräte aus. Er wusste keinen anderen Rat, als drei von seinen Kühen zu schlachten, um die ganze Mannschaft zu sättigen. Bischof Guðmundur war dem Bauern für diese Gefälligkeit und Großzügigkeit überaus dankbar und sprach deswegen seinen Segen über den Fischfang von Reykjahlíð aus. Im folgenden Sommer fischte der Bauer so reichlich im See, dass es weit über das hinausging, was die drei Kühe gekostet hatten. So reichlich lohnte Guðmundur der Gute die Gastfreundschaft.

Doch nun wenden wir uns dem Mývatn und seiner Umgebung zu. Im Süden des Sees ragen die Tafelvulkane Bláfjall und Sellandafjall auf, im Südosten Búrfell. Im Osten des Sees prägen der 2500 Jahre alte Explosionskrater Hverfjall und der hellleuchtende Námafjall das Bild, hinzu kommen Krafla, Hlíðarfjall und Vindbelgjarfjall im Norden. Riesige Lavafelder umrahmen den östlichen Teil des Sees, die in Dimmuborgir (Dunkle Burgen) und bei Kálfaströnd (Kälberstrand) besonders bizarr und eindrucksvoll sind. Bei Krafla im Nordosten des Sees liegt der Krater Víti (Hölle), mit dessen Explosion im Jahre 1724 die sogenannten Mývatn-Feuer eingeleitet wurden. Die jüngste Lava in dieser Gegend stammt aus den Krafla- Feuern, die zwischen 1975 und 1984 in einer Serie von Spalteneruptionen viele Erdbewegungen verursachten und neue Krater und Lavafelder hervorbrachten. Weitere ungewöhnliche Naturphänomene sind die Pseudokrater von Skútustaðir und das Solfatarengebiet bei Námaskarð mit zahlreichen Dampf-, Schlamm- und Schwefelquellen. Auch die Landzunge Höfði ist wegen ihrer lieblichen Umgebung ein lohnenswertes Ziel.

Östlich von Hverfjall befindet sich eine Kraterreihe, die Lúdentsborgir genannt wird, nach dem Hauptkrater Lúdent. Südlich dieses Kraters gibt es einen Hang, der Nökkvabrekka (Nachenhang) heißt. An diesem Hang steht der einzelne Felsklotz Nökkvi (Steinnachen), der in der Tat sehr an ein Boot erinnert. Von diesem Steinnachen erzählt eine Sage:

In alter Zeit lebte eine Trollfrau auf den Hochlandweidegebieten der Bauern am Mývatn, und zwar dort, wo es heute Skessuhali (Riesinnenhügel) heißt. Sie gehörte zu den Nachttrollen, die nicht von den Strahlen der Sonne getroffen werden dürfen, weil sie dann zu Stein erstarren. Nachttrolle müssen deswegen nachts ihre Arbeiten verrichten. Diese Riesin fügte den Menschen am Mückensee großen Schaden zu, unter anderem stahl sie des Nachts Forellen aus dem See. Es heißt, dass sie einen Steinnachen besaß und auf ihm auf den See hinausruderte, um ihn dann vor Tagesanbruch auf dem Rücken wieder nach Hause zu tragen.

Eines Sommers war der Fischfang in der Bucht Strandavogur besonders ertragreich. Hier war der beste Platz zum Fischen, und so ist es seitdem immer gewesen. Die Riesin machte es sich in diesem Sommer zur Gewohnheit, jede Nacht in dieser Bucht zu wildern, und den Bauern von Strönd dünkte dies ein großer Schaden. Eines Nachts, der Sommer war schon fortgeschritten, kommt die Riesin wieder von den Bergen und will auf den See hinaus. Als sie dorthin kommt, ist aber der Bauer beim Fischen. Sie traut sich nicht, ihn anzugreifen, denn er hatte noch drei andere Männer bei sich, und will lieber warten, bis die anderen mit dem Fischen fertig sind.

Der Bauer aber beeilt sich gar nicht, denn er glaubt zu wissen, was die Trollfrau vorhat. Er lässt sich Zeit bis zum Morgen. Die Trollfrau wird immer ungeduldiger, will aber nicht unverrichteter Dinge nach Hause zurückkehren. Und als der Bauer endlich aufhört zu fischen, geht sie hinunter zum See und legt ihre Netze aus. Als sie damit fertig ist, will sie zurück nach Hause, aber sie hat noch nicht die Hälfte des Weges bis Skessuhali hinter sich, da geht die Sonne auf. Dann soll die Trollfrau das Boot abgesetzt und eingestiegen sein, und alles wurde zu Stein, Nachen und Riesin.

Auch heute noch kann man die Wahrzeichen für das traurige Ende der Trollfrau sehen. Der Nachen steht noch an dem Hang, der auf dem halben Weg nach Skessuhali liegt, und der Hang heißt Nökkvabrekka (Nachenhang). Dieser Nachen gleicht ganz genau den Booten, die auch heute noch am Mývatn zum Fischen verwendet werden, nur ist er sehr viel größer. Die Form kann man sehr deutlich erkennen, und man sieht auch noch Ruder und Riemen, für die die Planken eingekerbt wurden. Im Heck des Nachens liegt ein großer Haufen, wo sich die Trollfrau zur letzten Ruhe gebettet haben soll.

Göttliche und dämonische Wesen

Der Hufabdruck von Sleipnir in Ásbyrgi

Das hübsche Städtchen Húsavík am östlichen Ufer der Skjálfandi-Bucht trägt wohl den ältesten Ortsnamen in Island. Er stammt von dem schwedischen Seefahrer Garðar, der noch vor Ingólfur Arnarson eine Entdeckungsreise nach Island unternahm und hier einen Winter verbrachte. Er nannte den Ort, wo er sich seine Unterkunft errichtet hatte, Húsavík, d.i. Häuserbucht. Nachdem wir uns dort umgeschaut haben, fahren wir in nördlicher Richtung auf die Halbinsel Tjörnes hinaus. Bei schönem Wetter sehen wir in der Ferne die Insel Flatey, die in früheren Zeiten besiedelt war, und knapp vor der Küste von Tjörnes die Insel Lundey (Papageitaucherinsel). Dort hat außer den Vögeln nie jemand gewohnt, aber diese dafür um so zahlreicher.

Das Meeresufer fällt hier fast überall steil ab. An vielen Stellen kann man anhand der Gesteinsschichten eine Reise in die Erdgeschichte machen, denn dort finden sich verschiedene Sedimentationen mit Fossilien, Braunkohle und andere geologisch aufschlussreiche Ablagerungen.

Wir gelangen bald an die Nordspitze der Halbinsel Tjörnes, und von hier aus können wir bei schönem Wetter sogar bis Grímsey blicken. Die Mánáreyjar (Mondflussinseln) sind zwei kleine Inseln dicht am Land nordwestlich des Hofes Máná. Dann haben wir die Halbinsel schon bald umrundet, und es geht mit herrlichem Blick über den Öxarfjörður (Axtfjord) wieder in südlicher Richtung. Die riesige schwarze Sandfläche wurde vom größten isländischen Gletscherfluss Jökulsá á Fjöllum (Gletscherfluss auf den Bergen) angeschwemmt. Jenseits der weiten Bucht liegt die Halbinsel Melrakkaslétta (Fuchsebene), wo Rifshafnartangi und Hraunhafnartangi die nördlichsten Vorposten von Island bilden. Wir fahren einen steilen Hang hinunter und gelangen in den Kelduhverfi-Bezirk.

Die Höfe in Kelduhverfi (Quellengegend) liegen entweder auf kleinen Erhebungen im Delta der Jökulsá á Fjöllum, oder mehr landeinwärts auf flachen, bewachsenen Lavafeldern. Dort gibt es viel vulkanische Aktivität und Erdbeben sind häufig. In den Lavafeldern finden sich zahlreiche größere und kleinere Spalten, die davon zeugen, dass die tektonischen Platten der Erdkruste auseinander driften. 1975 gab es dort eine heftige Erdbebenserie, bei der sich viele neue Spalten und Risse öffneten und sogar ein neuer See entstand. Wir nähern uns der Jökulsá á Fjöllum. Rechter Hand öffnet sich das gewaltige Felsenrund von Ásbyrgi (Götterzuflucht). Das Tal ist etwa 3.5 km lang und mehr als einen Kilometer breit, eingeschlossen von 90–100 m hohen senkrecht aufragenden Klippen. Der Taleingang im Norden wird in der Mitte durch den Felsblock Eyjan (die Insel) geteilt. Der Talboden ist fast ganz flach, bedeckt mit reicher Vegetation und Birkenwald mit Ebereschen dazwischen und hohem Weidengebüsch. Darüber hinaus wurden Lärchen, Fichten und Kiefern angepflanzt. Ganz im Innern dieser mächtigen Felsenburg liegt zu Füßen der Steilwand der kleine, kristallklare See Botnstjörn.

Unter Geologen herrschten früher die unterschiedlichsten Meinungen dazu, wie dieses Naturphänomen entstanden ist, doch heute ist man sich einig darüber, dass es von zwei überdimensionalen Gletscherläufen geschaffen wurde, der erste vor etwa 8–10.000 Jahren unmittelbar nach Ende der letzten Eiszeit, und der zweite vor etwa 3000 Jahren. Später hat sich die Jökulsá á Fjöllum ihren Weg in dem heutigen Canyon gebahnt. Dieser Canyon ist eine Wunderwelt für sich mit einzigartigen Naturschönheiten wie den Echofelsen Hljóðaklettar, dem schönen Vesturdalur und den kristallklar aus der Erde sprudelnden Quellen bei Hólmatungur. In diesem Abschnitt der Jökulsá á Fjöllum gibt es einige Wasserfälle, von denen Dettifoss der größte ist. Über ihn gibt es ein Gedicht von Kristján Jónsson, das folgendermaßen beginnt:

*Wo niemals auf stumpfgrauem Steine
ein Blütchen der Sonne gelb lacht,
wo der schäumende Fluss schleift seine
gewaltigen Felsen bei Tag und Nacht,
meinen alten Freund hör ich dröhnen,
mit donnernder Stimme und unentwegt,*

den Fels hör ich drunten stöhnen,
wie ein Halm, der im Frost sicht regt.

Dettifoss ist 44 m hoch und von der Wassermenge her der mächtigste Wasserfall in Europa. Andere Wasserfälle in der Jökulsá á Fjöllum sind Selfoss, Réttarfoss, Vígabergsfoss und Hafragilsfoss. Der gesamte Canyon und die Umgebung wurden 1973 zum Nationalpark erklärt.

Aber auch wenn die Wissenschaftler uns glauben machen wollen, dass alles erklärbar ist, gibt es noch andere Deutungsversuche für das Naturphänomen von Ásbyrgi, die nicht weniger Daseinsberechtigung haben. Die Ereignisse die in dieser folgenden Volkssage geschildert werden, haben sich zu Urzeiten abgespielt, lange bevor der Mensch dieses Land betreten hat, und deswegen gibt es auch keine Zeugen für das, was dort geschehen ist.

Nord-island

JÖKULSÁRGLJÚFUR

Ein uralter Mythos besagt, dass in grauer Vorzeit Odin, der höchste Gott unter den Asen, einmal zum Vergnügen einen wilden Ritt durch das Himmelsgewölbe unternommen hat. Auf seinem Pferd Sleipnir, das acht Beine hatte, ritt Odin in einer sternklaren Nacht zwischen zuckenden Nordlichtern über den Himmel. Der mächtige Gott spornte sein Pferd recht heftig an, mal ging es in höchste Höhen, mal ganz tief hinunter, denn er achtete nicht immer genau auf die Richtung. Da geschah es, dass der Gott einmal zu nahe an der Erde vorbeistürmte, so dass eines von Sleipnirs acht Beinen an die Erde stieß, und er trat fest zu. Dabei riss das Erdreich auf und es bildete sich eine gewaltige Senke. Dieser Hufabdruck von Sleipnir ist auch heute noch sichtbar und heißt Ásbyrgi (Asenschlucht).

Einige halten diese alte Sage für nicht weniger tauglich, um das Entstehen von Ásbyrgi zu erklären. Wie dem auch sei, fest steht jedenfalls, dass niemand, der hierher kommt, unberührt bleibt von der Schönheit und Erhabenheit des Ortes. Es ist sogar nicht unwahrscheinlich, dass es vielen so vorkommen mag, als sei diese gewaltige Felsenburg in all ihrer Schönheit ein Werk der Götter.

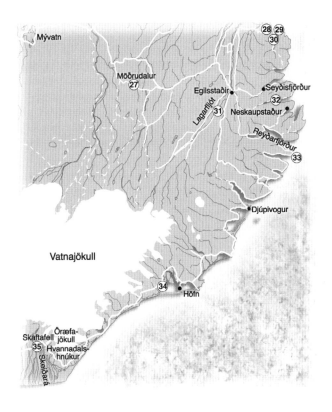

OSTISLAND

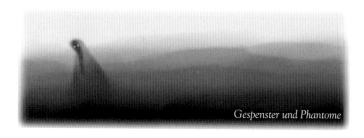

Gespenster und Phantome

Die Sage von Manga aus Möðrudalur

Diesmal beginnen wir unsere Reise in Egilsstaðir und fahren durch das Jökuldalur, geschaffen vom Gletscherfluss Jökulsá á Brú. Die Ringstraße führt auf die Hochebene Jökuldalsheiði. Dort gab es in früheren Zeiten, sogar bis ins 20. Jahrhundert hinein, eine ganze Reihe von Bauernhöfen. Die Straße führt uns immer höher hinauf in die einsamen und immer spärlicher bewachsenen Weiten von Möðrudalsöræfi, deren heutiges Aussehen nicht nur auf das rasche Fortschreiten der Bodenerosion, sondern auch auf verheerende Ausbrüche des Vulkans Askja zurückzuführen sind, die das Land mit Asche und Bimsstein überzogen. In 660 m Höhe überqueren wir auf der früheren Ringstraße eine Bergkette und, kommen bald nach Möðrudalur, mit 469 m ü.M. sowohl der höchst gelegene als auch der abgeschiedenste Bauernhof in Island. Seit alten Zeiten ist Möðrudalur ein bedeutender Hof, wo seit jeher die Menschen auf Reisen zwischen dem Norden und Osten des Landes Rast gemacht haben.

Die Kirche an diesem Ort wurde von Jón Stefánsson erbaut. Er war Bauer zu Möðrudalur und Künstler, der sein ganzes Leben auf diesem Hof verbrachte, wo er 1971 starb. Die Kirche errichtete er zum Gedenken an seine Frau Þórunn Vilhjálmsdóttir, und dieses ganz besondere Gotteshaus wurde 1949 geweiht. Bauer Jón baute aber nicht nur die Kirche, sondern er schmückte sie auch innen selber aus. Unter anderem malte er das Altarbild, das Jesus bei der Bergpredigt zeigt; die Szenerie erinnert aber nicht so sehr an Israel, sondern an die Berge der unmittelbaren Umgebung von Möðrudalur. In früheren Jahrhunderten gab es in dieser Gegend mehrere Höfe, und die Pfarrkirche dieser Menschen stand in Möðrudalur, das damals Amtssitz des Pfarrers war.

1716 wurde die Kirche dort niedergelegt, denn damals verödete der Hof auch für eine Weile.

Um nach Möðrudalur zu gelangen, muss man heute eine Nebenstrecke zur Ringstraße 1 fahren, aber viele tun das und machen dort Halt. In Möðrudalur hat man eine fantastische Aussicht auf Bergwelt des Hochlands, und dort gibt es nicht zuletzt auch das Fjallakaffi (Bergcafé), eine originelle Tankstelle und Unterkunftsmöglichkeiten im Gästehaus und auf dem Zeltplatz. Da ist es angebracht, die Sage von der Pfarrersgattin in Möðrudalur zu erzählen, die dort in alten Zeiten lebte. Nachdem diese Frau den letzten Atemzug getan hatte, spukte sie so heftig in der Gegend herum, dass sie nicht nur von hellseherisch begabten Menschen gesehen wurde, sondern von allen.

Bjarni Jónsson war der letzte Pfarrer in Möðrudalur, und seine erste Frau hieß Margrét. Sie liebte ihren Mann sehr, aber ihnen war kein langes Zusammenleben beschieden, denn sie starb früh im Kindbett. Kurz vor ihrem Tod bat sie ihren Mann, sie gut in Erinnerung zu behalten und nicht wieder zu heiraten, und Bjarni versprach ihr das. Auch strickte sie vor dem Sterben eine rotbraune Socke aus feiner Wolle. Kaum war sie gestorben, spukte sie schon kräftig herum. Man hörte in Möðrudalur viel Rumoren in der Vorratskammer und in der Küche, und sie wurde nicht nur von Menschen gesehen, die das zweite Gesicht hatten, sondern von allen. Sie trug wie zu Lebzeiten den hohen Kopfputz der damaligen Frauentracht und war schweren Leibes, denn sie hatte ihr Kind nicht zur Welt bringen können. Außerdem strickte sie stets an einer rotbraunen Socke aus feingesponnener Wolle.

Schon nach kurzer Zeit heiratete Pfarrer Bjarni eine andere Frau. Aber als diese zu dem Pfarrer ins Bett stieg und sich neben ihn an die Wand gelegt hatte, kam Manga, wie der Spuk jetzt genannt wurde, und setzte sich vorn auf die Bettkante. Da sagte Bjarni: „Geh fort, Margrét; die Zeit ist vorbei, wo hier dein Platz war." Manga von Möðrudalur war ein sehr aufdringlicher Spuk. Sie quälte die neue Frau von Bjarni, was schließlich zu deren Tod führte. Ihm wurde geraten, sich eine Frau zu nehmen, die Margrét nicht gekannt hatte. Er suchte sich eine Frau in Vopnafjörður, und sie hat ihren Mann überlebt.

Bjarni starb zwischen Eiríksstaðir und Hákonarstaðir im Jökuldalur eines plötzlichen Todes. Er wurde gegen Abend gefunden. Man baute über der Leiche ein Zelt auf, und ein mutiges Mädchen von Eiríksstaðir, das Guðrún hieß, war bereit, Leichenwache zu halten. Das Zelt stand ganz in der Nähe der Jökulsá. Der Mond zog durch die Wolken. Guðrún berichtete über diese Nacht, dass gegen Morgen eine Rabenschar aus der Schlucht am Fluss herangeflogen sei. Diese Raben waren grau und griffen das Zelt so heftig an, dass sie sie kaum abwehren konnte. So ging es bis zum Morgengrauen, und die ganze Zeit sah sie Manga am Hang oberhalb des Zeltes sitzen und an der rotbraunen Socke stricken. Guðrún sagte, sie sei noch nie so müde gewesen wie nach dieser Nacht. Nach Bjarnis Tod wurde der Hof in Möðrudalur wegen des Spuks verlassen, aber die Häuser blieben stehen, und verschiedentlich waren Reisende gezwungen, dort Unterschlupf zu suchen, wenn der Tag zur Neige ging. Als Pfarrer Gísli Gíslason von Desjarmýri im östlichen Borgarfjörður gerade geweiht worden war, machte er sich auf zu seinem neuen Dienstort. Weil es bereits dunkelte, musste er in Möðrudalur Unterschlupf suchen. Er ging in die Wohnstube und machte sich dort ein Lager auf einem Podest am Ende der Stube zurecht. Dort gab es auch einen Hochsitz, und als er sich umschaute, sah er Manga dort sitzen und stricken. Als er zu ihr hinging, verschwand die Erscheinung im Boden, aber die ganze Nacht hörte er Rumoren, Türenschlagen und Topfklappern, so dass er kein Auge zutun konnte.

Einmal suchte ein anderer Mann dort ein Nachtlager. Da saß Manga wieder auf ihrem Hochsitz und strickte. Er war ein mutiger und unerschrockener Mann, zog seinen Tabaksbeutel hervor und bot ihr eine Prise Schnupftabak an. Sie erschrak so, dass sie davonstürzte und dann anfing, in Vorratskammer und Küche herumzuwirtschaften, so dass der Gast nicht schlafen konnte. Solches und ähnliches wird in den Geschichten von Möðrudals-Manga erzählt.

Trolle und Unholde

Naddi in den Geröllhängen von Njarðvík

Allenthalben entlang der Ringstraße gibt es hübsche Orte, wo man Halt machen sollte. Einer davon ist Egilsstaðir, ein junges und aufstrebendes Städtchen am Lagarfljót. Wir genießen den Blick auf blühende Landwirtschafts- und Waldgebiete, die das grünlich schimmernde Wasser von Lagarfljót einrahmen. In der Ferne überragt Snæfell (1832 m) alle anderen Berge.

Diesmal halten wir uns aber nicht lange in Egilsstaðir auf, sondern biegen von der Ringstraße ab und fahren in nördlicher Richtung. Durch fruchtbares Land führt uns die Straße schließlich auf die Geröllebenen von Héraðsflói, Mündungsdelta zweier großer Gletscherflüsse. Dort befinden sich auch einige Höfe, aber die angeschwemmten Ebenen sind vor allem ein paradiesisches Fleckchen Erde für viele Vogelarten und Seehunde. Wir halten dann nach rechts auf die Berge zu, überqueren den Fluss Selfljót und beim Hof Unaós vergegenwärtigen wir uns, dass sich dort in alten Zeiten Uni der Däne niederließ. Er war der Sohn des Schweden Garðar Svavarsson, der kurz nach der Mitte des 9. Jahrhunderts einen Winter in Húsavík verbracht hatte. Uni sollte im Auftrag des norwegischen Königs Harald Schönhaar Island unter die Herrschaft des Königs bringen, der ihm dafür die Jarlswürde versprochen hatte. Damit waren jedoch die anderen Siedler alles andere als einverstanden, und Uni musste unverrichteter Dinge nach Norwegen zurückkehren.

Jetzt führt die Straße in Serpentinen über den Pass Vatnsskarð (Seescharte). An der höchsten Stelle haben wir 431 m.ü.M. erreicht. Oben bei der Schutzhütte ist der kleine See, nach dem der Pass seinen Namen erhielt, und hier sollte man unbedingt halten und die grandiose

Aussicht auf die Dyrfjöll (Torberge) und tief unten die Weite von Héraðsflói genießen. Anschließend fahren wir hinunter nach Njarðvík, der nördlichsten Meeresbucht in den Ostfjorden. Liparit ist dort die vorherrschende Gesteinsart, und majestätische Berge beschützen die Gegend vor widrigen Winden. Großer Farbenreichtum, gewaltige Schotterhänge und dazwischen weiße Schneewechten verleihen dieser Landschaft einen eigenartigen Reiz. In Njarðvík standen früher zahlreiche Höfe, heute ist nur noch einer bewirtschaftet. In früherer Zeit stand hier auch eine Kirche, die der Gottesmutter Maria geweiht war.

Von Njarðvík aus geht die Straße weiter zum Borgarfjörður eystri. Sie führt durch einen gefährlichen Steilhang, Njarðvíkurskriður (Geröllhänge von Njarðvík). Diese Hänge haben sich durch herabstürzendes Gestein gebildet, und sie enden unten am Meer in schroffen Klippen, in die die Brandung Grotten, Höhlen und Schluchten gegraben hat, wo das von den Wellen hin- und hergeworfene Geröll rasselt und klappert. Diese Schutthänge standen früher in einem schlimmen Ruf, denn sie waren nicht nur steil, sondern der Pfad war auch schmal und abschüssig. Dort stürzten oft Menschen ab oder wurden von Lawinen mitgerissen. Es gibt viele Erzählungen von schrecklichen Unfällen in diesem Gebiet. Heute ist der Weg breit und wesentlich verbessert, aber es kann trotzdem in schneereichen Wintern oder bei starkem Regen immer wieder passieren, dass dort Steinlawinen niedergehen.

In früheren Jahrhunderten machte man dafür einen Unhold verantwortlich, der Naddi genannt wurde. Er soll in einer Höhle in Naddagil gehaust haben, am nördlichen Ende der Geröllhänge ganz unten am Meer. Später gelang es, diesem Unwesen ein Ende zu setzen, und danach wurde ein Holzkreuz mit lateinischer Inschrift dort aufgestellt. Das Kreuz steht immer noch an seinem Platz, ist aber oft erneuert worden. Die Aufschrift aber ist dieselbe geblieben:

Effigiem Christi
qui transis
pronus honora.
Anno MCCCVI

Das Bild Christi,
der du vorüberziehst,

ehre demütig.
Anno Domini 1306

Vom Unhold Naddi hieß es, er habe oben Menschengestalt gehabt, aber unten sei er wie ein Tier gewesen. Während der hellen Sommerzeit wurde man seiner wenig gewahr, denn er griff die Menschen vor allem dann an, wenn die Nächte dunkler geworden waren, und viele kamen seinetwegen in den Schotthängen von Njarðvík zu Tode. Von Naddis Ende berichtet die Sage:

Es war einmal im Spätherbst, als Jón Bjarnason auf dem Weg von Borgarfjörður nach Njarðvík war, wo er lebte. Auf dem Weg kam er in Snotrunes vorbei, und da wurde es schon dunkel. Die Leute dort baten ihn, über Nacht zu bleiben und sich nicht der Gefahr auszusetzen, sich so spät am Abend auf den gefährlichen Weg zu machen. Er war der Meinung, das ihm das nichts anhaben könnten, und zog weiter. Als er aber in die Nähe von Naddagil kam, griff ihn der Unhold an. Das war eine enorme Kraftprobe, und der Zweikampf war lang und erbittert. Es ging über Stock und Stein, und zuletzt kamen sie zu dem Ort, wo es heute Krossjaðar (Kreuzesrand) heißt. Dort riss sich der Unhold von Jón los und robbte sich hinunter ins Meer. An dieser Stelle wurde später ein Kreuz errichtet mit der lateinischen Aufschrift, dass jeder, der dort vorbeikommt, dort halten und ein Gebet verrichten soll. Nach diesem Kampf ging Jón heim nach Njarðvík. Er war vollkommen entkräftet, zerschunden und blau geschlagen und musste einen Monat im Bett verbringen, aber dann kam er wieder auf die Beine. Jón war der Meinung, dass der Unhold aus dem Meer gekommen sei, weil er sich wieder ins Meer zurückzog, als er im Kampf zu unterliegen drohte.

Elfen und magische Orte

Die Elfenkönigin in Snotrunes

Der Borgarfjörður im Osten ist der nördlichste Fjord in Ostisland und sehr berühmt für seine landschaftlich schöne Umgebung. Vor allem das Bergpanorama ist spektakulär, und der kleine Fjord wird dominiert von den in schwindelnden Höhen thronenden Dyrfjöll (Torberge) mit ihrer eigenartigen Kerbe. In den letzten Jahren ist der winzige Ort Bakkagerði etwas gewachsen. Direkt am Rand der Siedlung ist ein Felsenhügel, der Álfaborg (Elfenburg) heißt. Dort befindet sich angeblich die Hochburg der Elfen in Island, und zahlreiche Volkssagen ranken sich um ihn. Vogelfreunde kommen im Borgarfjörður eystri auf ihre Kosten, den am neuen Hafen am Südufer des Fjordes kann man Papageitaucher und andere Seevögel aus allernächster Nähe beobachten. Snotrunes ist der letzte Hof im Borgarfjörður, bevor die Straße in die gefährlichen Schotterhänge von Njarðvík führt. Anfangs hieß der Hof nur einfach Nes (Landzunge), er wurde aber später nach der Elfenkönigin Snotra umbenannt, die dort eine Weile lebte. Von ihr berichtet die folgende Sage:

In alten Zeiten kam einmal eine vornehme Frau nach Nes im Borgarfjörður, über die niemand etwas wusste. Sie ließ sich dort nieder und je besser man sie kennen lernte, desto mehr hielten die Menschen von ihr. Bald hatte sie den Hof übernommen und Nes ging in ihren Besitz über. Sie stellte einen Verwalter ein, von dem sie verlangte, dass er ihr sagen müsse, wo sie die Weihnachtszeit verbrächte, denn sie erklärte, dann nicht in Nes zu sein. Sie sagte auch, dass sein Leben auf dem Spiel stünde, falls er die

Antwort nicht wüsste. Falls es ihm aber gelänge, würde sie es ihm reichlich lohnen.

Das Weihnachtsfest rückte näher und am Heiligen Abend machte sich Snotra, so hieß die Frau nämlich, reisefertig. Niemand wusste, wohin sie ging. Nach Weihnachten kam sie zurück, ging zu ihrem Verwalter und fragte, ob er ihr sagen könnte, wo sie gewesen sei. Er verneinte dies, und dann war er auf einmal verschwunden, und niemand wusste, was aus ihm geworden war. Genauso erging es dem zweiten und dritten Verwalter, die zu Snotra kamen. Snotra ging zu Weihnachten wieder fort, aber auch diese Männer konnten ihr nicht sagen, wo sie gewesen sei. Auch sie verschwanden ebenso spurlos wie der erste Verwalter. Zum Schluss kam wieder ein neuer Verwalter zu ihr, und sie stellte ihm die gleichen Bedingungen. Er erklärte, er würde ihr sagen, wo sie zu Weihnachten gewesen sei, falls er es in Erfahrung bringen könne.

Es ging wieder auf Weihnachten zu. Als der Tag am Heiligen Abend zur Neige ging, machte sich Snotra wie gewöhnlich reisefertig, und das Gesinde legte sich zum Schlafen. Der Verwalter aber wachte und hielt Ausschau, wann Snotra den Hof verließ. Er ging ihr nach und sah, dass sie die Wiese hinunterging zum Meer, wobei sie etwas unter dem Arm trug. Als sie zu den Steinklippen am Ufer kam, setzte sie sich hin, faltete ein Bündel auseinander, das sie bei sich trug. Der Verwalter beobachtete das alles und sah, dass helle Schleier in dem Bündel waren. Als sie den Verwalter sah, warf sie ihm einen Schleier hin, schlug sich den anderen über den Kopf und sprang ins Meer. Er beeilte sich, ihr das nachzumachen, folgte ihr ins Meer und konnte einen Zipfel ihres Schleiers erwischen. Dann glitten sie vorwärts in Rauch oder Dunst, bis sie zu einem wunderschönen Ufer gelangten. Da ging Snotra an Land, hinterließ ihren Schleier an einem versteckten Ort und ging dann landeinwärts. Er tat es ihr nach, legte seinen Schleier auf ihren und ging dann hinter ihr her. Er sah, dass das Land schön war, dort wuchsen duftende

Kräuter und Obstbäume, und allerorten waren Obstgärten. Als nächstes sah er eine prächtige Stadt, die von Mauern umgeben war. Als Snotra auf die Stadtmauer zuging, kamen ihr unter Instrumentenspiel viele Menschen entgegen, die ihr die Hand gaben. Sie bedeutete dem Verwalter, dorthin zu gehen, wo zwei mächtige Gebäude standen. Dort fand er auch ein kleines Gebäude, aus dem man in die Fenster des großen Gebäudes sehen konnte. Dort blieb er, ging gleich am ersten Abend zum Fenster und sah, dass dort eine große Feier stattfand. Alles war hell erleuchtet und eine große Schar festlich gekleideter Menschen tanzte fröhlich zu schöner Musik.

Auf dem Ehrensitz saß ein würdiger Mann, an dessen Seite er die königlich geschmückte Snotra erkannte, und er war sehr verwundert. Er stand am Fenster, bis der Tanz vorüber war, die Tische abgeräumt wurden und die Leute den Saal verließen. Als er sich schlafen legen wollte, kam eine junge Frau und brachte ihm Essen. Dieselbe Frau brachte ihm jeden Tag zu essen und zu trinken, solange er dort war. Zum Fenster ging er jeden Abend und sah immer das Gleiche, viele schön geputzte Leute und viel Frohsinn, und immer die gleichen Personen auf dem Ehrenplatz. Am letzten Abend sah er, wie zwei Männer vor den Mann auf dem Ehrenplatz hintraten und ihm berichteten, dass eine Kuh zwei Kälber bekommen hätte, wovon eines tot war, als man hinzukam. Zwei Frauen hätten über der Kuh wachen sollen, und jede gab der anderen die Schuld am Tod des Kalbs. Daraus entstand ein Streit zwischen diesen Frauen, und der Herrscher war erzürnt über diese Nachricht.

Als Weihnachten vorüber war, bemerkte der Verwalter, dass man Snotras Weggang vorbereitete. Aus dem Schloss folgten ihr große Menschenscharen, und der Zug war begleitet von Instrumentenklängen. Der König geleitete sie an der Hand hinaus aus dem Saal, wo er sich widerstrebend von ihr verabschiedete. Sie ging dann den gleichen Weg wieder zurück, und der Verwalter hinter ihr her. Sie glitten wie im Nebel dahin, bis sie wieder an der gleichen Stelle an Land kamen. Dann nahm sie den Schleier ab und faltete ihn zusammen. Er tat es ihr nach und warf ihn ihr zu. Sie sagte kein Wort und ging nach Hause. Er ging ihr zum Hof nach und schlief bis zum nächsten Morgen. Das Gesinde stand wie gewöhnlich auf und machte sich an die Arbeit, aber er blieb liegen. Da kam Snotra zu ihm, entbot ihm einen guten Tag und fragte, ob er ihr sagen könnte, wo sie gewesen sei. Er sprach die folgende Strophe:

> Um ein totes Kalb, da stritten sich zwei,
> o Königin, du warst dabei.
> Gezeter gab's und böses Blut,
> der König selbst geriet in Wut.

Sei bedankt dafür, sagte Snotra. Jetzt hast du mich aus dem Zauberbann befreit. Ich war von meinem Mann weggetrieben worden und es war mir auferlegt, dass ich nur zu Weihnachten bei ihm sein durfte, falls sich nicht jemand finden würde, der mir sagte, wo ich zu Weihnachten bin. Du allein hast es geschafft. Dafür sollst du jetzt meinen Hof und das Land erhalten, und das Glück wird immer mit dir sein. Danach verschwand Snotra und wurde nie wieder gesehen, aber der Hof bekam einen neuen Namen und hieß seitdem Snotrunes.

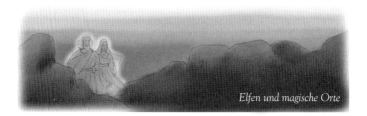

Elfen und magische Orte

Borghildur in der Elfenburg

Der Borgarfjörður im Osten gehört zu den schönsten Gegenden in Island. Er liegt zwischen dem Loðmundarfjörður und Njarðvík und schneidet im Gegensatz zu den südlicheren Fjorden nicht so tief ins Land ein. Er ist etwa 4 km breit und 5 km lang, und wird begrenzt von Landsendi im Norden und Hafnartangi im Süden. Die Hafenbedingungen im Borgarfjörður waren lange Zeit schwierig, aber das hat sich jetzt mit dem neuen Hafen, der etwas weiter vom Dorf entfernt liegt, geändert. Auf den Felsen am neuen Hafen nisten viele Vögel, unter anderem Papageitaucher und Dreizehenmöwen. Vom Meeresufer bis hin zu den Bergen liegt ein breites, fruchtbares Tal, das von hohen Gebirgszügen umschlossen ist. Basalt und Liparit sind hier kontrastreich gemischt und bilden fantastische Felsformationen. Dyrfjöll (Torberge) ragen am Ende des Tals auf und sind über 1100 m hoch. Direkt beim Dorf liegt die Felsformation Borg, die aber meistens Álfaborg (Elfenburg) genannt wird. Dieser wunderschöne Hügel gilt seit langem als eine Hochburg der Verborgenen Wesen in Island. Viele haben diese erlauchten Wesen wahrgenommen, heute nicht weniger als früher. In alten Zeiten glaubte man, dass die Wesen, die in dem Felsen wohnten, im Kækjudalur zur Kirche gingen, so heißt ein enges Tal in der Gegend. Dort befindet sich nämlich ein riesengroßer Stein, der wie ein Haus aussieht. Er heißt Kirkjusteinn (Kirchenstein). Manchmal sah man die Verborgenen Wesen in Scharen zu ihrer Kirche reiten.

Im Borgarfjörður eystri leben die Menschen von Fischfang und Fischverarbeitung, aber auch von der Landwirtschaft. Dort gibt es auch die interessante Steinschmiede Álfasteinn, die sich darauf spezialisiert hat, Steine zu schleifen und aus ihnen schöne Kunsthandwerksgegenstände und Schmuck zu arbeiten. Der Markt für solches Kunsthandwerk wächst mit steigendem Besucherstrom ständig. Und es gibt wohl kaum einen anderen Ort in Island, wo man vergleichbar schöne und seltene Steine finden kann.

Im Dorf Bakkagerði gibt es eine Kirche, eine Schule, ein Gemeindehaus und anderes mehr. Die Kirche der Leute aus dem Borgarfjörður stand ursprünglich taleinwärts in Desjarmýri, und dort wohnte auch der Pfarrer. Um die Wende vom 19. zum 20. Jahrhundert wurde die Kirche aber ins Dorf verlegt. In ihr befindet sich ein interessantes Altarbild von Jóhannes S. Kjarval, dem wohl berühmtesten isländischen Maler. Es zeigt Jesus bei der Bergpredigt, die aber im Borgarfjörður eystri stattzufinden scheint, denn er steht auf den Felsen von Álfaborg, und den Hintergrund bildet das Dyrfjöll-Massiv. Dieses Bild erregte zunächst einiges Aufsehen, weil es bei einigen einen viel zu profanen Eindruck erweckte, aber solche Stimmen sind nun schon lange verstummt. Jóhannes Kjarval wurde zwar in Südisland geboren, aber kam als Kind nach Geitavík im Borgarfjörður und wuchs dort auf. Motive aus diesen Kindheits- und Jugendjahren haben ihn zeit seines Lebens beschäftigt, wie man aus seinen Werken deutlich herauslesen kann. Auch ist es sehr wahrscheinlich, dass er in jungen Jahren stark von lokalen Volkssagen und Elfenglauben beeinflusst wurde, denn wenn man genau hinschaut, finden sich in seinen Werken vielfach geheimnisvolle Wesen.

Die Meisten stimmen darin überein, dass der östliche Borgarfjörður reich an Naturwundern ist. Dort findet sich aber auch ein nicht weniger reicher Schatz an volkstümlicher Überlieferung:

Es war einmal ein Bauer, der wohnte in Jökulsá, das ist der nächste Hof bei Álfaborg auf der anderen Seite der Fjarðará. Bei ihm war ein Dienstmädchen namens Guðrún. Eines Sonntags im Sommer gingen alle Leute vom Hof zur Kirche in Desjarmýri, nur Guðrún blieb zu Hause. Die Hausfrau bat sie, die Schafe zusammenzutreiben und zu melken, und danach sollte sie die Kühe melken und Butter machen. Die Leute gingen zur Kirche, und das Mädchen ging die Schafe einsammeln. Als sie sie gemolken hatte, ließ sie wieder auf die Kiesbänke unterhalb des Hofs hinauslaufen. Danach machte sie sich ans Kochen. Als sie alle ihre Aufgaben verrichtet hatte, trat sie hinaus auf den Hofplatz, um nach den Milchschafen und anderem Ausschau zu halten. Da sah sie auf einmal viele Leute auf den Pfaden unterhalb der Heuwiese herreiten. Sie waren farbenprächtig gekleidet und ritten auf feurigen, schönen Pferden. Sie wundert sich sehr darüber, denn um rechtzeitig zur Kirche zu kommen, hätten alle schon längst losgeritten sein müssen. Alle diese Leute ritten am Hof vorüber, aber eine Frau kam die Wiese hinaufgeritten bis zum Hofplatz.

Diese Frau war schon etwas älter, aber noch sehr schön, und sie sah sehr vornehm aus. Sie grüßte das Mädchen und sprach: „Gib mir etwas Buttermilch zu trinken, mein gutes Mädchen." Guðrún lief ins Haus, füllte eine Holzkanne mit Buttermilch und reichte sie der Frau. Die Frau nahm sie entgegen und trank davon. Als sie von der Kanne hochblickte, fragte das Mädchen: „Wie heißt Ihr?" Die Frau antwortete nicht und trank einen weiteren Schluck. Da fragt das Dienstmädchen wieder dieselbe Frage. Die Frau antwortet wieder nicht und trinkt erneut einen Schluck. Als sie die Kanne geleert und den Deckel zugemacht hat, sieht das Mädchen, wie sie sich in den Busen greift und ein schön gewebtes Tuch auf den Deckel legt, das sie ihr schenkt und sich bei ihr bedankt. Da fragt das Mädchen zum dritten Mal: „Wie heißt Ihr?" „Borghildur heiße ich, mein neugieriges Kind," sagte die Frau und versetzt gleichzeitig ihrem Pferd einen Hieb und reitet den Leuten nach. Das Dienstmädchen Guðrún aber schaut hinter der Schar her und sieht sie zuletzt an einem grauen Stein in Kollutungur vorbeireiten, der an der Mündung des Kækjudalur liegt.

Die Zeit verging, bis die Leute abends vom Kirchgang zurückkehrten. Dann erzählte das Mädchen, was ihm tagsüber widerfahren war, und sie zeigte das Tuch, das die Frau ihr geschenkt hatte. Niemand hatte jemals so etwas Schöneres zu Gesicht bekommen, und es heißt, dass es in späteren Zeiten im Besitz von vornehmen Frauen gewesen ist. Die Reiter, die Guðrún gesehen hatte, gehörten wohl zu den Verborgenen Wesen in der Álfaborg, die auf dem Weg zu ihrer Kirche im Kækjudalur waren.

Trolle und Unholde

Der Lindwurm im Lagarfljót

Wenn man auf der Ringstraße 1 über den Pass Breiðdalsheiði Richtung Norden fährt, durchquert man Skriðdalur und fruchtbare Gegenden, und an vielen Stellen ziehen sich Birkenwälder an den Hängen hoch. Kurz vor Egilsstaðir biegen wir von der Hauptstraße ab, um in Islands größtes Waldgebiet Hallormsstaðaskógur und zum grünlich schimmernden Lagarfljót zu gelangen. Es lohnt sich auch, den See ganz zu umrunden, denn auf der anderen Seite befinden sich bedeutende Orte wie Valþjófsstaður und Skriðuklaustur, und außerdem ist es mehr als der Mühe wert, zu den von einmaligen Gesteinsformationen gesäumten Wasserfällen Litlanesfoss und Hengifoss hochzusteigen. Letzterer ist mit 118 m Islands dritthöchster Wasserfall.

Aber zunächst einmal fahren wir zum Lagarfljót, Islands drittgrößtem Binnensee. Er ist 52 km² groß, 35 km lang und fast überall etwa zweieinhalb Kilometer breit. Erstaunlich ist vor allem seine große Tiefe. Der See liegt in nur 22 m Höhe über dem Meeresspiegel, geht aber an der tiefsten Stelle auf 112 m hinunter, also 90 m tiefer als die Meeresoberfläche. Der große See hat eine grünlich-graue Gletscherfarbe, und an einigen Stellen strömen Gase auf, die bewirken, dass das Wasser dort im Winter nicht zufriert. Die Gletschertrübe sowie die große Tiefe und die aufsteigenden Blasen verleihen diesem See etwas Geheimnisvolles, und aufgrund dessen ranken sich zahlreiche Volkssagen um ihn.

Auf unserem Weg zum See kommen wir in das Waldgebiet von Hallormsstaðir, das 800 ha umfasst und somit Islands größter Wald ist. Er wurde 1905 unter Schutz gestellt, als er von starker Erosion bedroht war, und danach erholte sich der Wald schnell. Seit 1903 existiert dort eine Baumschule, in der u.a. umfangreiche Experimente mit eingeführten Baumarten gemacht wurden. Neben den einheimischen Bäumen wachsen dort über 50 Arten ausländischer Bäume, von denen viele dort hervorragend gedeihen. Der älteste Lärchenhain wurde 1938 angepflanzt und zeigt deutlich, dass man sich in Bezug auf Aufforstung berechtigte Hoffnungen machen kann, und zwar nicht nur in Ostisland, sondern in ganz Island.

In Hallormsstaðaskógur gibt es außer den Gebäuden, die zum Aufforstungsamt gehören, eine Hauswirtschaftsschule, eine Grundschule, ein Schwimmbad und einige Privathäuser. Im Sommer werden die Schulen als Hotels verwendet, und viele genießen den Aufenthalt mitten in einem isländischen Wald. Eine besonders schöne Stelle ist Atlavik am Ufer des Lagarfljót, wo sich ein Zeltplatz befindet. Auf unserer Fahrt dorthin fällt unser Augenmerk auf Lärchenanpflanzungen neueren Datums, die jetzt allenthalben außerhalb des ursprünglichen Waldgebiets gedeihen. Das sind die Resultate der Aufforstungsarbeit im 20. Jahrhundert und beweisen, dass Wald in Island wachsen kann.

Es gibt viele traditionelle Erzählungen darüber, dass im Lagarfljót ein Ungeheuer lebt. Es wird für gewöhnlich Lagafljótsormurinn (der Lindwurm von Lagarfljót) genannt, und früher wie heute behaupten viele, diese erstaunliche Kreatur gesehen zu haben. In den Annalen vergangener Jahrhunderte wird dieser Lindwurm nicht selten erwähnt, und man fürchtete sich sehr vor ihm. Wenn man einen oder gar mehrere seiner Höcker sah, war das immer ein schlimmes Vorzeichen. Der Lindwurm selbst richtete aber nicht so großen Schaden an, denn es gelang sehr früh, ihn in Banden zu schlagen und auf dem Grund des Sees festzubinden. In unseren Tagen hat dieser Volksglaube ein wenig an Bedeutung verloren, so dass viele heute meinen, dass diese Höcker nichts anderes gewesen sind als Torfmoor oder anderes Treibgut auf dem See. Aber trotzdem gibt es noch ziemlich viele, die eine so banale Erklärung von sich weisen und lieber an die Existenz des Wurms glauben, denn der See ist so groß und tief, dass sich sehr wohl etwas Geheimnisvolles darin verbergen kann, was sich schwer erforschen lässt. Eine der Volkssagen über den Lindwurm lautet folgendermaßen:

In alten Zeiten lebte eine Frau auf einem Hof am Lagarfljót. Sie hatte eine erwachsene Tochter, der sie einen goldenen Ring schenkte. Die Tochter fragte ihre Mutter, wie sie den meisten Nutzen von diesem Schmuck haben könnte, und ihre Mutter sagte, sie solle ihn unter einen Wurm legen. Das Mädchen holt sich einen Wurm, nimmt eine Schatulle und legt das Gold hinein und den Wurm darauf. Dort liegt er einige Tage. Als das Mädchen aber einmal in die Schachtel hineinschaut, ist der Wurm schon so groß geworden, dass er sie zu sprengen droht. Das Mädchen erschrickt so sehr, dass es die Schatulle nimmt und alles zusammen in den See wirft.

Viel, viel später werden dann die Menschen den Lindwurm im See gewahr. Er tötete Menschen und Tiere, die sich auf dem See befanden. Manchmal kroch er auch bis aufs Ufer hinauf und spie schreckliches Gift. Das schien allen eine schlimme Bedrohung zu sein, aber man wusste lange Zeit nicht, wie dem Ungetüm beizukommen war. Schließlich wurden zwei zauberkundige Finnen ins Land geholt. Sie sollten den Lindwurm töten und den Schatz heraufholen.

Diese beiden Finnen tauchten in den See, kamen aber schnell wieder nach oben. Sie erklärten, dass der Lindwurm zu mächtig sei, und deswegen sei es nicht möglich, ihn zu töten und das Gold zu holen. Auch sagten sie, dass ein weiterer Lindwurm unter dem Schatz läge, und der sei noch viel gefährlicher. Aber sie tauchten immer wieder hinab und konnten schließlich dem Wurm zwei Fesseln anlegen, die eine vorne an den Flossen und die andere hinten am Schwanz. Danach vermochte der Wurm weder Menschen noch Tieren Schaden zufügen, aber es kommt vor, dass er seine Höcker aufrichtet, und wenn so etwas zu sehen ist, dann kündigt es meistens große Ereignisse an.

Trolle und Unholde

Die Riesin aus Mjóifjörður

Einer der vielen Fjorde in Ostisland heißt Mjóifjörður (Schmaler Fjord) und liegt zwischen Nordfjörður und Seyðisfjörður. Er ist etwa 18 km lang und 2 km breit an seiner Mündung, wird aber zum Fjordinneren hin immer enger und trägt deswegen seinen Namen zu Recht. In diesem Fjord gibt es kaum Unterland, und er wird von hohen Bergen eingerahmt. An manchen Stellen sieht man während des Winters monatelang die Sonne nicht. Der höchste Berg ist mit 1127 m Söðull (Sattel).

Eine teilweise steile Piste führt von Egilsstaðir nach Mjóifjörður. Im Fjordinneren lag früher der Großhof Fjörður, der bis ins 20. Jahrhundert hinein bewohnt war. Jahrhundertelang war dort ein Pfarrhof mit Kirche, und noch heute kann man erkennen, wo früher der Friedhof gewesen ist. Die Pfarre wurde gegen Ende des 18. Jahrhunderts niedergelegt, aber die Kirche stand bis 1891 noch da, und dann wurde sie nach Brekka verlegt, das etwa in der Mitte des Fjords liegt.

Früher lebten etwa 100 Menschen auf 10–12 Höfen im Mjóifjörður. Ende des 19. Jahrhunderts gab es einen starken Zuwachs, und mit 412 Einwohnern im Jahre 1902 war der Höhepunkt erreicht. Das war vor allem die Folge verstärkter Kabeljau- und Heringsfischerei, und auch der Walfang, den die Norweger hier betrieben, trug dazu bei. Aber die Zeiten haben sich geändert, und die Zahl der Einwohner, die heute alle in dem kleinen Dorf Brekka an der Nordseite des Fjords leben, ist auf 30 zusammengeschrumpft. In Brekka wurde 1894 eines der beiden ersten Kühlhäuser in Island errichtet. Dort gibt es auch Kaianlagen, und immer noch wird hier Fischerei betrieben, obwohl es im Vergleich zu früher nur geringfügig ist. Hering wurde zuletzt in den Jahren 1965–1970 dort eingesalzen.

Die Bedingungen für Landwirtschaft sind vielerorts gut, denn die Vegetation ist recht üppig. Birkengesträuch bedeckt weithin die Hänge, vor allem im Fjarðardalur im Inneren des Fjords. Der Hof Dalatangi liegt an der äußersten Spitze des Mjóifjörður. Zuerst wurde dort 1899 ein Leuchtturm errichtet, der später erneuert wurde. Früher gab es sogar einige Höfe in der Nähe, aber sie sind heute verlassen wie die meisten anderen Höfe im Mjóifjörður. Es gibt viel zu sehen, wenn man einen Abstecher in diesen schönen Fjord macht. Eine der Volkssagen, die mit ihm verbunden sind, lautet so:

Nicht weit vom Ödhof Fjörður liegt eine wilde Felsschlucht im Südhang, die Prestagil (Pfarrerschlucht) heißt. Dort lebte der Sage zufolge eine bösartige Trollfrau. Sie zauberte sich die Pfarrer aus dem Fjord herbei, um sie zu töten und aufzufressen. Sie hatte die Angewohnheit, zur Kirche zu gehen, wenn der Pfarrer auf der Kanzel stand, und draußen vor dem Fenster bei der Kanzel zu winken, so dass der Pfarrer den Verstand verlor und die Strophe schrie:

Reißt raus mir Lenden und Enden,
Zur Schlucht will ich mich hinwenden,
Reißt raus mir Kaldaunen und Därme,
Zur Schlucht hin ich nun schwärme.

Nach diesen Worten raste er aus der Kirche und hin zur Schlucht, und er wurde nie wieder gesehen. Ein Reisender befand sich einmal in der Nähe der Schlucht. Er sah, wie die Trollfrau auf einem Felsvorsprung saß und etwas in der Hand hielt. Der Mann fragte sie dann, was sie da in der Hand hätte, und sie antwortete, dass sie den Schädel von Pfarrer Snjóki abklaubte. Der Reisende berichtete davon, und das waren erwartungsgemäß schlimme Nachrichten.

So ging es eine lange Zeit, und ein Pfarrer nach dem anderen verschwand. Es wurde dann zunehmend schwieriger, jemanden für die Pfarrstelle zu bekommen, und schließlich war niemand mehr dazu bereit. Auf einmal meldete sich aber doch noch ein Priester und erbot sich, die Stelle anzunehmen, obwohl er genau über die Unholdin in der Schlucht Bescheid wusste. Bevor er dort zum ersten Mal den Gottesdienst hielt, gab er Anweisungen, was die Leute tun sollten, wenn sie bemerkten, dass er auf der Kanzel aus der Fassung geriete. Dann sollten sechs Männer herbeilaufen und ihn festhalten, weitere sechs sollten zu den Kirchenglocken laufen und sie läuten, und zehn Männer sollten zur Tür springen. Als das abgesprochen war, begann der Pfarrer mit dem Gottesdienst. Alles ging gut, bis er die Kanzel bestieg. Da erschien eine Hand am Fenster beim Predigtstuhl und winkte ungestüm. Dadurch wurde er aus der Fassung gebracht und fing an zu intonieren:

> Reißt raus mir Lenden und Enden,
> Zur Schlucht will ich mich hinwenden,
> Reißt raus mir Kaldaunen und Därme,
> Zur Schlucht hin ich nun schwärme.

Er wollte sogleich hinausstürmen, aber die sechs Männer sprangen hinzu und hielten ihn fest. Die anderen sechs läuteten wie wild die Glocken und zehn liefen zur Tür. Als die Trollfrau die Glocken hörte, nahm sie Reißaus. Sie sprang auf die Friedhofsmauer, und dadurch entstand eine große Scharte darin. Da sprach sie: „Bleib nie stehen." Seitdem ist die Mauer an dieser Stelle beschädigt, und wenn man sie mit Steinen aufschichtete, stürzte sie immer wieder ein. Die Trollfrau aber rannte wie besessen in die Schlucht und ward seitdem nie wieder gesehen.

An anderer Stelle heißt es, dass die Riesin einen ihrer Eisenschuhe verloren habe, als sie gegen die Friedhofsmauer trat. Hermann Jónsson von Fjörður, der dort bis 1837 lebte, erzählte, dass er sich an den Schuh erinnern konnte, und dass er als Müllbehälter verwendet worden war. Ein Stein bei Prestagil heißt Skrúði oder Skrúðasteinn (Ornat oder Ornatstein). Da sollen die

Pfarrer ihre Messgewänder hingeworfen haben, bevor sie der Riesin in die Schlucht nacheilten. Ein Felsen oben in der Schlucht heißt Líksöngshamar (Todesgesangfelsen). Dort soll das Rufen und Jammern der Pfarrer widergehallt haben, wenn die Trollfrau sie massakrierte.

Ost-island

MJÓIFJÖRÐUR

Trolle und Unholde

Der Herr von Skrúður und die Pfarrerstochter

Die zahlreichen Fjorde, die im Osten Island ins Lands einschneiden, werden unter der Bezeichnung Ostfjorde zusammengefasst. Der größte von ihnen ist der Reyðarfjörður, der relativ breit und 30 km lang ist, im Norden begrenzt von Krossanes und im Süden von Vattarnes. Der Fjord wird schon in den allerersten Anfängen isländischer Geschichte erwähnt; dorthin wurde um die Mitte des 9. Jahrhunderts der Wikingerseeheld Naddoður verschlagen, der auf der Fahrt von Norwegen zu den Färöer-Inseln vom Kurs abkam. Es wird angenommen, dass er der erste nordische Mensch gewesen ist, der seinen Fuß auf isländischen Boden gesetzt hat. Er glaubte zu wissen, dass er ein bisher unbekanntes Land entdeckt hatte, und gab ihm den Namen Snæland (Schneeland). Seine Mannen erklommen unter anderem den Berg Reyðarfjall, um von dort aus nach Rauch als Anzeichen menschlicher Siedlung Ausschau zu halten, konnten aber nichts dergleichen erblicken. Trotzdem hatte Naddoður keine Lust, länger dort zu bleiben, und segelte wieder zurück.

Im inneren Teil des Fjordes teilt er sich bei der Landspitze Hólmanes in zwei Arme. Eskifjörður heißt der Fjord, der in nordwestlicher Richtung geht, während der andere Teil den Namen Reyðarfjörður beibehält. Dort liegt der kleine Ort Reyðarfjörður, und am Eskifjörður liegt ebenfalls ein Fischerdorf. Von Reyðarfjörður führt eine Straße durch Fagridalur (Schöntal) hinauf nach Egilsstaðir, und von Eskifjörður aus gelangt man über den Pass Oddsskarð hinüber nach Neskaupstaður im Norðfjörður.

Hólmanes war früher Pfarrhof, und dort stand die Gemeindekirche. Die Pfarrstelle galt in früheren Jahrhunderten als eine der einträglichsten in ganz Island, denn zu ihr gehörten nicht nur reiche Ländereien, son-

dern auch viele andere Pfründe. Im Jahre 1909 wurde die Kirche von Hólmar nach Reyðarfjörður verlegt. Heutzutage deutet nur weniges auf die frühere Bedeutung von Hólmar hin. Eine bekannte Sage ist mit diesem Ort verbunden, die davon berichtet, dass die Pfarrerstochter von dort verschwand und nie wieder gesehen wurde. Der Sage zufolge soll ein Unhold auf der Insel Skrúður das Mädchen zu sich gelockt haben. Dieses Wesen wurde Skrúðsbóndinn (der Herr von Skrúður) genannt, und dazu gibt es ein Gedicht von Jónas Hallgrímsson:

*Ganz im Osten dieses Landes
weiß ich mir einen Ort,
eine Felsinsel grün und saftig,
nun ratet, wer war schon dort?*

*Sie heißt Skrúður, und auf ihr herrschet
der Alte im Inselreich,
draußen vor Fáskrúðsfjörður,
die Insel ist keiner gleich.*

Ost-
island

FÁSKRÚÐSFJÖRÐUR

Vor der Ostküste Islands gibt es einige Inseln, von denen aber nur eine bewohnt gewesen ist, nämlich Papey vor dem Hamarsfjörður. Die anderen Inseln sind aber trotzdem sehr bekannt, nicht zuletzt für ihr reiches Vogelleben. Zu einigen gibt es alte Volkssagen, wie im Falle der Insel Skrúður (Schmuck), einer ziemlich hohen Felseninsel. Sie gehört seit jeher zum Besitz des Hofes Vattarnes zwischen Fáskrúðsfjörður und Reyðarfjörður. Von Menschen wurde sie nur genutzt, um Vögel zu fangen und Eier zu sammeln und von dort aus zum Fischen auszurudern. Die Seeleute hausten während der Fangsaison in der Höhle Skrúðshellir, die einigermaßen geräumig und hoch ist. Ebenso war es früher üblich, Schafe auf der Insel zu halten, die bei dem kräftigen Graswuchs dort besonders gut gediehen. Gab es irgendwelche Verluste unter den Tieren, schrieb man das meist auf das Konto des Herrn von Skrúður, von dem es hieß, dass er gern die fettesten Schafe für sich beanspruchte. So hatte dieser Unhold einiges auf dem Gewissen, aber die Grenzen des Erträglichen waren überschritten, als die Pfarrerstochter von Hólmar verschwand, wie in der folgenden Sage erzählt wird:

Einmal verschwand eine Pfarrerstochter von Hólmar im Reyðarfjörður spurlos. Sie wurde zu Wasser und zu Lande überall gesucht, aber nirgends gefunden. Vor dem Fjord liegt eine Felseninsel, die Skrúður heißt. Dort pflegten die Bauern im Herbst ihre Schafe hinzubringen, um sie vor Weihnachten zurückzuholen. Jedes Jahr war das beste Schaf aus der Herde verschwunden, aber anderes wurde nicht vermisst.

Eines Winters ruderte ein Boot zum Fischen aus, aber wegen eines Unwetters konnten die Seeleute das Land nicht erreichen, und sie schafften es gerade noch, an einem Felsen in Skrúður anzulegen und das Boot ein kleines Stück an Land zu ziehen. Die Seeleute waren völlig durchnässt und erschöpft vom Rudern. Sie setzten sich auf einen Felsvorsprung und sagten Marienreime auf. Da öffnete sich der Felsen und hinaus kam eine riesige Hand mit einem Ring an jedem Finger, die in einem scharlachroten Ärmel steckte. Diese Hand reicht ihnen einen großen Breitrog mit Löffeln und im Felsen ertönt es: „Jetzt ist meine Frau vergnügt. Jetzt bin ich nicht vergnügt." Als die Fischer sich an dem heißen Brei gesättigt hatten, verschwand der Trog wieder im Berg. Am nächsten Tag gelangten sie an Land. Man nahm an, dass es die Pfarrerstochter war, die er seine Frau genannt hatte.

Im Jahr darauf erging es einem anderen Boot ebenso. Dann sagten die Seeleute auf den Felsen heidnische Reime auf. Dieselbe Hand kam aus dem Felsen, jetzt aber mit einem Trog voll fettem heißem Räucherfleisch, und gleichzeitig ertönte es von drinnen: „Jetzt bin ich vergnügt; aber jetzt ist meine Frau nicht vergnügt." Diese Männer kamen satt ans Land, als das Unwetter aufhörte. Dann vergingen einige Jahre, bis Bischof Guðmundur der Gute in Ostisland unterwegs war. Er segnete Flüsse und Brunnen und band den Lindwurm unter dem Wasserfall im Lagarfljót fest. Er übernachtete in Hólmar, und der Pfarrer bat ihn, die Insel Skrúður zu weihen. In derselben Nacht träumte der Bischof, dass ihm ein großer und prächtig gekleideter Mann erschien und sagte: „Lass ab davon, Skrúður zu weihen, denn dann müsste ich von hier wegziehen, und das ist ein schwieriges Unterfangen. Außerdem wirst du keine weiteren Reisen unternehmen, wenn du in mein Reich kommst, um mich zu verderben." Das ließ sich der Bischof eine Lehre sein und gab das Vorhaben auf, die Insel Skrúður zu weihen.

Ost-island

FÁSKRÚÐSFJÖRÐUR

Gespenster und Phantome

Unruhe beim Pfarrer von Einholt

Von Almannaskarð im Südosten Islands eröffnet sich dem Reisenden ein grandioses Panorama, das von den Eismassen des Vatnajökull (Wassergletscher) dominiert wird, die in vielen Gletscherzungen herabfließen. Im Westen erhebt sich der mächtige Öræfajökull mit dem höchsten Gipfel von Island, Hvannadalshnjúkur (2110 m). Von den Gletscherzungen strömen reißende Gletscherflüsse zum Meer, die das flache Land vor den Bergen angeschwemmt haben.

In dieser Gegend liegen die Höfe aufgrund der landschaftlichen Bedingungen sehr verstreut. Höfn ist ein junger und wachsender Ort. Das erste Haus dort wurde 1897 errichtet. Hafen und Hafeneinfahrt müssen wegen der enormen Ablagerungen der Gletscherflüsse ständig ausgebaggert werden. Die Landgemeinden in dieser Gegend waren früher sehr isoliert, aber das hat sich mit besseren Straßen und zunehmenden Flugverbindungen geändert. Der Brückenschlag über die riesigen Gletscherflüsse Jökulsá á Breiðamerkursandi (1967) und Skeiðará (1974) bedeutete den größten Fortschritt auf diesem Gebiet. Mit dem Bau der letzteren Brücke, mit 904 Metern die längste in Island, konnte der Kreis, der einen auf der Straße Nr. 1 einmal rings um die Insel führt, geschlossen werden, und zwar genau 1100 Jahre, nachdem der erste Siedler hier in diesem Land Fuß gefasst hatte. Ingólfur Arnarson landete zunächst an der Südostküste. Kap Ingólfshöfði ist nach ihm benannt, weil er sich dort so lange aufhielt, bis die von ihm über Bord geworfenen Hochsitzsäulen in Reykjavík gefunden wurden. Mit dieser Aktion stellte Ingólfur es den Göttern anheim, ihm den Weg zu seinem neuen Wohnsitz zu weisen.

Viele Volkssagen und Geschichten sind in den ländlichen Gebieten des Bezirks Austur-Skaftafell überliefert. In Einholt in der Landgemeinde

Mýrar stand früher eine Kirche, die aber schon vor langer Zeit niedergelegt wurde. Dort amtierte im 18. Jahrhundert ein Pfarrer, der wegen Gespenstern, die auf ihn angesetzt wurden, diversen Belästigungen ausgesetzt war, und ihm kam es gut zustatten, dass es auf dem Hof kluge Frauen gab, die bei vielen Schwierigkeiten Rat wussten, so wie in der folgenden Geschichte:

Pfarrer Vigfús Benediktsson, der zuletzt als Pfarrer in Kálfafellsstaður amtierte, war zuvor Pfarrer in Einholt. Damals lebte ein Mann auf dem Hof Viðborðssel, der Ólafur hieß und nicht gut auf den Pfarrer zu sprechen war. Einmal wollte der Pfarrer Hausbesuche in seiner Gemeinde machen. Seine Frau erkundigt sich, ob er auch vorhabe, nach Viðborðssel zu gehen. Er sagt, dass dem so sei, woraufhin sie ihm erklärt, sie wolle mit ihm dorthin gehen. Damit ist der Pfarrer nicht einverstanden, weil das Wetter so schlecht ist. Sie geht also nicht mit ihm, sagt aber: „Du musst zusehen, dass alles gut geht, und ich rate dir, nicht nach Viðborðssel zu gehen."

Dann beginnt der Pfarrer mit seinen Hausbesuchen, und nach Viðborðssel kommt er lange nach Einbruch der Dunkelheit. Bauer Ólafur nimmt ihn gut in Empfang und führt ihn in den Vorratsschuppen. Dort holt er eine Flasche aus einer Kiste, stellt sie auf den Tisch und bietet dem Pfarrer zu trinken an. Der trinkt aber nicht sogleich davon, doch nach einiger Zeit entkorkt er sie. Im gleichen Augenblick wird die Tür zum Vorratsschuppen aufgerissen, die Pfarrersfrau Málfríður kommt herbeigeeilt und sagt: „Fúsi, trink nicht aus der Flasche." Gleichzeitig ergreift sie die Flasche, trinkt einen Schluck und spuckt ihn auf den Boden. Ein Hund aber, der auch dort war, leckt das auf, was sie ausgespuckt hat, und fällt tot zu Boden. Daraufhin sagt sie zum Pfarrer: „Jetzt kannst du unbeschadet daraus trinken." Er nimmt einen Schluck, und es passiert ihm nichts.

Einmal war Pfarrer Vigfús unterwegs im Öræfi-Gebiet. Am späten Nachmittag kam er nach Hnappavellir und hatte vor, es bis zum Abendessen zur Siedlung Hof zu schaffen, die nicht weit entfernt liegt. Ihm wurde Begleitung angeboten, aber er hielt das für überflüssig und machte sich auf den Weg. Spät in der Nacht aber oder bei Tagesanbruch am nächsten Morgen wird in Litla-Hof, einer Kate ganz in der Nähe von Hof an die Tür geklopft. Die Hausfrau geht gleich hinaus und ist erstaunt, den Pfarrer um diese Tageszeit unterwegs zu sehen. Er bittet die Frau, ihn einzulassen und für den Rest der Nacht ein Licht bei sich leuchten zu lassen. Von der Pfarrersfrau Málfríður aber ist zu berichten, dass sie sich bei Dunkelwerden niederlegt, aber gleich wieder hochfährt und sagt: „Jetzt ist mein Fúsi übel dran." Dann zieht sie einen grauen Lappen aus ihrem Busen und kaut darauf herum. Das macht sie so den ganzen Abend und die ganze Nacht bis in den frühen Morgen. Kurz vor Tagesanbruch hört sie damit auf und sagt: „Jetzt ist's genug. Jetzt ist er in Sicherheit."

Bevor Pfarrer Vigfús nach Ostisland kam, hatte er in den nördlichen Westfjorden, und zwar in Staður in Aðalvík gedient. Dort beschäftigen sich viele mit Zauberkünsten, aber es waren vor allem zwei Brüder, die den Pfarrer drangsalierten. Es hieß, dass er sich deswegen von dort wegbeworben habe. Diese Männer waren aber der Meinung, dass sie dem Pfarrer, nachdem er weggegangen war, noch etwas zu vergelten hatten. Deswegen beschworen sie ein Gespenst herauf, das sie ihm nachsandten, um den Pfarrer umzubringen. Dieses Gespenst, ein mittelgroßer Mann, der ganz in Leder gekleidet war, kam am Tag vor Aschermittwoch in der Abenddämmerung zum Hof Tvískerjar. Dort schliefen bereits alle, nur der Bauer nicht, der Einar hieß. Er hörte, wie die Haustür auf einmal von selber aufsprang. Er ging dann hinaus, sah aber niemanden. Dann ging er wieder ins Haus, verschloss die Tür und legte sich zum Schlafen. Als er aber eine kurze Weile gelegen hatte, hört er wieder, wie die Tür aufgemacht wird, und wieder ging es wie beim ersten Mal. Beim dritten Mal aber kam der Spuk in Leder herein, der ausgesandt worden war.

Der Ankömmling grüßte nicht, und als der Bauer fragt, woher er kommt, sagt er aus den Westfjorden. Der Bauer fragt ihn nach Neuigkeiten, und dann erklärt der Mann, dass ein Milchschaf von Einar tot auf der Weide liege. Der Bauer wurde sehr argwöhnisch, als er hörte, dass der Mann aus den Westfjorden die Ohrenmarkierungen seiner Schafe kannte, und er fragte, wieso er eigentlich wisse, dass das sein Schaf sei, aber da schwieg der andere. Der Bauer fragt ihn dann nach einem Schlüssel, der vor 20 Jahren verloren gegangen war. Der Ankömmling wusste, wo der Schlüssel und zahlreiche anderen vermissten Gegenstände waren. Dann fand der Bauer, dass das Gespenst ihm zu nahe gekommen war oder über ihm schwebte. Er rafft dann all seinen Mut zusammen und sagt: „Hinaus mit dir." Das Gespenst ging dann widerwillig hinaus, aber alle Türfassungen nahm er mit den Schultern mit, und sie wurden tags darauf ganz zersplittert weit verstreut auf den Weiden gefunden.

Das Gespenst zog weiter, bis es nach Einholt kam. Pfarrer Vigfús hatte eine Amme, die sich auf vieles verstand. Eines Abends lässt die Alte den Pfarrer in ihrem Bett schlafen, aber sie selbst legt sich in seins. Am nächsten Morgen sahen die Leute, dass die Bettlaken völlig zerrissen waren. Sie selbst lag vor dem Bett und war so geschwächt, dass sie kaum von ihrem Kampf mit dem Gespenst erzählen konnte. So viel konnte sie aber doch sagen, dass die Hexenbrüder im Westen wohl kaum wieder den Pfarrer einen Ausgesandten schicken würden, und daraufhin starb sie.

Trolle und Unholde

Die Trollfrauen in Skaftafell

Auf der Ringstraße fahren wir jetzt in östlicher Richtung an saftig grünen Hängen entlang. Ein Besuch in Núpsstaðir, dem östlichsten Hof im Bezirk Vestur-Skaftafell, ist ein Muss. Die Landschaft dort ist eindrucksvoll, über dem Hof ragt ein senkrechter Tuffberg mit abenteuerlichen Felsentürmchen und Zinnen auf. Am Rand der Heuwiese steht eine kleine Kapelle, ein wunderschönes grassodengedecktes Gotteshaus aus dem 17. Jahrhundert, dessen Giebelseiten schwarz geteert sind. Danach fahren wir auf der Ringstraße weiter in Richtung der Felsbastion Lómagnúpur. Der gigantische Klotz ist 688 m hoch.

Vor uns liegen die weiten Schotterflächen des Skeiðarársandur mit seinen großen Gletscherflüssen, und wir überqueren zunächst Núpsvötn und Sandgýgjukvísl auf sicheren Brücken. Zur Linken erstreckt sich flach und breit die Gletscherzunge Skeiðarárjökull, und zur Rechten der Ozean. Vor uns nimmt das gewaltige Massiv des Öræfajökull immer deutlichere Formen an, und ebenso die Gletscherzungen, die dort aufs Tiefland hinunterfließen, allen voran Skaftafellsjökull und Svínafellsjökull mit dem gezackten Hafrafell dazwischen. Links davon fällt der eigenartige geformte Berg Þumall (Daumen) ins Auge. Geradeaus vor uns aber liegt der eisbedeckte Gipfel des Hvannadalshnjúkur (Engelwurztalgipfel), mit 2110 m die höchste Erhebung in Island. Auf dem bewaldeten Höhenrücken von Skaftafell steht der historisch bedeutende Hof gleichen Namens. Skaftafell ist seit 1966 Nationalpark.

Bald kommen wir zur Brücke über die Skeiðará, die mit 904 m die längste Brücke des Landes ist. Wir biegen zum Informationszentrum in Skaftafell ein, wo man sich anschaulich über die geologischen Gegenheiten informieren kann. Von da aus führen markierte Wanderwege in das

Waldgebiet von Skaftafell und auch noch weiter. Zunächst schauen wir uns die Schluchten an, wo klare Bäche in Wasserfällen und Stromschnellen zu Tal stürzen. Auf dem Weg nach oben sehen wir zwar bereits einige hübsche Wasserfälle, doch die meisten werden wohl bis zum Svartifoss (Schwarzer Fall) gehen wollen. Er ist nicht sehr wasserreich, aber besonders malerisch, denn die Säulenbasaltformationen, über die er hinabfällt, sind in der Tat ein einmaliges Kunstwerk der Natur. Wer weiter will, kann auf die Skaftafellsheiði hinaufsteigen bis zum Sjónarsker (Aussichtsfelsen), von wo aus man einen fantastischen Blick auf Gletscher, Berge, Bäche und mäandrierende Gletscherflüsse hat, über Blumenwiesen und Birkenwälder, über den wüstenhaften Sander und den Ozean. Es gibt nicht viele Orte auf der Welt, wo die Natur mit derartigen Kontrasten aufwartet.

Es lohnt sich ebenfalls, ins Morsárdalur zu wandern, an dessen Nordseite sich ein Wald befindet, in dem die mithin höchsten Birken in Island wachsen. Im Inneren des Tals fällt der Morsárjökull über eine lotrechte Felskante herunter und schmilzt nach dem Fall wieder zu einer Gletscherzunge zusammen. In früheren Jahrhunderten sollen die Gletscher wesentlich kleiner gewesen sein, als sie heute sind. Damals hat es angeblich von Skaftafell aus einen Verbindungsweg nach Norden in einem Tal gegeben, das sich quer durch den Vatnajökull zog. Der Hofbesitzer von Möðrudalur im Norden hatte das Recht, Holz in Skaftafell zu fällen, und als Gegenleistung konnte der Bauer von Skaftafell seine Pferde auf den Hochebenen um Möðrudalur weiden lassen. Der Überlieferung zufolge hatten der Holzfäller aus Möðrudalur und der Pferdehüter aus Skaftafell jeweils ein eigenes Bett auf den Höfen im Norden und Süden reserviert, und das deutet darauf hin, dass ein lebhafter Verkehr quer durch den Gletscher bestanden hat.

Viele bedeutende Menschen haben in Skaftafell gelebt, von denen zahlreiche Geschichten erzählt werden. Im 18. Jahrhundert waren ein Vater und sein Sohn bekannt für ihren Wissensdurst und ihre handwerkliche Geschicklichkeit. Sie schmiedeten unter anderem Gewehre, die für Seehunde und Eisbären taugten. Es wird auch erwähnt, dass sie einen vierrädrigen Wagen zimmerten, der unter Segeln ging. Das Rohmaterial für Schmiede- und Zimmermannsarbeiten holten sich die Menschen in Skaftafell häufig von den Schiffswracks, die auf der gefährlichen und berüchtigten Küste vor dem Skeiðarársandur gestrandet waren. Es wird beispielsweise berichtet, dass kostbares Strandgut vom holländischen Westindienfahrer »Het Wapen van Amsterdam« gesammelt wurde, der 1667 dort strandete und den Namen »Goldschiff« erhielt. Den Volkssagen der Gegend zufolge hatten einige der Bauern von Skaftafell engere Bekanntschaft mit Trollfrauen in den Skaftafell-Bergen:

Vor langer Zeit war ein Bauer in Skaftafell mit Namen Bjarni, der handwerklich äußerst geschickt war. Eine Trollfrau wohnte in einer Höhle jenseits des Waldes von Skaftafell. Sie war Bjarni freundlich gesonnen und hütete seine Schafe in den Bergen und kümmerte sich um das Treibholz am Strand. Eines Winters sprach sie zu Bjarni, dass ein Schiff am Strand angetrieben war. Die ganze Besatzung bis auf einen sei tot. Der Überlebende sei aber ein schrecklicher Neger, der das ganze Südland vernichten würde, falls er nicht zur Strecke gebracht würde. Als nächstes ergriff sie eine Axt und ging zusammen mit Bjarni zum Strand. Dort kämpfte sie mit dem Schwarzen und erschlug ihn. Diese Trollfrau überlebte mehrere Generationen und war den Nachfahren von Bjarni ebenfalls freundlich gesonnen. Es heißt, dass es ihre Höhle heute noch gibt; sie soll ein Fenster am First haben, und das Bett der Trollfrau ist in den Fels gehauen. Es ist acht Ellen lang und zwei Ellen breit. Bjarni soll eine Tür und einen Türrahmen für die Höhle gezimmert haben, damit sich die Trollfrau dort richtig wohl fühlte.

Einar hieß ein bekannter Bauer, der in Skaftafell lebte. Es hieß, dass er mit einer Trollfrau bekannt war. Eines Tages war Einar unterwegs, und da trug es sich zu, dass plötzlich ein sehr dichter Nebel aufkam. Ihm schien das nicht mit rechten Dingen zuzugehen, und er glaubte, dass er durch den Nebel verwirrt werden sollte. Da nahm er eine Axt, die er bei sich trug, und warf sie von sich. Sofort lichtete sich der Nebel, und Einar ging weiter und gelangte heil und unbeschadet nach Hause. Kurz danach war aber eines seiner Pferde zuschanden geritten worden, und an der Hausmauer fand er seine Axt, die blutig war.

Im Jahr darauf war Einar wieder einmal unterwegs, und diesmal musste er den Gletscherfluss Skeiðará überqueren. Gerade als er in den Fluss hineinreiten will, sieht er, wie eine riesenhafte Frau auf ihn zueilt. Als sie ihn erreicht, bittet sie ihn, sich ein Pferd zu leihen, um über den Fluss zu kommen. Einar wollte darauf nicht eingehen und sagte, dass er befürchtete, sie würde das Pferd zuschanden reiten wie im vorigen Jahr. Die Trollfrau erklärte, das habe sie nicht ohne Grund getan, denn Einar habe ihr zuvor übel mitgespielt. Sie sagte, die Axt, die er in den Nebel geworfen hatte, sei zwischen ihren Brüsten gelandet, und sie zeigte ihm die Narbe von dieser Waffe. Einar sah, dass es stimmte. Daraufhin gestattete er ihr, auf einem Pferd zu reiten, das er mitgeführt hatte. Sie überquerten dann den reißenden Gletscherfluss und gelangten unbeschadet auf die andere Seite.

Es heißt, dass die Trollfrau anfangs Einar immer wieder Streiche gespielt habe. Er drohte ihr damit, sich früher oder später zu revanchieren. Er ging nach Hause und schmiedete sich ein Kupferbüchse, die immer noch in Skaftafell existiert. Etwas später zog er los, um die Trollfrau zu besuchen. Sie schloss dann Frieden mit ihm und versprach, alles nach seinem Willen zu tun. Einar verlangte aber nur, dass sie darauf aufpasste, dass aus seinem Wald auf der anderen Seite von Morsá nichts gestohlen würde.

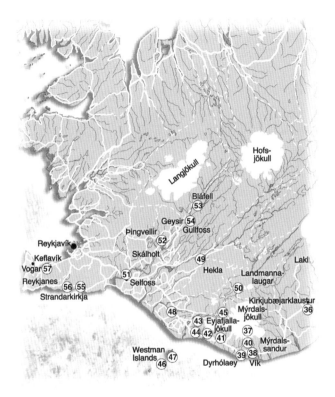

SÜDISLAND

Menschen und Tiere

Die Feuermesse in Kirkjubæjarklaustur

Der kleine Ort Kirkjubæjarklaustur ist ein schöner, vielbesuchter Ort an der Südisland, etwa 270 km von Reykjavík entfernt. In früheren Zeiten waren dort häufig reiche Bauern, Präfekten und andere führende Persönlichkeiten der Gegend ansässig, aber das Dorf ist erst in jüngster Zeit entstanden. Es bietet vielfältige Dienstleistungen für Reisende, u.a. einen Supermarkt, Hotel und Restaurant, Post, Bank, Schule, medizinisches Versorgungszentrum und Reparaturwerkstatt. Ursprünglich hieß der Ort Kirkjubær, und der Überlieferung zufolge sollen dort vor der Besiedlung irische Einsiedlermönche gelebt haben. Auf einer Wiese östlich des Dorfes befindet sich Kirkjugólf (Kirchenfußboden), ein Steinboden in einer Wiese, der aus ebenmäßigen Basaltsäulen besteht. Den Volkssage zufolge war das der Fußboden einer Kirche, die in alten Zeiten von irischen Mönchen errichtet worden war. Der erste Wikinger, der sich dort ansiedelte, war Ketill der Närrische, der vermutlich so genannt wurde, weil er ein Christ war. Recht bald entstand der Glaube, dass an diesem Ort nur Christen ansässig sein durften. Nach dem Tod von Ketill wollte der Heide Hildir Eysteinsson den Hof übernehmen. Als er aber bei seinem Umzug an den Rand der Henwiese von Kirkjubær gelangte, brach er tot zusammen und wurde an dieser Stelle in einem Hügel bestattet, der auch heute noch Hildishaugur (Hügel von Hildir) heißt. Abgesehen von der irischen Kirche steht fest, dass in Kirkjubæjarklaustur schon ganz früh eine Kirche gestanden hat, und so ist es jahrhundertelang geblieben. Erst 1859 wurde sie nach Prestsbakki verlegt. Am 17. Juni 1974 wurde eine Gedächtniskapelle für Pfarrer Jón Steingrímsson errichtet.

Zu Kirkjubær wurde 1186 ein Nonnenkloster gegründet, das bis zur Reformation existierte. Wegen dieses Klosters wurde der ursprüngliche

Name des Orts zu Kirkjubæjarklaustur abgeändert, und dieser Name hat sich bis heute gehalten, wird aber häufig zu Klaustur abgekürzt. Der Ortsname Kirkjuhólar (Kirchenhügel) weist auf die verfallenen Grundmauern des Klosters hin, die noch zu sehen sind. Einige andere Namen erinnern an die Nonnen des Klosters, wie beispielsweise Systrastapi (Schwesternfelsen), Systrafoss (Schwesternfall) und Systravatn (Schwesternsee), und über diese Orte gibt es alte Legenden:

Einmal waren zwei Nonnen oben am Schwesternsee. Da wurde ein goldener Kamm aus dem Wasser hochgehalten. Die eine Nonne gelüstete es nach dem Kamm, sie watete hinaus in den See und ertrank. Die andere bestieg ein steingraues Pferd, das am Ufer weidete, und ritt auf ihm in den See hinaus. Um es kurz zu machen, weder die Nonnen noch der goldene Kamm noch das Pferd sind seitdem je wieder gesehen worden.

Nicht weit entfernt steht am Gletscherfluss Skaftá ein einzelner Felsklotz, der Systrastapi (Schwesternfelsen) heißt. Auf diesem Felsen sollen zwei Nonnen wegen Gotteslästerung und Verstößen gegen die Klosterregeln ihr Leben auf dem Scheiterhaufen geendet haben. Die eine hatte sich dem Teufel verschrieben, nahm geweihte Hostien mit auf den Abort und wohnte Männern bei, und die andere redete lästerlich über den Papst. Diese unseligen Nonnen wurden auf dem Felsen begraben. Auf dem einen Grab wuchsen mit der Zeit schöne Pflanzen, aber auf dem anderen so gut wie gar nichts. Daraus zog man den Schluss, dass die eine von ihnen unschuldig ihr Leben gelassen hatte.

Zu Zeiten des Nonnenklosters in Kirkjubær gab es auch ein Mönchskloster in Þykkvibær auf dem Mýrdalssandur. Der Abt und die Mönche von Þykkvibær kamen regelmäßig bei der Äbtissin und den Nonnen von Kirkjubær zu Besuch. Dort ging es dann dem Vernehmen nach feuchtfröhlich zu, und es herrschten recht lockere Sitten. Damals gab es eine Brücke über die Skaftá. Nahe bei der Brücke war ein Hügel, wo die Mönche einen Gesang anstimmten, um sich anzukündigen. Der heißt seitdem Sönghóll (Singhügel). Wenn der Gesang erscholl, ließ die Äbtissin die Glocken läuten, um anschließend mit den Nonnen den Gästen entgegenzueilen. Diese frommen Damen machten große Schritte, wenn sie sich der Skaftá näherten, und darauf spielt der Ortsname Glennir (Beinebreit) an.

Am Pfingstsonntag, dem 8. Juni 1783, begann ein gigantischer Vulkanausbruch in den Lakagígar (Laki-Krater), einer Eruptionsspalte von 25 km Länge mit über 100 Kratern, die sich 40 km entfernt im Hochland westlich des Vatnajökull befinden. Sie wurde nach dem Berg Laki benannt, den die Krater durchschnitten. Bei diesem Ausbruch wurden enorme Mengen von Lava gefördert, die sich in die bewohnten Gebiete im Tiefland wälzten und alles unter sich begruben. Diese Lava heißt Skaftáreldahraun (Lava der Skaftáfeuer), benannt nach der Skaftá, in deren Flussbett der erste verheerende Lavastrom vordrang. Sie bedeckt 565 Quadratkilometer und stellt die größte Lavamenge auf der Erde dar, die in historischer Zeit bei einem einzigen Ausbruch geflossen ist. Darüber dichtete Jón Helgason:

> Feuerflut stürzt hinab den Hang,
> Erden in Wellen sich heben;
> glühend gerötet dort himmelan
> Fontänen aus Kratern aufstreben;
> erschüttert wird das Erdenrund,
> die höchsten Gipfel erbeben,
> wenn der Erde Eingeweide tief
> bei Laki sich übergeben.

Viele Höfe wurden durch diesen katastrophalen Ausbruch zerstört, und die Luft war von giftigen Dünsten erfüllt, weswegen der Ausbruch als Móðuharðindi (Dunstelend) bezeichnet wird. Diese Naturkatastrophe war der schlimmste Schicksalsschlag, der Island in seiner ganzen Geschichte getroffen hat. Eine Zeit lang hatte es den Anschein, als würde der Lavastrom auch Kirkjubæjarklaustur verschlingen. Zu dieser Zeit amtierte dort Pfarrer Jón Steingrímsson. Er tat sein Bestes, um seiner Gemeinde in dieser großen Bedrängnis beizustehen, und als guter Hirte blieb er bei den ihm anvertrauten Schäfchen, was auch immer an neuem Unheil hereinbrach. Als die Lava auf Kirkjubæjarklaustur zuströmte, versammelte er seine Gemeinde am Sonntag, dem 20. Juli 1783 in der Kirche. Er hielt einen Gottesdienst und betete inständig und flehentlich zu Gott, dass er Gnade zeigen und den Lavastrom abwenden möge. Nach dem Gottesdienst traten die Gemeindemitglieder vor die Tür und sahen zu ihrer unermesslichen Erleichterung, dass die Lava kurz vor dem Hof zum Stillstand gekommen und nicht weiter in diese Richtung geflossen war. Das wurde als Mirakel angesehen, und seitdem wird von Pfarrer Jóns »Feuermesse« gesprochen, und er selbst wird »Feuerpfarrer« genannt.

Jón Steingrímsson lebte von 1728–1791. Sein Grab befindet sich auf dem Friedhof von Kirkjubæjarklaustur, und den Grabstein bildet eine fünfeckige Basaltsäule. Pfarrer Jón war nicht nur für sein tatkräftiges Eingreifen bekannt, sondern auch sein umfangreiches Schrifttum, das eine hervorragende Dokumentation dieser katastrophalen Zeit darstellt. Er hatte es deswegen mehr als verdient, dass ihm 200 Jahre nach diesen Ereignissen eine Gedächtniskapelle errichtet wurde.

Trolle und Unholde

Katla in der Kötlugjá

Eine eindrucksvolle Strecke auf der Ringstraße führt von Vík Richtung Osten. Linker Hand steile Felsklippen und rechter Hand schwarze Sander und die anrollenden Wogen des atlantischen Ozeans. Bald lassen wir den Hof Höfðabrekka hinter uns. Von Skiphellir (Schiffhöhle) konnte man bis ins 17. Jahrhundert zum Fischen ausrudern; dann sorgten Ausbrüche von Katla dafür, dass die Höhle durch den Schutt und Sand der Gletscherläufe trockengelegt wurde. Wir überqueren Múlakvísl, einen wegen seines trüben und dunklen Wassers unheimlich wirkenden Gletscherfluss, und halten auf die Einöde des Mýrdalssandur hinaus. Er umfasst eine Fläche von 700 Quadratkilometern und weist bis auf einige Reste im östlichen Teil praktisch keinerlei Vegetation auf, obwohl man heutzutage die Straßenränder mit Strandroggen und Lupinen begrünt hat. Das geschah nicht nur wegen des optischen Eindrucks, sondern vor allem deswegen, weil auf diesem Sander nicht selten gefährliche Sandstürme toben, die im schlimmsten Fall den gesamten Autolack abschleifen können. Über der riesigen schwarzen Einöde erhebt sich der Mýrdalsjökull, Islands viertgrößter Gletscher, oben eine weiße und glatte Eiskappe, aber in den unteren Regionen zerklüftet und schwarz von vulkanischem Sand. Abwechslung bieten dem Auge auch Kap Hjörleifshöfði im Süden, benannt nach dem Ziehbruder des ersten Siedlers Ingólfur Arnarson, und der steile Berg Hafursfell (Bocksberg) im Norden.

Alten Quellen zufolge sah es dort in früheren Jahrhunderten ganz anders aus. Der Sander war weithin mit Vegetation bedeckt, es gab sogar Wälder, und das Gebiet war relativ dicht besiedelt. Alte Flurnamen wie Dynskógar (Dröhnwald) und Laufskálar (Laubhütten) weisen darauf hin. Auch die Landschaft sah ganz anders aus. Bei Hjörleifshöfði erstreckte sich eine kleine Förde landeinwärts, bevor die von Katla inszenierten Gletscherläufe alles unter Schutt und Sand begruben. Jahrhundertelang stand der Hof Hjörleifshöfði auf der westlichen Seite des Inselberges, aber er wurde in einem Katla-Ausbruch im 18. Jahrhundert zerstört. Später wurde ein neuer Hof errichtet, der sich aber dann oben auf dem Kap befand, und dieser Hof wurde noch bis ins 20. Jahrhundert hinein bewirtschaftet.

Der tückische Vulkan Katla lauert unter dem Eispanzer des Mýrdalsjökull, und die Ausbruchsstelle heißt Kötlugjá (Katlaschlucht). Seit der Besiedlung des Landes ist dieser berüchtigte Vulkan in Abständen zwischen 40 und 80 Jahren mehr oder weniger regelmäßig ausgebrochen. Mit Bestimmtheit weiß man von 16 Katla-Eruptionen, aber höchstwahrscheinlich sind es viel mehr gewesen. Zu der Zeit, als Island besiedelt wurde, scheint Katla friedlich geschlummert zu haben, denn der Sander war weithin mit Vegetation bedeckt und bot fruchtbares Siedlungsland. Deswegen war es nur natürlich und normal, dass Menschen sich dort niederließen, wo heutzutage nur noch öder schwarzer Sand ist. Aber eines Tages kam es zu einem gewaltigen Ausbruch, dem 6 Höfe im Gebiet zwischen den Flüssen Skálm und Hólmsá zum Opfer fielen. 1311 erfolgte wieder ein katastrophaler Ausbruch, der Sturluhlaup (Gletscherlauf von Sturla) genannt wird. Damals wurden die Höfe im sogenannten Lágeyjarhverfi (Niedriginselbezirk) zerstört, und bis auf einen Bauern namens Sturla und sein Kind kamen alle Menschen in diesem Gebiet ums Leben. Sturla war gerade auf dem Nachhauseweg, als er den Gletscherlauf heranrasen sah. Sein kleines Kind stand in der Hoftür, als er ankam, und er riss es in seine Arme. Im gleichen Augenblick wälzten sich die schwarzen Fluten heran. Sturla rettete sich mit dem Kind auf einen Eisblock und wurde weit aufs Meer hinaus getragen, wo er lange umhertrieb. Später wurde der Eisberg ans Land gespült, oder, wie einige sagen, Sturla und das Kind wurden von Fischern auf dem Meer gerettet. Fest steht, dass dieser vergletscherte Vulkan den menschlichen Siedlungen häufig schwere Schäden zugefügt hat. Der letzte große Katla-Ausbruch ereignete sich 1918; 1955 und 1979 kamen Gletscherläufe, aber die Eruption konnte nicht durch die Eisdecke dringen. Ein Dichter sagt über die Katla-Ausbrüche im 18. Jahrhundert:

*Aus tiefem Katlaschlunde
ergießt sich schwarzer Sand
über Eis und grüne Grunde,
da ward einem angst und bang.
Anno Siebzehnfünfundfünfzig,
drei schreckliche Wochen lang,
wie war der Mensch so winzig.*

Trotz solcher verheerenden Ausbrüche wurden nie alle Höfe auf dem Mýrdalssandur zerstört, denn Álftaver (Schwanenoase) konnte sich behaupten. Diese grüne Insel in der schwarzen Wüste ist immer noch an ihrem Platz. Dort befinden sich einige Höfe, die von fruchtbaren Ländereien umgeben sind. Dieser abgelegenen Gegend konnten Katlas Offensiven deswegen nichts anhaben, weil sich nördlich der Siedlung eine Hügelkette den Wasserfluten entgegenstellt und sie zu beiden Seiten ablenkt. Die Gletscherläufe haben aber doch einiges von den Ländereien abgeknapst, denn die Gemeinde ist in früheren Jahrhunderten viel größer gewesen.

In Þykkvibær befand sich in katholischen Zeiten ein Mönchskloster. Der erste Abt war Þorlákur Þórhallsson, später Bischof in Skálholt. Nach seinem Tod wurde dieser fromme Mann als Heiliger verehrt, doch er wurde erst 1984 vom Papst anerkannt. Der Mönch Eysteinn Ásgrímsson dichtete in Þykkvibær das berühmte Gedicht Lilja, von dem es heißt, dass viele gern ein so schönes Gedicht verfasst haben wollten.

Außer Heiligen und Dichtern machten in Þykkvibær aber auch noch andere Gestalten von sich reden, darunter eine Wirtschafterin des Klosters, die nicht ganz geheuer war:

Einmal geschah es im Kloster zu Þykkvibær, dass der Abt dort eine Wirtschafterin beschäftigte, die Katla hieß. Sie war zauberkundig und besaß eine Hose, die besondere Eigenschaften hatte: Wer auch immer sie trug, ermüdete niemals beim Laufen. Katla benutzte diese Hose, wenn wichtige Gründe vorlagen. Vielen waren Katlas unberechenbare Launen und ihre Zauberkünste nicht ganz geheuer, nicht zuletzt auch dem Abt. Für das Kloster arbeitete auch ein Schafhirte namens Barði. Er wurde oft von Katla heftig gescholten, wenn Schafe fehlten.

Einmal ging der Abt mitsamt den Oberen des Kloster und der Wirtschafterin zu einem Fest. Barði sollte alle Schafe in die Hürde getrieben haben, bevor sie zurückkamen. Aber der Schafhirte konnte nicht alle Schafe finden, so wie es ihm befohlen worden war. Da beschließt er, sich Katlas Wunderhose auzuleihen: Er läuft, was er kann und findet die restlichen Schafe. Als Katla nach Hause kommt, merkt sie gleich, dass Barði ihre Hose benutzt hat. Grimmiger Zorn übermannt sie, sie packt den Schafhirten und ertränkt ihn in einem Molkefass, das nach alter Sitte am Haupteingang stand, um durstigen Reisenden einen Trank anzubieten.

Sie versteckte die Leiche ganz unten im Molkefass. Niemand wusste, was aus dem Schafhirten geworden war, aber je weiter der Winter fortschritt, desto mehr ging die Molke zur Neige. Man hörte, wie Katla ständig vor sich hinmurmelte: „Bald taucht Barði auf; bald taucht Barði auf." Und als nur noch so wenig Molke in dem Fass war, dass Katlas Bosheit bald ans Licht kommen würde und sie schwere Bestrafung zu gewärtigen hatte, zog sie ihre Hose an, floh aus dem Kloster und raste auf den Gletscher zu. Es heißt, dass sie sich in eine Spalte gestürzt hat, denn seitdem wurde sie nie wieder gesehen.

Kurze Zeit später überflutete ein gewaltiger Gletscherlauf den Sander, und die Wasserfluten strömten auf Álftaver und das Kloster zu. Durch diesen Vulkanausbruch und den Gletscherlauf entstand der Glaube, dass Katla mit ihrer Zauberkunst dafür verantwortlich war. Seitdem heißt die Spalte oben im Gletscher Kötlugjá, aber die schwarze Sandwüste, die zunächst ebenfalls nach Katla genannt wurde und Kötlusandur hieß, wird heute als Mýrdalssandur bezeichnet.

Gespenster und Phantome

Jóka von Höfðabrekka

Auf unserer Reise entlang der Ringstraße bleiben wir diesmal in der Nähe von Vík, diesem hübschen Ort zu Füßen des eindrucksvollen Reynisfjall. Nicht weit von Vík liegt linker Hand der Hof Höfðabrekka, wo gut Halt machen ist, denn hier finden Reisende gastliche Aufnahme und viele Annehmlichkeiten.

Zu Höfðabrekka gehören ausgedehnte Ländereien, auf denen früher schon nicht selten Pfarrer oder Bezirkspräfekten ansässig waren. Eine bedeutende Beamtenfamilie des 17. Jahrhunderts ist dort aller Wahrscheinlichkeit nach im Besitz des Codex Regius der Edda-Lieder gewesen. Diese wertvollste aller mittelalterlichen isländischen Handschriften befand sich dreihundert Jahre in Kopenhagen, bevor sie 1971 an Island zurückgegeben wurde. Von den ersten Anfängen des Christentum bis 1929 hat dort immer eine Kirche gestanden, die in katholischen Zeiten dem norwegischen König Olaf dem Heiligen geweiht war. Zunächst lag der Hof in dem den Bergen vorgelagerten Flachland. 1660 gab es aber einen großen Katla-Ausbruch mit einem gewaltigen Gletscherlauf, dessen Fluten in westlicher Richtung stürzten und das ganze Land überschwemmten. Der Hof wurde dabei zerstört und anschließend auf den Hügeln oberhalb neu errichtet, bis er 1964 wieder ins Tiefland verlagert wurde. Nach dem Gletscherlauf von 1660 hatte sich die Küstenlinie durch Schutt und Sand weit nach Süden ins Meer verschoben, und es heißt, dass man sich dort, wo morgens noch 20 Faden tiefes Wasser gewesen war, abends auf trockenem Land befand. In der Nähe von Höfðabrekka gab es früher ein übelbeleumdetes weibliches Gespenst namens Jóka, das zu Lebzeiten Hausfrau auf dem Hof Höfðabrekka gewesen sein soll:

Einst lebte in Höfðabrekka eine Frau namens Jórunn. Sie war jähzornig und harten Sinnes, aber ansonsten konnte man ihr nichts Schlechtes nachsagen. Sie hatte eine erwachsene Tochter, ein tüchtiges und vielversprechendes Mädchen.

Bei Jórunn stand damals ein Mann namens Þorsteinn in Diensten. Er sah gut aus und war auch sehr tüchtig. Er verliebte sich in Jórunns Tochter, was der Mutter sehr missfiel, denn man munkelte, dass sie ihn gern für sich gehabt hätte, aber Þorsteinn fand sie zu alt. Nun geschah es, dass Jórunns Tochter ein Kind von Þorsteinn bekam. Jórunn wurde fuchsteufelswild und drohte ihnen an, sie würden nie ein Paar werden. Viele versuchten, ein gutes Wort für Þorsteinn einzulegen, aber das machte alles nur noch schlimmer. Schließlich einigte man sich darauf, dass Þorsteinn Höfðabrekka verlassen und niemals wieder Verbindung zu der Mutter seines Kindes aufnehmen sollte.

In Höfðabrekka wurden die Milchschafe sommers über auf einer Sennerei gehalten, und dort war Jórunns Tochter und sorgte für das Essen. Þorsteinn hatte aber die Mutter seines Kindes nicht vergessen. Er ging heimlich zu ihr auf die Sennhütte und brachte ihr Geschenke. Das wurde Jórunn hinterbracht und über Gebühr aufgebauscht. In ihrer Wut schwor sie, sich an Þorsteinn zu rächen, und wenn es ihr lebend nicht gelänge, dann tot. Diese Ereignisse führten aber dazu, dass sie bald darauf starb. Magnús Pétursson war damals Pfarrer zu Hörgsland, und viele hielten ihn für sehr beschlagen in Zauberkünsten. Þorsteinn suchte Rat bei ihm und der Priester riet ihm, sich sogleich nach den Westmännerinseln zu begeben und erst dann wieder aufs Festland zu kommen, wenn volle 20 Jahre verstrichen waren.

Jetzt aber zu Jórunn. Nach ihrem Tod fing sie an zu spuken, und bekam dann den Namen Jóka. Man konnte oft beobachten, wie sie in Höfðabrekka herumwirtschaftete und in der Vorratskammer Essen zuteilte, aber häufig mischte sie Erde darunter. Ansonsten tat sie niemandem etwas zuleide, aber sie wurde fast täglich gesehen, und man konnte sie daran erkennen, dass der hohe Kopfputz der Tracht bei ihr auf den Rücken herunterhing, und das unterschied sie von den anderen Frauen.

Sie wurde oft an verschiedenen Orten gesehen. Einmal begegnete Pfarrer Magnús ihr, als er zusammen mit anderen unterwegs war, und sie stützte sich auf ein Pferd, das zum Tross gehörte. Da soll der Pfarrer zu ihr gesagt haben: „Du hast dir selbst übel mitgespielt, Jóka." Sie aber antwortete: „Erinnere mich bloß nicht daran, Pfarrer Mangi, nach dem Tod ist schlecht bereuen." Im gleichen Augenblick war sie verschwunden, aber das Pferd, auf das sie sich gestützt hatte, hatte ein gebrochenes Schulterblatt.

Einmal wachten zwei Mädchen im Kuhstall. Ein Licht brannte bei ihnen oben auf dem Heuboden. Da sagte die eine: „Was wäre wohl, wenn Jóka jetzt käme?" Im gleichen Augenblick steckte Jóka ihren Kopf hinauf, legte die Hände auf den Rand des Bodens und sagte: „Und was wäre dann wohl?" Sie stand da eine kleine Weile, dann verschwand sie, ohne die Mädchen weiter zu belästigen.

Einmal wie so oft fuhr ein Schiff zu den Westmännerinseln hinüber, und als der Bootsmann vom Festland ablegen wollte, sagte einer der Matrosen zu ihm: „Willst du das Miststück auf die Inseln bringen?" Der Bootsmann sagte, er habe nichts dergleichen vor und fragte, was der Matrose damit meinte. Der erklärte, dass Jóka an Bord sei. Doch während sie miteinander sprachen, verließ Jóka das Schiff, und in diesem Fall hatte sie niemand gesehen außer dem einen Mann.

Als Þorsteinn 19 Jahre auf den Westmännerinseln gelebt hatte, hielt er es nicht länger aus und nahm im Frühjahr ein Schiff zum Festland. Es war um die Zeit, wo immer der regste Verkehr zwischen dem Festland und den Inseln war, und neben anderen wollte auch der bereits erwähnte Pfarrer Magnús auf die Inseln. Im gleichen Augenblick aber, als Þorsteinn trockenes Land unter den Füßen hatte, war Jóka zur Stelle. Sie packte ihn und begann ihn in

Stücke zu reißen. In dem Augenblick, als sie ihr grausiges Werk vollendet hatte, kam Pfarrer Magnús zum Strand. Da sprach Jóka: „Spät kommt man, obwohl man schnell geritten ist." Der Pfarrer antwortet: „Das ist wahr, aber jetzt geht es dir an den Kragen, wenn ich zu bestimmen habe." Dann begann der Pfarrer, Jóka mit Beschwörungsformeln zu exorzieren, und er ging alles andere als schonend mit ihr um. Unter anderem sprach er:

Hekla-Schlucht ist Höllenloch,
aus ihr speit das Feuer hoch,
in dies Loch verzieh dich doch,
sonst blüht dir was Schlimm'res noch.

Jóka verschwand augenblicklich und niemand hat sie danach jemals wieder gesehen.

Elfen und magische Orte

Der Bauer zu Reynir

Jetzt befinden wir uns in der freundlichen, aber regenreichen Gegend Mýrdalur ganz im Süden von Island. Wir überqueren die Jökulsá á Sólheimasandi, die wegen ihres durchdringenden Schwefelgeruchs mit anderem Namen Fúlilækur (Stinkbach) heißt. In früheren Jahrhunderten war dieser Fluss ein großes Hindernis für Reisende, und bis ins 20. Jahrhundert hinein kamen viele in seinen Fluten um. 1921 wurde die erste Brücke über den Fluss gebaut. Die Gletscherzunge Sólheimajökull schiebt sich bis ins Tiefland hinunter, und darüber thront der Mýrdalsjökull, der viertgrößte Gletscher des Landes. Zum Meer hin breitet sich ein großer schwarzer Sander aus, an dessen Strandlinie sich unaufhörlich die Wellen des Atlantiks brechen. Vor uns liegt der Inselberg Pétursey (Petersinsel); der 275 m hohe Berg, der früher eine meerumspülte Insel war, liegt heutzutage weit von der Küste entfernt.

Bald zweigt eine Straße nach Dyrhólaey (Torhügelinsel) ab. Die südlichste Spitze von Island ist ein 120 m hoher, mit dem Festland verbundener Inselberg, von dessen Hauptkliff ein schmaler Felsen mit einem großen Tor darin ins Meer hinausragt. Ein erster Leuchtturm wurde 1910 dort errichtet, der jetzige stammt aus dem Jahre 1927. Dyrhólaey wurde 1978 unter Naturschutz gestellt, was sich sehr positiv auf Vegetation und Vogelleben ausgewirkt hat. Von da oben hat man einen schönen Blick hinüber auf die Westseite von Reynisfjall, und dort liegt unser nächstes Ziel. Reynishverfi heißt diese Gegend zu Füßen des 340 m hohen Bergmassivs. Wenn man bis zum Strand fährt, tauchen die Reynisdrangar vor der Küste auf, bizarre Felsen, der höchste 66 m hoch. Es handelt sich nicht um gewöhnliche Felsen, sondern um Trolle, die von den Strahlen der aufgehenden Sonne versteinert wurden. Am Strand gibt es außergewöhnlich schöne Basaltsäulenformationen, u.a. in einer Höhle. Hier herrscht ebenfalls ein vielfältiges Vogelleben, und man kann vor allem Eissturmvögel und Papageitaucher beobachten.

Wir fahren zum Hof Reynir, nach dem nicht nur der Berg, sondern die ganze Gegend benannt wurde. Eine Kirche gibt es dort schon seit Jahrhunderten, doch die heutige Kirche steht nicht mehr an derselben Stelle. Früher wurde südlich von Reynir zum Fischen ausgerudert, der Name Reynishöfn (Hafen von Reynir) weist darauf hin. Der Hof verfügt über eine Reihe von Pfründen, darunter das Recht auf Forellenfang in der Mündung Dyrhólaós, und das Jagdrecht auf Eissturmvögel und Papageitaucher am Reynisfjall; außerdem besitzt er das Strandrecht, was zum Treibholzsammeln berechtigt. Eine Kirche muss manchmal erneuert werden, denn auch Gotteshäuser sind vergänglich und verfallen wie anderes Menschenwerk. Davon wird in der Regel wenig berichtet, allerdings mit der Ausnahme unserer nächsten Sage, in der ein geheimnisvoller Mann in unglaublich kurzer Zeit eine neue Kirche baute. Er hieß Finnur und legte großes Geschick an den Tag:

Einmal wohnte ein Bauer zu Reynir im Mýrdalur. Er sollte dort eine neue Kirche errichten, aber er hatte sehr lange gebraucht, um Holz für den Bau herbeizuschaffen. Schon war die Zeit der Heuernte gekommen, aber immer noch hatte er keine Zimmerleute verdingt, und deswegen machte er sich große Sorgen, ob er die Kirche wohl vor dem Winter fertig stellen könnte. Eines Tages ging er tief in Gedanken versunken draußen auf der Heuwiese einher. Da kam ein Mann zu ihm, der ihm anbot, die Kirche für ihn zu errichten. Der Bauer sollte zum Schluss, wenn die Kirche fertig war, seinen Namen erraten, aber wenn es ihm nicht gelänge, müsste er ihm zum Lohn für den Kirchenbau seinen einzigen Sohn überlassen. Das wurde abgemacht, und der Ankömmling machte sich ans Werk. Dieser Mann kümmerte sich um nichts anderes als seinen Auftrag, und er sprach sehr wenig. Die Arbeiten gingen sehr rasch voran. Der Bauer erkannte bald, dass mit dem Ende der Heuerntezeit auch die Kirche fertig sein würde.

Da wurde er sehr betrübt, denn er wusste keinen Rat, wie er den Namen des Mannes erraten sollte.

Im Herbst, als die Kirche schon fast vollständig fertig war, wanderte er wieder einmal ziellos durch die Gegend. Er legte sich bei einem kleinen Hügel nieder. Da hörte er, wie in dem Hügel ein Gedicht aufgesagt wurde, und es hörte sich so an, als spräche eine Mutter zu ihrem Kind:

Bald kommt der Finnur,
dein Vater zurück von Reyn,
mit dem Spielgesellen dein.

Das wurde wieder und wieder gesagt, und der Bauer lernte die Strophe auswendig. Jetzt wurde ihm leichter ums Herz, und er ging zur Kirche. Da war der Zimmermann gerade dabei, das letzte Brett über dem Altar zu befestigen. Der Bauer stand im Kirchenportal und sprach: „Nun bist du endlich fertig, lieber Finnur." Bei diesen Worten erschrak der Mann so, dass ihm das Brett aus den Händen fiel, und dann verschwand er. Seitdem hat ihn niemals wieder jemand gesehen.

Menschen und Tiere

Die Frau und der Seehundbalg

Mýrdalur heißt das Gebiet zwischen dem Gletscherfluss auf dem Sólheimasandur im Westen und dem Mýrdalssandur im Osten. Diese fruchtbare Gegend liegt ganz im Süden von Island, und weist eine vergleichsweise üppige Vegetation auf, denn sie ist durch den Mýrdalsjökull gegen Winde aus dem Norden geschützt, und von Süden hat die Sonne ungehinderten Zugang.

Auf der Ringstraße durchqueren wir diese Gegend, und in dem kleinen Ort Vík í Mýrdal machen wir wie fast alle Reisenden Halt. Von Vík aus wurde früher zum Fischen ausgerudert, und 1887 erhielt der Ort die Handelsrechte. Dort leben an die 400 Menschen, die hauptsächlich in Handel, Gewerbe und Serviceleistungen tätig sind. Der Fremdenverkehr schafft zahlreiche Arbeitsplätze; in Vík gibt es Hotels und Pensionen, einen Zeltplatz und verschiedene andere Annehmlichkeiten.

Die Landschaft im Mýrdalur ist außerordentlich abwechslungsreich. Das flache und fruchtbare Tiefland wird von Vorbergen wie Búrfell, Fellsfjall und Pétursey überragt. Unmittelbar am Meer liegen Dyrhólaey und Reynisfjall. Weder Pétursey (Petersinsel) noch Dyrhólaey (Torhügelinsel) sind heute noch Inseln, waren es aber wohl früher, als ihnen Namen gegeben wurden. Dyrhólaey ist 120 m hoch, und der schöne Leuchtturm weist den Schiffen auf dem Atlantik den Weg. Das Meer hat aus dem schmalen, langgestreckten Berg ein großes und zwei kleine Tore ausgewaschen, und nach ihnen ist der Berg benannt. Von den kleineren Felsklippen am Ufer und im Meer ist Háidrangur (Hohe Klippe) mit 56 m der höchste. Von Dyrhólaey hat man einen herrlichen Blick in alle Richtungen – der weite schwarze Sandstrand wird im Westen vom Eyjafjallajökull (Inselberggletscher) überragt, und in der Ferne erheben sich die Westmännerinseln aus dem Meer. Im Osten geht der Blick hinüber zum 340 m hohen Reynisfjall und den Reynisdrangar-Felsen. Der größte ist 66 m hoch. Diese Felsen entstanden, als zwei Nachttrolle versuchten, einen Dreimaster an Land zu ziehen. Sie verspäteten sich aber dabei, und sie und das Schiff wurden von den Strahlen der aufgehenden Sonne zu Stein verwandelt. Allerorten im Mýrdalur finden sich Höhlen und Grotten. Eine der schönsten Höhlen mit regelmäßig geformten Basaltsäulen befindet sich im Bergmassiv von Reynisfjall unmittelbar am Strand.

Häufig sieht man Seehunde im Meer unweit der Küste, und es scheint, als ob sie neugierig nach Strandwanderern Ausschau halten. Einer Sage zufolge entstanden die Seehunde, als das Heer des Pharaos die Israeliten auf ihrem Weg durch das Rote Meer verfolgte. Die Israeliten gelangten trockenen Fußes auf die Sinai-Halbinsel, aber die Fluten schlugen über den Soldaten des Pharaos zusammen, so dass sie ertranken und zu Seehunden wurden. Gott erwies ihnen aber doch die Gnade, dass sie einmal im Jahr nachts an Land gehen und den Seehundbalg ablegen können. Dann feiern sie ein Fest mit Gesang und Tanz bis zum nächsten Morgen. Eine Sage aus dem Mýrdalur weist vielleicht darauf hin, dass so etwas tatsächlich geschehen kann:

Einmal lebte ein Mann im Mýrdalur, der eines schönen Tages in aller Herrgottsfrühe am felsigen Ufer entlangging. Er kam zu einem Höhleneingang, und von drinnen vernahm er Musik und Tanz. Draußen vor der Höhle lagen viele Seehundbälge. Er hob einen davon auf, trug ihn nach Hause und verschloss ihn in einer Truhe. Als der Mann später an diesem Tag wieder zu dieser Stelle kam, saß dort eine junge, hübsche Frau vor der Höhle, sie war ganz nackt und weinte. Das war der Seehund, dem der Balg gehörte, den der Mann frühmorgens mitgenommen hatte. Er gab dieser Frau Kleider, tröstete sie und nahm sie mit zu sich nach Hause. Sie fasste Zutrauen zu dem Bauern, verkehrte aber kaum mit anderen Menschen und saß oft ganz allein am Strand und schaute aufs Meer hinaus.

Nach einiger Zeit heirateten sie. Sie führten eine gute Ehe und bekamen sieben Kinder. Den Seehundbalg bewahrte der Mann immer in der Truhe auf und trug den Schlüssel bei sich, wohin auch immer er ging.

    Viele Jahre später ging der Bauer einmal zu Weihnachten zur Kirche, aber die Frau gab vor, krank zu sein, und blieb zu Hause. Diesmal vergaß der Bauer aber, den Schlüssel zu der Truhe aus der Hosentasche seiner Alltagshose in die Sonntagshose zu stecken. Was dann geschah, wird nicht gesagt, aber als der Bauer nach Hause kam, stand die Truhe offen, der Seehundbalg war verschwunden und die Frau ebenfalls. Sie hatte den Schlüssel entdeckt und neugierig die Truhe aufgemacht, und ihren Balg gefunden. Sie konnte der Versuchung nicht widerstehen, verabschiedete sich von ihren Kindern, schlüpfte in den Seehundbalg und stürzte sich ins Meer. Aber bevor sie in den Fluten verschwand, will man sie folgendes sprechen gehört haben:

> Oh, wie ist mir so weh,
> hab sieben Kinder zu Lande
> und sieben in der See.

Der Mann konnte den Verlust der Frau nur schwer verwinden, aber er musste sich damit abfinden. Immer wenn er danach zum Fischen hinausruderte, schwamm ein Seehund um sein Boot herum, und es hatte den Anschein, als flössen Tränen aus seinen Augen. Von dieser Zeit an war sein Fang immer besonders reichlich, und viele wertvolle Dinge wurden an seinem Strand angetrieben. Wenn die Kinder des Ehepaares am Strand spielten, sahen die Leute auch häufig, dass ein Seehund ganz nah an der Küste herumschwamm und den Kindern bunte Fischchen und schöne Muscheln zuwarf. Aber ihre Mutter kam nie wieder an Land.

Menschen und Tiere

Die Schatzkiste unter dem Skógafoss

Wir fahren durch das südwestliche Tiefland und nähern uns dem gewaltigen Bergmassiv des Eyjafjalljökull (Inselberggletscher), der mit 1666 m der höchste Berg in Südisland ist. In der Ferne ragt im Norden der Vulkan Hekla (1494 m) auf. Wenn wir die Brücke über Markarfljót überquert haben, befinden wir uns in der Gemeinde Eyjafjallasveit. Die Eyjafjöll (Inselberge) beziehen ihren Namen von den der Küste vorgelagerten Westmännerinseln. Vom Wasserfall Seljalandsfoss aus hat es den Anschein, als seien sie zum Greifen nah, und man kann gut verstehen, dass die Berge auf dem Festland nach diesen eindrucksvollen Inseln benannt worden sind.

Je weiter man an den Eyjafjöll entlang in Richtung Osten fährt, desto schmaler wird der Küstenstreifen. Bei Drangshlíð steht ein einzelner Felsen inmitten einer Wiese, der Drangur heißt. Einer Sage zufolge soll Grettir einmal in den Bergen dort unterwegs gewesen sein. Er war schlechter Laune und ließ seine Wut an den Bergen aus, indem er mit der Hand nach der Felsenkante griff und das, was er packen konnte, hinunter in die Tiefebene warf. Seitdem befindet sich der Felsen dort auf der Wiese, und oben am Bergkamm kann man Grettisskarð (Grettirs Scharte) sehen. Außerdem gibt es die Ortsnamen Grettisgluggi (Grettirs Fenster) und Grettisspor (Grettirs Spur), so dass man davon ausgehen muss, dass der Sagaheld dort sehr aktiv gewesen ist. In früheren Zeiten glaubte man daran, dass in dem Felsen Verborgene Wesen hausten. An den Felsen sind ein Schafstall und ein Kuhstall angebaut, und man brauchte dort nie über einer kalbenden Kuh zu wachen, weil die unsichtbaren Bewohner des Felsens sich liebevoll der Tiere annahmen.

Ein Stückchen weiter fahren wir an der Felsnase Skóganúpur vorbei, und es eröffnet sich der Blick auf eine ganz andere Landschaft: Vor uns liegt der weite Skógasandur, der in früheren Zeiten schwarz und öde war, jetzt aber teilweise begrünt ist. Südlich der Straße liegt eine Landepiste für kleine Flugzeuge. Zu Füßen der schönen grünen Matten liegt der kleine Ort Skógar (Wälder) in unmittelbarer Nähe des spektakulären Skógafoss, der senkrecht über eine Steilkante hinunterfällt. Er zählt zu den schönsten Wasserfällen in Island. Bekannt ist der Ort aber nicht zuletzt auch durch sein Regionalmuseum. Dort wurden alte Häuser aus dem Bezirk wieder aufgebaut, und Hausrat, Werkzeuge und Geräte aus alter Zeit sind dort ausgestellt. Seit einiger Zeit gibt es auch eine Kirche im typischen Stil des 19. Jahrhunderts, die mit vielen Exponaten des Museums ausgestattet ist, sowie ein interessantes Transport- und Verkehrsmuseum.

An den Hängen, die sich hinter den Häusern hochziehen, wurden in den letzten Jahrzehnten viele Bäume gepflanzt. Deshalb kann man sagen, dass der Ort heute seinen Namen wieder zu Recht trägt. Von den früheren Wäldern, auf die der Name hinweist, gibt es kaum noch Spuren. Skógafoss ist bei weitem nicht der einzige Wasserfall in der Skógaá; folgt man ihrem Lauf flussaufwärts, so stößt man auf viele andere schöne Wasserfälle, obwohl sich keiner von ihnen mit dem Skógafoss messen kann. Eine Jeep-Piste führt von Skógar hoch auf den Sattel Fimmvörðuháls zwischen Eyjafjallajökull und Myrdalsjökull, und von dort aus gelangt man über eine markierte Wanderstrecke hinunter in das Naturparadies Þórsmörk.

Der erste Siedler in Skógar hieß Þrasi Þórólfsson. Er war angeblich ein gewaltiger Kämpe, aber auch sehr beschlagen und zauberkundig. Þrasi lag im Streit mit Loðmundur, dem ersten Landnehmer in Sólheimar auf der anderen Seite des Sólheimasandur. In diesem Streit ging es hoch her, weil beide sich aufs Zaubern verstanden. Sie dirigierten den Gletscherfluss mit seinen zerstörerischen Auswirkungen jeweils auf die Ländereien des anderen, und bei diesem Hin und Her von Wasserfluten entstanden sowohl Sólheimasandur als auch Skógasandur. Irgendwann einmal sahen sie dann ein, dass keiner den anderen besiegen konnte; deshalb trafen sie sich auf halbem Wege und einigten sich darauf, dass der Gletscherfluss auf dem kürzesten Weg zum Meer fließen sollte, so wie es heute noch der Fall ist. Þrasi baute sich ein Haus in der Nähe des Skógafoss, den er offensichtlich hoch geschätzt hat, denn im Alter ging er mit einer großen Kiste voll Gold und Edelsteinen hin, die er in den tiefen Kessel unter dem Wasserfall warf. Darüber wird in einer alten Sage berichtet:

> Þrasi in Skógar war sehr reich. Als er alt geworden war und spürte, dass es mit ihm zu Ende ging, wollte er nicht, dass seine Reichtümer nach seinem Tod aufgeteilt würden. Deswegen nahm er seine Kiste mit Gold und anderen Schätzen und versenkte sie in den tiefen Wasserloch unter dem Skógafoss. Dort hat diese Kiste jahrhundertelang gelegen, und lange Zeit konnte man eine Seitenwand der Kiste sehen. Viele haben versucht, sie zu heben, aber niemandem ist es gelungen. Einmal fehlte jedoch nicht viel, als es einigen unerschrockenen Männern gelang, einen Strick durch den Ring zu ziehen, der sich an der Seitenwand befand. Dann fingen sie an, die Kiste hochzuziehen, und zunächst schien alles zu klappen. Auf einmal löste sich aber der Ring von der Kiste, und sie versank wieder in der Tiefe. Sie hatten also nur den Ring bekommen, den sie nach Skógar brachten.
>
> In Skógar gab es früher eine Kirche, die zeitweilig sogar eine Gemeindekirche war. Man beschloss, diesen einmaligen Ring an der Kirchentür anzubringen. Die Kirche in Skógar wurde aber 1889 niedergelegt und abgerissen. Der Ring ging dann auf die Kirche von Eyvindarhólar über. Als dort 1960 ein neues Gotteshaus errichtet wurde, legte man keinen Wert darauf, den Ring an der neuen Kirchentür anzubringen, und auf diese Weise gelangte er ins Museum in Skógar, wo er heute von den Besuchern bewundert werden kann.
>
> Niemand sollte sich jedoch versucht fühlen, nach Þrasis Schatzkiste zu tauchen, denn es handelt sich ja um eine Sage. Vielleicht aber steckt doch ein Körnchen Wahrheit an der Sache, was durch eine alte Strophe verbürgt sein könnte, die in dieser Gegend von Generation zu Generation weitergegeben wurde:

Þrasis Kiste Schätzen gleicht,
versteckt im Wasserfalle,
wer als erster sie erreicht,
des' Reichtum wird nie alle.

Süd-island

SKÓGAR

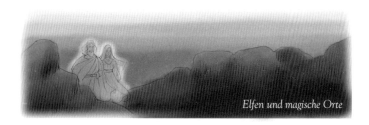

Elfen und magische Orte

Die Elfenfrau Una in Rauðafell

Wir bleiben noch in der Gegend von Eyjafjöll (»Inselberge«) mit ihren vielfältigen Naturschönheiten und Attraktionen. Dominiert wird sie vom Eyjafjallajökull (»Inselberggletscher«), der mit seinen knapp 100 Quadratkilometern der sechstgrößte Gletscher Islands ist. Die Eiskappe wölbt sich über einem Vulkankegel, der sich seit der Mitte der Eiszeit in zahlreichen Ausbrüchen aufgebaut hat. Bis zum Jahre 2010 hatte es nur zwei Eruptionen in historischen Zeiten gegeben, 1612 und 1821–1823. Mit letzterem Ausbruch waren riesige Überschwemmungen verbunden, verursacht durch das Schmelzwasser, das vor allem nach Norden abfloß und dann im breiten Bett von Markarfljót zum Meer strömte. Den Ausbruch von 2010 kam für die Geologen nicht überraschend, er hatte sich über einen längeren Zeitraum hinweg durch Erdbebenserien angekündigt. Riesige Mengen von Vulkanasche und feinstem Staub wurden bei dem gewaltigen Ausbruch wochenlang in die Atmosphäre geschleudert. Davon sind in erster Linie die Bewohner des fruchtbaren Tieflands unterhalb des Gletschers betroffen, aber einige Tage lang war auch der Flugverkehr in ganz Europa lahmgelegt.

Bis zum Ende der Eiszeit vor etw 10.000 Jahren stand das Tiefland unterhalb der Eyjafjöll (»Inselberge«) unter Wasser, denn der Ozean reichte bis an die Berge heran. Als das Land von der schweren Last des Eises befreit war, hob sich es sich allmählich wieder. An vielen Stellen kann man noch heute Anzeichen dafür entdecken, dass das Meer bis hoch in die unteren Steilhänge reichte. Es gibt viele Höfe dort, und die Gegend ist auch heute noch relativ dicht besiedelt, obwohl hier früher noch wesentlich mehr Menschen gelebt haben. Rauðafell heißt ein historischer Hof zu

Füßen der Berge. Dort siedelte als erster Hrafn der Dumme. Die folgende Sage spielte sich in Rauðafell ab:

Geir hieß ein Mann, der zu Rauðafell (Rotberg) lebte und eine blühende Wirtschaft betrieb. Er war jung und tüchtig, aber er hatte damals gerade seine Frau verloren. Eines Sommers zur Heuernte war schon viel gemäht worden, doch bei den Frauen, die das Heu zusammenrechen sollten, ging es viel zu langsam vorwärts. Da sieht der Bauer auf einmal, wie eine junge, schön gewachsene Frau hinzu kommt und anfängt zu rechen. Sie spricht mit niemandem, und die Arbeit geht ihr flink von der Hand. Am Abend verschwand sie, kam dann aber am nächsten Morgen wieder und arbeitete den ganzen Tag im Heu. So ging es den ganzen Sommer, und niemand wusste, woher die Frau kam und wohin sie ging.

Am letzten Tag der Heuernte begab sich der Bauer zu der Frau, begrüßte sie und dankte ihr für die Arbeit. Sie freute sich darüber, und sie sprachen lange miteinander. Es endete damit, dass der Bauer sie als Wirtschafterin anstellte. Am nächsten Morgen erschien sie bei Geir und hatte nichts außer einer großen Truhe dabei, die in einem Schuppen des Bauern untergestellt wurde. Danach übernahm die Frau die Wirtschaft und war energisch und umsichtig. Sie nannte sich Una, aber sie wollte Geir nicht verraten, woher sie kam. Niemals ging sie mit zur Kirche, obwohl der Bauer sie dazu ermahnte, da er selber gottesfürchtig war.

An Weihnachten gingen alle bis auf Una zur Christmette. Sie zog es vor, daheim zu bleiben und auf den Hof aufzupassen. Als die Kirchgänger morgens wieder nach Hause kamen, hatte Una schon alle Arbeiten verrichtet. Sie blieb drei Jahre lang bei dem Bauern und er gewann sie sehr lieb. Er konnte sich aber nicht entschließen, sie zu heiraten, da sie nie zur Kirche ging. Die Leute zerbrachen sich den Kopf darüber, was es mit Una auf sich hatte; eines stand jedoch fest, eine bessere Partie gab es in der ganzen Gegend nicht. Jetzt ging es im dritten Jahr wieder auf

Weihnachten zu. Wieder bleibt Una zu Hause, und alle anderen begeben sich zur Kirche. Die Leute waren noch gar nicht weit gekommen, als es einem Knecht des Bauern plötzlich übel wird. Er legt sich hin und erklärt, dass er dort abwarten will, bis die Übelkeit vorübergeht. Er bleibt zurück, während der Bauer und die anderen weiter ziehen. Als die Leute seinen Blicken entschwunden sind, erhebt sich der Knecht und eilt zum Hof zurück, denn er hatte die Übelkeit nur vorgetäuscht.

Daheim sieht er, wie Una sich sehr beeilt, das Haus auszukehren. Er kann es so einrichten, dass sie seiner nicht gewahr wird. Als Una mit dem Fegen fertig ist, geht sie in den Schuppen und schließt ihre Truhe auf. Sie entnimmt ihr schöne Kleider, die sie anzieht. Den Knecht dünkt es, als habe er noch nie eine so schöne und anmutige Frau gesehen. Danach nimmt sie ein rotes Tuch oder ein Fell aus der Truhe und geht hinaus. Sie läuft dann die Wiese hinunter und der Knecht hinterher. Schließlich macht sie bei einem Sumpfloch Halt, breitet das rote Fell aus und steigt darauf. Der Knecht passt den richtigen Moment ab und ihm gelingt es, sich auf einen Zipfel des Fells zu stellen. Dann sinken sie wie in eine dichte Dampfwolke gehüllt hinunter in die Erde, und die Frau bemerkt nicht, dass der Knecht bei ihr ist.

Bald erreichten sie grüne Auen, und dort sah der Knecht einen großen und stattlichen Hof, auf den Una zuhielt, und er blieb ihr auf den Fersen. Viele Leute waren dort, die Una freudig begrüßten. Man setzte sich bald zu einem Festschmaus hin, bei dem viele schmackhafte Speisen und guter Wein gereicht wurden. Der Knecht passte einen günstigen Augenblick ab und erwischte eine Rippe von geräuchertem Lamm, die er zu sich steckte, denn nie zuvor hatte er so herrliches Fleisch gesehen. Nach dem Festschmaus wurden verschiedene Spiele gespielt und alles war kunstvoll und wunderschön anzusehen. Als der Tag sich neigte, sagte Una, dass sie jetzt gehen müsse, denn bald käme der Bauer vom Kirchgang zurück. Sie verabschiedete sich von allen sehr würdevoll und schwebte auf ihrem Fell davon, zusammen mit dem Knecht. Dann geschah alles auf dieselbe Weise wie auf dem Hinweg, und bei dem Sumpfloch kamen sie wieder nach oben. Una trug das Fell nach Hause und verschloss es sorgfältig in der Truhe im Schuppen.

Der Knecht ging dorthin zurück, wo er vorgetäuscht hatte, krank zu sein, und dort lag er, als der Bauer mitsamt den anderen Kirchgängern zurückkehrte. Er erklärte, jetzt wieder ganz gesund zu sein, und ging mit ihnen nach Hause. Una begrüßte die Leute herzlich und bald setzte man sich zu Tisch. Geräuchertes Lammfleisch war auch unter den Gerichten. Der Bauer hebt eine Schafseite hoch und sagt: „Hat jemals jemand so herrliches Fleisch gesehen wie dieses?" „Das kann schon sein", sagte der Knecht und zieht im selben Augenblick die Rippe hervor, die er hatte mitgehen lassen. Als Una sie erblickt, wechselt sie die Farbe und verschwindet, ohne ein Wort zu sagen, und wurde seitdem nie wieder gesehen.

Es sollen hier keine Vermutungen über den Wahrheitsgehalt dieser Volkssage angestellt werden, aber es darf darauf hingewiesen werden, dass es immer noch den Ortsnamen Unudý (Unas Sumpfloch) gibt, das am Rande der Heuwiese von Rauðafell liegt.

Trolle und Unholde

Die faule Hausfrau und Gilitrutt

Noch immer sind wir in der Gegend unterhalb der Eyjafjöll und passieren die Brücke über den Gletscherfluss Markarfljót (Waldstrom), der früher ein überaus gefährliches Verkehrshindernis darstellte. 1933 wurde in der Nähe von Eyvindarholt die erste Brücke gebaut, was damals einen enormen Fortschritt bedeutete. Diese Brücke wird heute nicht mehr verwendet, da sie durch eine neue weiter südlich ersetzt wurde. Vor uns liegen wieder die eindrucksvollen Eyjafjöll, felsbewehrt und mit Wasserfällen geschmückt, überragt vom Eyjafjallajökull.

Am Westhang des Gletschers sehen wir den Hof Stóri-Dalur. Dort befindet sich eine Kirche, und der Hof war in früheren Jahrhunderten Sitz vieler bedeutender Persönlichkeiten. Hier wohnte im ausgehenden 10. Jahrhundert der Gode Runólfur Úlfsson, der im Jahre 1000 die heidnische Partei auf dem Allthing anführte. Es endete damit, dass Runólfur seinen Widerstand gegen das Christentum aufgab und sich taufen ließ, denn der norwegische König Ólafur Tryggvason hatte seinen Sohn zusammen mit einigen anderen jungen Isländern als Geisel genommen, um die Isländer unter Druck zu setzen, dass sie sich zum Christentum bekehrten. Diese Ereignisse scheinen tiefen Eindruck auf Runólfur gemacht zu haben, denn nach der Rückkehr vom Allthing packte er seine sämtlichen Götterstatuen zusammen und trug sie zum Eyjafjallajökull hinauf. Dort verbarg er sie in der Höhle eines Felsens, der aus dem Gletscher herausragt und seitdem Goðasteinn (Götterstein) heißt.

Auch die nächste Geschichte hat sich den Ortskundigen zufolge beim Hof Rauðafell zugetragen. Sie gehört zu den bekanntesten isländischen Volkssagen. Einige behaupten, Gilitrutt sei eine Trollfrau gewesen, während andere meinen, dass sie zu den Elfen gehörte; der Beweis dafür ist, dass der Hügel Álfhóll (Elfenhügel), wo dieses Volksmärchenwesen angeblich gehaust haben soll, auch heute noch existiert:

Einmal wohnte ein tüchtiger und strebsamer Bauer in der Gegend von Eyjafjöll. Er hatte sich gerade eine junge Frau genommen. Die aber war faul und arbeitsscheu und kümmerte sich kaum um die Wirtschaft. Das missfiel dem Bauern sehr, aber er vermochte nichts dagegen auszurichten. Im Herbst brachte er ihr viel Wolle und bat sie, daraus Lodenstoff zu weben. Darüber war sie herzlich wenig erfreut. Auch als der Winter schon fortgeschritten war, hatte sie die Wolle noch nicht angerührt.

Eines Tages kam eine grobschlächtige Alte zu der Frau, und sie erwies dem alten Weib einen Gefallen. Anschließend erkundigte sich die Frau bei der Alten, ob sie nicht zum Dank auch etwas für sie tun wolle. Die Alte fragte, was das denn sei, und da antwortete die Frau, es ginge darum, Wolle zu Loden zu verarbeiten. Die Alte hatte nichts dagegen, und die Frau gab ihr einen großen Sack mit Wolle. Den lud sich die Alte auf den Rücken und sagte, dass sie den Lodenstoff am ersten Sommertag bringen würde. „Und was willst du zum Lohn dafür?" fragte die Frau dann. „Ach, gar nicht viel", sagte die Alte. „Du musst mir bloß meinen Namen sagen, und du darfst sogar dreimal raten. Dann sind wir quitt." Die Frau war damit einverstanden, und die Alte verschwand mit der Wolle. Der Winter verstrich, und der Bauer fragte oft nach der Wolle. Die Frau antwortete immer, das gehe ihn nichts an, und den Lodenstoff würde er am ersten Sommertag bekommen.

In den letzten Wintermonaten begann die Frau, über den Namen der Alten nachzudenken, und sie wusste sich keinen Rat, wie sie ihn herausfinden konnte. Da wurde sie sehr verzagt. Der Bauer merkt, dass es ihr nicht gut geht, und er verlangt von ihr, dass sie ihm sagt, was los ist. Da erzählt sie ihm die ganze Geschichte. Der Bauer erschrickt sehr und sagt, die Alte sei wahrscheinlich eine Trollfrau, die wiederkommen und sie holen wolle.

Kurze Zeit später aber ist der Bauer oben in den Bergen unterwegs und gelangt zu einem Steinhügel. Er ist tief in Gedanken versunken und sehr besorgt. Da hört er auf einmal so etwas wie Klappern in dem Hügel und tritt näher heran. Schließlich findet er eine Ritze, durch die er hineinspähen kann. Drinnen in dem Hügel sitzt eine riesige Gestalt, die aus voller Kraft webt, und sie trällert immerzu:

Heihei und hoho,
Hausfrau weiß nicht, wie ich heiß.
Gilitrutt heiß ich, Gilitrutt heiß ich,
Heihei und Hoho, Heihei und Hoho.

Der Bauer wurde froh, denn er glaubte zu wissen, dass das die Alte war, die im Herbst seiner Frau geholfen hatte.

Er ging fröhlich nach Hause und schrieb sich den Namen Gilitrutt auf, aber seiner Frau erzählte er nichts davon. Die Zeit verging, und endlich brach der letzte Tag des Winters an. Da war die Frau so verzagt, dass sie das Bett nicht mehr verließ. Der Bauer geht zu ihr und fragt sie danach, ob sie jetzt den Namen der Frau wisse, die für sie gearbeitet habe. Sie verneint und sagt, dass nun wohl ihr letztes Stündlein geschlagen habe. Da tröstet der Bauer sie, erzählt ihr die ganze Geschichte und reicht ihr das Blatt mit dem Namen. Sie nimmt es zitternd in Empfang, denn sie fürchtet, dass der Name nicht stimmt. Sie bittet den Bauern, bei ihr zu bleiben, wenn die Alte käme. Der Bauer lehnt das Ansinnen jedoch ab und erklärt, dass sie ganz allein diesen Handel abgeschlossen habe, und deswegen sei es wohl auch am besten, wenn sie allein die Bezahlung vornehme.

Am Morgen des ersten Sommertags liegt die Frau allein in ihrem Bett, und auf dem Hof war sonst niemand. Da hört sie ein gewaltiges Dröhnen und Stampfen. Herein tritt die Alte, die furchterregend anzuschauen ist. Sie wirft einen großen Lodenballen ab und fragt im gleichen Augenblick: „Na, wie heiß ich denn? Na, wie heiß ich denn?" Die Frau ist mehr tot als lebendig vor Entsetzen, stöhnt aber den Namen „Ása" hervor. „Besser raten, besser raten, Hausfrau", sagt die Alte. „Signý", stöhnt die Frau dann. „Nochmal raten, nochmal raten", sagt die Alte. Da nimmt die Frau ihren ganzen Mut zusammen und sagt: „Du heißt wohl nicht zufällig Gilitrutt?"

Da schrak die Alte so fürchterlich zusammen, dass sie längelang auf den Boden stürzte, und das polterte gewaltig. Dann stand sie flugs wieder auf, verließ das Haus fluchtartig und ward nie wieder gesehen. Die Frau war über alle Maßen froh, dieser Unholdin entronnen zu sein, dass sie von Stund an Besserung gelobte. Sie wurde eine gute, fleißige Hausfrau, die von da an ihre ganze Wolle selbst verarbeitete.

Süd-island

EYJAFJALLASVEIT

Gespenster und Phantome

Fluten-Labbi

Auch die nächste Sage spielt sich in der Gegend unterhalb der Eyjafjöll ab. Bei Seljalandsmúli eröffnet uns sich der Blick nach Osten an der felsbewehrten Bergkette entlang. Wir fahren bis zum Hof Sauðhúsvöllur (Schafstallebene). Ganz in der Nähe fallen einige Hügel in dem ansonsten flachen Schwemmland auf. Hafurshóll (Bockshügel) heißt dieser Ort, wo man früher, als die Straße noch mitten durch diese Hügel führte, gern rastete. Die heutige Hauptstraße verläuft aber ganz woanders, und kaum jemand besucht heute noch diesen Ort. Früher glaubte man daran, dass in diesem Hügel Verborgene Wesen lebten, und deswegen gab es gewisse Stellen, die nicht gemäht werden durften. An Winterabenden sah man dort häufig erleuchtete Fenster und anderes mehr, was auf die Existenz dieser unsichtbaren Wesen hindeutete.

Nicht weit davon liegt der Hof Hvammur (Mulde) unter den steilen Felswänden des Hvammsnúpur. Saftig grüne Weiden ziehen sich vom Hof bis zu den dunklen Felsen hoch. Am südlichen Berghang liegen einige steinige Hügel, in denen die seltene Gesteinsart Ankaramit zu finden ist. Der frühere Weg führte zwischen diesen Hügeln hindurch. Und noch viel früher floss Markarfljót in östlicher Richtung an den Eyjafjöll entlang, und diese Stelle war oft unpassierbar, wenn der Fluss von Schmelz- oder Regenwasser angeschwollen war. Man wich dann auf einen Pfad durch die Heuwiese von Hvammur aus, der an einem steilen Hang unterhalb der Felsen von Hvammsnúpur entlang führte, und man kann heute noch die ausgetretenen Pfade erkennen. In dieser Gegend hielt sich vor langer Zeit ein aufdringlicher Spuk namens Flóðalabbi (Fluten-Labbi) auf. Er spielte den Reisenden, die auf dem schmalen Saumpfad am Berghang unterwegs waren, schlimme Streiche. Nicht sel-

ten ließ er die Traglasten von den Packpferden kollern, so dass sie in den Gletscherfluss fielen und verloren waren. Über dieses Gespenst existiert eine alte Volkssage:

Es war einmal ein Bauer, der in Hvammur lebte. Es wird nicht gesagt, wie er hieß, aber er soll so stark gewesen sein, dass er es mit zwei Männern aufnehmen konnte. Einmal ging er zum Strand und fand dort einen toten Mann, den das Meer angetrieben hatte. Der Tote trug einen Überzieher und Stiefel und war sehr aufwendig gekleidet, aber der Bauer ließ sich davon nicht beeindrucken, sondern raubte ihm alles, was wertvoll war. Danach brachte er die Leiche zu seinem Hof und sorgte dafür, dass sie bei seiner Pfarrkirche Holt beerdigt wurde. Dies geschah im Winter, und das ganze Land lag unter Schnee und Eis. Nachdem der Tote begraben worden war, trug es sich zu, dass der Bauer eines Abends spät hinausging, zu der Zeit, als die Frauen zum Melken in den Kuhstall gingen. In dieser Nacht kam er nicht zurück, und am nächsten Morgen machte man sich auf, ihn zu suchen. Unweit vom Hof fand man Trampelspuren. Markarfljót war mit einer so dicken Eisschicht bedeckt, dass man den Fluss darauf überqueren konnte. Die Fährte führte über das Eis nach Süden, und noch etwas weiter südlich wurden die Spuren blutig. Als die Leute zum Meer kamen, fanden sie den toten Bauern. Jemand hatte ihm das Rückgrat gebrochen, und er hatte auch noch andere Verletzungen. Er wurde beerdigt, und niemand kam durch ihn zu Schaden. Der andere jedoch, der vom Meer angetrieben worden war, ging seitdem Tag und Nacht in der Gegend um, was allen sehr missfiel; er wurde Flóðalabbi (Fluten-Labbi) genannt.

Weil zu dieser Zeit der Markarfljót beim Hof Hvammur vorbeifloss, mussten alle Reisenden den Pfad am Hvammsnúpur entlang nehmen, der so schmal war, dass man nur im Gänsemarsch vorwärts kommen konnte. Fluten-Labbi war immer in der Nähe und trieb sein

Unwesen, kippte die Traglasten von den Pferden und anderes mehr. Auf diesem Weg konnte man nur bei helllichtem Tage gehen, und auch dann nur zu mehreren. Einmal war der Pfarrer von Holt dort unterwegs, der hervorragende Reitpferde besaß. Als er von Hvammur weiterwollte, blieb das Pferd da, wo der Weg am schmalsten war, stehen und rührte sich nicht vom Fleck. Nach einiger Zeit war der Pfarrer diese Verzögerung leid, und er gab dem Pferd eins mit der Peitsche zwischen die Ohren. Das Tier reagierte vehement und machte einen mehr als mannshohen Satz in die Luft, preschte dann los und hielt erst an, als es auf dem Hofplatz von Holt angekommen war. Der Pfarrer war davon überzeugt, dass Fluten-Labbi mitten auf dem Weg gestanden hatte, und dass das Pferd über ihn hinweggesprungen war.

Im Sommer begaben sich die Leute einmal wie gewöhnlich zum Handelsort, darunter auch Pfarrer Magnús von Hörgsland. Auf seinem Ritt an den Bergen entlang schaute er in Holt herein, während die anderen weiterritten. Als sie zum Hvammsnúpur kamen, war Fluten-Labbi da und warf ihnen sämtliche Traglasten herunter. Wurden sie wieder aufgeladen, waren sie im Handumdrehen wieder unten. Da verschwanden in den grauen Fluten von Markarfljót unter anderem die Butterballen des Pfarrers, die er am Handelsort verkaufen wollte. So ging es eine Weile, bis Pfarrer Magnús selber kam. Er befahl seinen Leuten, die Traglasten wieder aufzuladen, denn Fluten-Labbi würde es wohl kaum wagen, sie herunterzuwerfen, solange er daneben stünde. Dann sagte ihnen der Pfarrer, sie sollten bis zum nächsten Rastplatz weiterreiten und dort bis zum Mittag des nächsten Tages auf ihn warten. Wenn er bis dahin nicht eingetroffen sei, würde es sich kaum lohnen, weiterhin auf ihn zu warten.

Der Tross zog dann weiter nach Djúpidalur (Tiefes Tal) an der östlichen Rangá, während der Pfarrer sich mit Fluten-Labbi befasste. Der Kampf endete in einem Sumpf ganz in der Nähe. Der Pfarrer kam erst bei Tagesanbruch zum Zeltplatz, wo seine Leute ihn erwarteten, und er war sehr erschöpft. Später berichtete er davon, wie schwierig es gewesen war, Fluten-Labbi zu bezwingen. Das lag vor allem daran, dass der Spuk gut dichten konnte. Pfarrer Magnús sagte, er habe ihn in zehn Sprachen zu beschwören versucht, doch Labbi hatte in ebenso vielen Sprachen geantwortet; der Priester kannte aber eine Sprache nicht, die Fluten-Labbi am geläufigsten war. Trotzdem sei es ihm schließlich gelungen, Labbi zu überwältigen. Als der so tief in einen Sumpf geraten war, dass nur noch der Kopf herausguckte, hatte er den Pfarrer gebeten, ihm zum Abschied auf den Kopf zu steigen. Das tat der Pfarrer, aber vorsichtshalber zerschnitt er mit dem Messer seine Schuhriemen, denn er befürchtete eine Arglist von Labbi. Schließlich endete es damit, dass Fluten-Labbi mit dem Schuh im Sumpf versank. Zuvor hatte er noch einmal mit der Hand an einem Felsen Halt zu finden versucht, wo man heute noch die Spuren seiner Finger im Stein sehen kann. Der Pfarrer vollendete das Werk so, dass Fluten-Labbi nicht mehr hochkommen konnte, und er ist seitdem auch nie wieder gesehen worden.

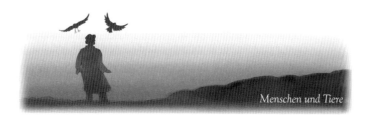

Menschen und Tiere

Der Flüchtige im Snorraríki

Die nächste Reise führt uns in die Þórsmörk (»Thors Wald«), eine der schönsten Oasen im menschenleeren Hochland und ein paradiesisches Fleckchen Erde für Naturliebhaber, das aber nach dem Vulkanausbruch im Eyjafjallajökull wohl einige Zeit brauchen wird, um sich wieder zu erholen, damit Berge und Täler, Pflanzen und Birkenwälder, Gletscherflüsse und klare Bäche, grüne Auen und schwarze Sander wieder zur Geltung kommen können. Eingerahmt wird das Tal durch majestätische Gletscher zu drei Seiten. Wir finden dort auch einen Sagenschauplatz, nämlich die Höhle Snorraríki (»Snorris Reich«) hoch oben im Húsadalur (»Häusertal«). Wir verlassen die Ringstraße hinter der Brücke über den Gletscherfluss Markarfljót (Waldfluss) und fahren auf einer steinigen Piste an der Nordseite der Eyjafjöll entlang. Zu allen Seiten öffnet sich der Blick auf gewaltige Landschaftsformationen. Zur Linken ragen die Zinnen von Tindafjöll auf, zur rechten der Eyjafjallajökull, und vor uns liegt der gewaltige Eisschild des Mýrdalsjökull.

Auf unserem Weg in das Tal machen wir Halt zu Füßen der Gletscherzunge Gígjökull (Kratergletscher), die sich wie ein Wasserfall aus dem Gipfelkrater ergießt und die steilen Hänge hinunterstürzt. Wir furten den Gletscherfluss und gelangen bald zum nächsten, Steinsholtsá. Die riesigen Felsblöcke, die dort in der Ebene verstreut liegen, stammen von einem gewaltigen Bergsturz, der im Januar 1967 aus einer senkrechten, 400 m hohen Steilwand niederging, die von der Gletscherzunge Steinsholtsjökull unterhöhlt worden war. Ca. 15 Millionen m³ Gestein stürzten auf das Eis herunter und sandten eine gewaltige Lawine aus Felsbrocken, Eis und Wasser zu Tal. Die großen Steinblöcke rechts und links der Piste zeugen noch heute von der Urgewalt dieses Bergsturzes.

Selbstverständlich unterbrechen wir unsere Fahrt noch einmal bei Stakkholtsgjá, um bis in die Tiefen dieser Schlucht vorzudringen, die eines der größten Naturwunder in dieser Gegend darstellt. Wenn wir die Hvanná überquert haben, befinden wir uns in der faszinierenden Umgebung von Goðaland (Götterland). In Básar betreibt der Wanderverein Útivist eine komfortable Berghütte.

Wir fahren dann über die Schotterebenen, die von dem gefährlichen Gletscherfluss Krossá angeschwemmt wurden, den man nur mit starken Jeeps überqueren kann. Die Furt verändert sich ständig, die Strömung ist reißend und unter Umständen kann auch Fließsand eine zusätzliche Gefahr darstellen. Man kann das Auto aber auch diesseits der Krossá stehen lassen und den Fluss auf einer Fußgängerbrücke überqueren. Auf diese Weise gelangt man sicher ins Langidalur (Langes Tal), wo der Isländische Wanderverein (Ferðafélag Íslands) schon seit langem eine geräumige und gut ausgestattete Berghütte unterhält. Ein Besteigen des Valahnjúkur zur linken verspricht lohnende Ausblicke auf die grandiose Szenerie ringsum. Anschließend machen wir uns auf den Weg ins Húsadalur (Häusertal), wo – wie der Name besagt – in früheren Zeiten Menschen gewohnt haben. Auch heute herrscht im Húsadalur Leben, denn am Taleingang bietet das Busunternehmen Austurleið Unterkunft und Service für diejenigen, die Thors Wald erkunden möchten.

Auf unserem Gang durch Langidalur gelangen wir bald auf einen kleinen Höhenzug, von dem es ziemlich steil bergab geht. Auf dem Weg nach unten liegt in einer Felswand die Höhle Snorraríki in 4–5 Meter Höhe über der Erde. Die bekannteste Sage aus dieser Gegend ist mit dieser kleinen Höhle verbunden:

Snorri hieß ein Mann, der wahrscheinlich sowohl jung als auch gewitzt gewesen sein muss, denn er war sehr geschickt darin, sich immer wieder aus der Klemme zu ziehen. Er hatte etwas gestohlen oder sich sonst etwas zuschulden kommen lassen, so dass er mit dem Gesetz und der Obrigkeit in Konflikt geraten war. Die Strafgesetzgebung in früheren Zeiten war hart und gnadenlos, deswegen zog Snorri es vor, die Beamten des

Königs zu meiden und sein Heil in der Flucht zu suchen. Daraufhin wurde ganz schnell ein Suchtrupp zusammengestellt, der ihn verfolgen und festnehmen sollte. Diese Leute fanden aber bald heraus, dass Snorri gut zu Fuß war, denn er lief ihnen ganz einfach davon. Er zog sich in die unbewohnten Gebiete zurück, und gelangte nach Þórsmörk. Dort war es aber schwierig, den Verfolgern auszuweichen, und es gelang ihnen schließlich, ihn einzukreisen. Es hatte den Anschein, als gäbe es kein Entkommen mehr für ihn. Aber als die Männer gedachten, diesen leichtfüßigen Mann festzunehmen, kletterte er in eine Höhle oben im Húsadalur. Die Suchmannschaften fanden ihn dort bald, und sie beschlossen, die Höhle zu belagern und Snorri durch Aushungern zur Aufgabe zu zwingen. Sie hatten nicht die geringste Chance, ihn anzugreifen, denn die Höhle liegt so hoch in der Wand, dass ein einzelner Mann sich dort gut verteidigen kann, auch wenn er es mit einer größeren Zahl von Angreifern zu tun hat. Deswegen verfielen die Suchleute auf den Ausweg, unterhalb der Höhle zu warten, bis der Hunger Snorri zur Aufgabe zwingen würde.

Aber es ging anders, als sie gedacht hatten. Sie warteten dort viele Tage lang, aber Snorri zeigte keinerlei Anzeichen von Kapitulation. Als das eine ganze Weile so gegangen war und sie davon ausgingen, dass der Hunger Snorri jetzt so langsam in die Knie zwingen müsste, erschien der Flüchtige auf einmal in der Höhlenöffnung. Er zeigte sich aber nicht, weil er sich stellen wollte, sondern er warf eine große geräucherte Lammkeule zu den Verfolgern hinunter und wünschte ihnen guten Appetit. Das bereitete den Verfolgern großes Kopfzerbrechen, und die meisten von ihnen sagten, es sei ja wohl hoffnungslos, Snorri durch Aushungern zur Aufgabe zu zwingen, da er offensichtlich solche Vorräte hatte, dass er ihnen davon abgeben könne. Nachdem sie eine Weile beratschlagt hatten, entschieden sie sich dafür, das Vorhaben aufzugeben und nach Hause zu gehen.

Was die Leute aber nicht wussten, war, dass die Lammkeule, die Snorri zu ihnen heruntergeworfen hatte, das letzte Essbare war, was er noch besaß. Er wandte diesen Trick an, der genauso gut hätte schief gehen können, aber er zeitigte die gewünschte Wirkung. Als die Verfolger weg waren, kletterte Snorri aus seiner Höhle und konnte entkommen. Mehr weiß man nicht von ihm, aber ein so gewitzter Bursche wie er dürfte sich wohl auch weiterhin überall aus der Klemme gezogen haben. Die Höhle aber wurde nach diesem flinken und findigen Mann benannt und heißt seitdem Snorraríki (Snorris Reich).

Jetzt sind Vertiefungen für Hände und Füße in die Felswand gehauen worden, so dass die meisten es schaffen, dort hinaufzuklettern, wenn sie gute Schuhe anhaben und schwindelfrei sind. Viele haben ihre Namen, Anfangsbuchstaben, Jahreszahlen und andere Inschriften dort verewigt, und es ist interessant, sich diese Ritzungen anzusehen. Vielleicht findet man auch irgendwo in diesem Gewirr den Namen von Snorri, wenn man genau hinschaut. Falls dem so ist, sind die Buchstaben aber bestimmt sehr verwittert, denn es ist schon lange her, dass Snorri in dieser Höhle zu Gast war.

Elfen und magische Orte

Der Schärenpfarrer von Súlnasker

Die Westmännerinseln erheben sich südlich der Gemeinde Landeyjar (Landinseln) aus dem Meer. Der Archipel besteht aus 15 Inseln und etwa 30 Schären und Klippen – „wenn man Island nicht mitrechnet", fügen die Leute auf den Inseln gern augenzwinkernd hinzu. Nur die größte Insel Heimaey ist bewohnt, und so ist es seit jeher gewesen. Früher gab es auch Landwirtschaft auf den Inseln, aber davon kann heutzutage kaum noch die Rede sein; die Menschen lebten vor allem vom Fisch, den sie auf den reichen Fischbänken ringsum fingen, und von Vogeljagd und Eiersammeln in den riesigen Vogelkolonien der Steilfelsen. Heutzutage dreht sich auf den Inseln fast alles um Fischfang und Fischverarbeitung, obwohl natürlich auch einiges andere hinzukommt, denn der Ort ist gewachsen und heute leben an die 5000 Menschen auf Heimaey.

Die Inseln blicken auf eine lange und ereignisreiche Geschichte zurück. Der erste Siedler Ingólfur Arnarson verfolgte die irischen Sklaven, die seinen Bruder erschlagen hatten, bis hierher und tötete sie, und nach diesen Iren (aus norwegischer Sicht den »Männern aus dem Westen«) wurden die Inseln benannt. Im 15. und 16. Jahrhundert kamen viele Engländer und Angehörige anderer Nationen zum Fischfang und zum Handeln dorthin. Solche Seefahrer kamen nicht immer in friedlicher Absicht. Manchmal griffen Seeräuber die Inseln an, und der schlimmste Überfall dieser Art geschah 1627, als algerische Piraten über Heimaey herfielen und viele Menschen töteten, aber noch mehr nach Nordafrika in die Sklaverei verschleppten. In neuerer Zeit hat es einige Naturkatastrophen auf den Inseln gegeben, 1963 entstand die neue Insel Surtsey (Insel des Feuerriesen Surtur), und 1973 zerstörte ein Vulkanausbruch auf Heimaey große Teile des Ortes. Die

Einwohner mussten für eine Zeit aufs Festland evakuiert werden, aber sie kehrten unmittelbar nach dem Ende des Ausbruchs zurück und bauten die Stadt wieder auf.

Nicht nur die Geschichte der Inseln ist bedeutungsvoll, sondern auch der Volkssagenschatz. Hier finden wir die Sage vom Schärenpfarrer auf Súlnasker, einer kleinen Insel von 0.03 km^2 im südlichen Teil des Archipels. Von diesem Pfarrer wird erzählt:

Súlnasker (Basstölpel-Schäre) trägt ihren Namen wegen der vielen Basstölpel, die dort nisten, und sie wird manchmal „die gute Schäre" genannt. Die Insel hat diesen ehrenvollen Namen wahrlich verdient, denn dort fangen die Leute auf den Inseln jährlich 4–5000 Eissturmvögel und 4–500 Basstölpel, und dort werden die meisten Eier gesammelt. Die Insel ruht auf vier Felssäulen, die so hoch aus dem Meer aufragen, dass man bei ruhiger See mit dem Boot darunter durchfahren kann. Einmal im Jahr wird zur Insel hinausgefahren, um Vögel zu jagen, und dazu muss man schönes Wetter abwarten, denn die Brandung kann äußerst gefährlich sein. Außerdem ist es nicht einfach, Súlnasker zu erklimmen. Der Tag, an dem das stattfindet, ist so etwas wie ein Festtag für die Bewohner der Inseln. Und besonders froh ist man, wenn die Jagd gute Beute bringt und niemand dabei zu Schaden kommt.

Súlnasker fällt nach Süden hin schräg ab, und über den Grund dafür berichtet uns die folgende Sage: In den Anfängen fiel es niemanden ein, die Insel zu erklimmen, denn man hielt es für unmöglich, dass außer Vögeln jemand die Insel betreten könnte. Schließlich machten aber zwei unerschrockene Männer doch einen Versuch, der auch gelang, obwohl das Unternehmen äußerst gewagt schien. Derjenige, der als erster oben angekommen war, sagte: „Hier bin ich mit Gottes Gnade angekommen,", aber der zweite sagte: „Hier bin ich angekommen, mit oder ohne Gottes Gnade." Bei diesen Worten geschah es, dass die Insel sich auf die Seite neigte und den Gottlosen von sich abschüttelte; er stürzte in die Fluten und kam um. Ein großer Mann erschien, packte und stützte den anderen, damit er nicht ebenfalls hinunterrutschte. Seitdem fällt die Insel auf einer Seite schräg zum Meer ab. Der große Mann aber war der Schärenpfarrer, der dem Mann auch wieder hinunterhalf, und er half auch, einen Weg nach oben anzulegen. Der wurde lange Zeit benutzt, aber später wurde ein anderer Aufstieg gefunden.

Lange Zeit war man davon überzeugt, dass der Schärenpfarrer sich zeige und den Weg weise, wenn Menschen mit ihren Booten anzulegen versuchten. Ebenso bedeutete er ihnen mit Gesten, dass sie nicht anlegen sollten, wenn er schlechtes Wetter kommen sah. Wenn sie seinen Winken nicht Folge leisteten, passierte immer etwas, Boote zerschellten oder jemand verunglückte und dergleichen mehr. Manchmal bedeutete er ihnen aber auch anzulegen, obwohl starke Brandung um die Schäre toste, und in dem Fall legten sich urplötzlich Wind und Wellen. Deswegen waren die Inselbewohner dem Schärenpfarrer sehr dankbar, und bis heute ist die Sitte erhalten geblieben, dass jeder, der zum ersten Mal nach Súlnasker kommt, ein paar Münzen in einen Steintrog legt. Das ist als Geschenk für den Pfarrer gedacht, und das Geld ist immer verschwunden, wenn das nächste Mal Besucher auf die Insel kommen.

Darüber hinaus sagt man, dass der Schärenpfarrer am Altar und auf der Kanzel ein guter Prediger ist, der die reine Lehre verkündet. Sonst könnte er nicht so gut mit dem Pfarrer von Ofanleiti befreundet sein, wie es der Fall ist. Der Schärenpfarrer besucht den Pfarrer von Ofanleiti auf Heimaey einmal im Jahr. Er kommt dann am Silvesterabend in einem Steinnachen angerudert und wird vom Ofanleiti-Pfarrer mit offenen Armen begrüßt. In der guten Stube werden Kaffee, Brennivín, geräuchertes Lammfleisch und andere Leckerbissen aufgetischt. Wenn der Schärenpfarrer wieder fortgeht, begleitet ihn der andere Pfarrer zum Boot. Um Mitternacht gehen sie zu der Bucht, wo der Schärenpfarrer seinen Steinnachen losbindet, und der andere Pfarrer hilft ihm, das Boot zu Wasser zu lassen.

In den letzten Jahren hat es den Anschein, als sei der Schärenpfarrer etwas in den Hintergrund getreten. Einige meinen, dass er altersschwach geworden ist und dass ihn die Füße kaum noch tragen. Trotzdem ist nicht bekannt, dass die Stelle an einen anderen vergeben wurde oder dass der alte Pfarrer sich einen Vikar genommen hätte, und damit endet die Geschichte vom Schärenpfarrer.

Menschen und Tiere

Herjólfur und Vilborg auf den Westmännerinseln

Der Archipel der Westmännerinseln liegt vor der isländischen Südküste. Mit der Entstehung von Surtsey wurden es 15 Inseln, und hinzu kommen etwa 30 Schären. Heimaey heißt die einzig bewohnte Insel. Nördlich von Heimaey liegen Bjarnarey und Elliðaey, und im Süden sind Suðurey, Álsey, Hellisey, Súlnasker, Brandur, Geldungur und Geirfuglasker und Surtsey. Westlich von Heimaey sind die Inselchen Hani, Hæna, Hrauney und Grasleysa. Geologisch gesehen sind die Inseln sehr jung, denn sie sind alle durch Vulkanausbrüche im Laufe der letzten 10.000 Jahre entstanden. 1963 entstieg Surtsey den Tiefen des Meeres. Die meisten Inseln ragen mit senkrechten Klippen aus dem Meer empor. Viele interessante Höhlen sind dort zu finden, wie beispielsweise Klettshellir (Felsenhöhle) in Ystiklettur (Äußerster Felsen) auf Heimaey. In den Steilklippen befinden sich im Sommer riesige Brutkolonien von Seevögeln, für die die Inseln berühmt sind, denn dort nisten Papageitaucher, Lummen und Alken zu Millionen. Früher spielten Vogeljagd und Eiersammeln eine wichtige Rolle für die Bewohner der Inseln, die seit jeher für ihre Geschicklichkeit beim Abseilen bekannt sind.

Heimaey hat eine Fläche von 13.4 km². Die höchste Erhebung auf dieser Insel ist Heimaklettur mit 283 m ü.M. Zwei Vulkankegel prägen den östlichen Teil der Insel, der ältere Helgafell (Heiliger Berg), und der bei dem Ausbruch von 1973 entstandene Eldfell (Feuerberg).

Gemäß dem Landnahmebuch begann die Geschichte der Inseln damit, dass die Sklaven von Hjörleifur auf Hjörleifshöfði hierher flohen, nachdem sie ihren Herrn und andere frei geborene Männer auf Hjörleifshöði erschlagen hatten. Der erste Siedler Ingólfur Arnarson war der Ziehbruder von Hjörleifur. Er verfolgte die Sklaven auf die Inseln und rächte seinen Bruder. Ingólfur gab der Insel dann den Namen. Die Sklaven waren irischer Herkunft gewesen, und die Iren wurden aus norwegischer Sicht häufig als Westmänner bezeichnet. Danach wurden die Inseln besiedelt und lange Zeit waren sie im Besitz der Siedler. Im 12. Jahrhundert aber fielen sie an den Bischofssitz zu Skálholt. Der damalige Bischof Magnús Einarsson hatte Pläne, dort ein Kloster zu gründen. Diese Pläne aber wurden nie Wirklichkeit, denn der Bischof kam 1148 bei einem Großbrand zusammen mit 72 anderen Menschen ums Leben. Anfang des 15. Jahrhunderts fielen die Inseln in die Hände des dänischen Königs und waren bis 1874 in seinem Besitz. In dieser Zeit hatten die Einwohner sehr unter der Königsmacht zu leiden, vor allem durch die königliche Reederei und den Monopolhandel. Fischerei wurde von den Inseln aus seit alters her betrieben, denn rings um die Inseln liegen ertragreiche Fischbänke. Engländer waren häufige Gäste auf den Inseln, nachdem sie einmal angefangen hatten, in den Norden zu segeln, aber auch die Deutschen kamen dorthin, und nicht selten herrschte Unfrieden zwischen diesen Nationen, was sich nicht zuletzt auch auf die Bevölkerung auswirkte.

Die schlimmste Heimsuchung war der sogenannte Türkenraub im Jahre 1627. Es waren Piraten aus Algier, die hier auftauchten, die Leute überfielen, misshandelten und töteten; zahlreiche Menschen wurden gefangen genommen und verschleppt und in Algier auf dem Sklavenmarkt verkauft. Einige von diesen unglücklichen Menschen konnten später zurückgekauft werden; unter ihnen war Guðríður Símonardóttir, die spätere Frau des religiösen Dichters Hallgrímur Pétursson. Er studierte in Kopenhagen und sollte die Rückkehrer wieder in die Lehren des Christentums einweisen, und auf diese Weise lernte er seine Frau kennen. Nach diesem Überfall wurde auf den Inseln eine Schanze gebaut und eine kleine bewaffnete Truppe aufgestellt.

Herjólfsdalur heißt das schöne Tal im Westen des Ortes. Dort hielten die Inselbewohner 1874 ihre Nationalfeier aus Anlass der 1000-jährigen Besiedlung des Landes. Etwa ab 1900 ließ man diese Feier wieder aufleben, und seitdem gibt es jedes Jahr am ersten Wochenende in August ein mehrtägiges Fest unter freiem Himmel. Herjólfsdalur hat aber auch eine viel ältere Geschichte aufzuweisen. Es wurde nach dem ersten Siedler dort, Herjólfur Bárðarson, benannt. Im Herjólfsdalur liegt ein kleiner Teich, der Daltjörn heißt und aus der Quelle Lindin gespeist wird. Diese

Quelle war früher die beste Wasserstelle auf Heimaey, bevor das Wasser vom Festland herübergeleitet wurde. Über diese Quelle und die Bewohner des Tals gibt es folgende Sage:

In alter Zeit lebte ein Mann namens Herjólfur in dem Tal auf den Westmännerinseln, das später Herjólfsdalur genannt wurde. Er war der einzige von den Inselbewohnern, der eine gute Wasserquelle nahe bei seinem Hof hatte. Viele kamen zu ihm und baten um Wasser, aber er gönnte es niemandem, es sei denn gegen Bezahlung. Herjólfur hatte eine Tochter, die Vilborg hieß. Sie war ganz anders als ihr Vater, der als hartherzig verschrien war, weil er seinen Nachbarn das Wasser verkaufte. Nachts schlich sie sich oft heimlich zur Quelle und gab den Leuten Wasser, ohne dass der Alte davon wusste.

Einmal trug es sich zu, dass Vilborg draußen in der Nähe des Hofs war und Schuhe reparierte. Da kam ein Rabe zu ihr, nahm den einen Schuh und flog damit weg. Sie lief hinter dem Raben her, denn sie wollte den Schuh wiederhaben. Als sie ein ganzes Stück gelaufen war, fiel ein riesiger Erdrutsch und ging über den Hof von Herjólfur hinweg, und Vilborgs Vater kam dabei ums Leben. Sie hatte diesem Raben ihr Leben zu verdanken, und das hatte seine Gründe, denn sie hatte ihm häufig etwas Gutes zukommen lassen.

Nach diesem Erdrutsch wollte Vilborg dort nicht wohnen bleiben, und in der Sage heißt es, sie habe sich einen neuen Hof in Vilborgarstaðir errichtet. Sie verfügte es, dass ein kleiner Teich in der Nähe des Hofs Vilpa heißen solle; niemand solle zu Schaden kommen, wenn er das Wasser daraus tränke, auch wenn es nicht allzu einladend aussähe. Es heißt, dass Vilborg im westlichen Teil der Wiese von Vilborgarstaðir begraben ist, dort wo es heute noch Borguleiði (Grab von Borga) heißt.

Im Herjólfsdalur, und zwar im oberen Teil des Erdrutschs, der den Hof unter sich begrub, gibt es auch heute noch eine klare Quelle, die nie versiegt, selbst wenn es andernorts kein Wasser mehr gibt. Das dürfte dieselbe Quelle sein, aus der Herjólfur früher sein Wasser verkaufte, was ihn teuer zu stehen kam.

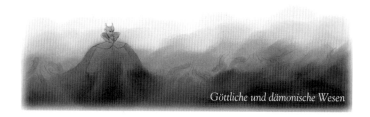

Göttliche und dämonische Wesen

Sæmundur der Weise und der Teufel

Rangárvellir (Rangá-Ebenen) heißt das flache Land zwischen den beiden Rangá-Flüssen. In dem herrlichen Bergpanorama ringsum dominieren Hekla, Tindfjöll und Eyjafjallajökull. Wir verlassen die Ringstraße, um zu dem historisch bedeutenden Hof Oddi zu fahren. Jahrhundertelang stand in Oddi die Pfarrkirche der Gemeinde. In alten Zeiten war es eins der bedeutendsten kulturellen Zentren in Island.

Sæmundur Sigfússon war Pfarrer in Oddi und legte den Grundstein zu Macht und Aufstieg der Oddi-Sippe. Er lebte von 1056 bis 1133 und war ein einflussreicher Mann. Unter seinen Söhnen waren Eyjólfur, Pfarrer und Schulmeister, und Loftur, der mit Þóra, der Tochter des norwegischen Königs Magnús Barfuß verheiratet war. Ihr Sohn Jón Loftsson war einer der mächtigsten Männer seiner Zeit und herrschte nahezu wie ein ungekrönter König. In Oddi wurde sehr früh eine gelehrte Schule gegründet, auf der junge Männer zu Theologen ausgebildet wurden. Einer der berühmtesten Schüler in Oddi war Þorlákur Þórhallsson, später Bischof in Skálholt. Er wurde nach seinem Tode als Heiliger verehrt. Ein anderer und vielleicht noch berühmterer Schüler von Oddi war Snorri Sturluson, der im Kindesalter als Ziehsohn zu Jón Loftsson kam. Snorri war nicht nur ein reicher und mächtiger Mann, sondern auch einer der größten Schriftsteller, die Island hervorgebracht hat.

Im 13. Jahrhundert verringerte sich die Macht der Oddi-Sippe aus verschiedenen Gründen und ging schließlich ihrem Ende zu, nachdem der norwegische König die Herrschaft über Island bekam.

Viele bedeutende Pfarrer haben im Laufe der Zeit in Oddi amtiert, von denen einige sogar Bischöfe wurden. In neuerer Zeit ist der Dichter

Süd-island

RANGÁRVELLIR

und Verfasser der Nationalhymne Matthías Jochumsson zu nennen, der von 1881–1887 in Oddi tätig war. Aber der bekannteste Pfarrer aller Zeiten ist wahrscheinlich Sæmundur Sigfússon, der den Beinamen der Weise erhielt, und um ihn ranken sich viele Volkssagen. Er ging früh zum Studium ins Ausland und es heißt von ihm, dass er als erster Mann aus dem Norden an der Sorbonne, der »Schwarzen Schule« in Paris, studierte. Später spielte er eine wichtige Rolle in der isländischen Geschichte, denn zu seinen Lebzeiten wurde nichts beschlossen, ohne dass er zu Rate gezogen wurde. Außerdem wird angenommen, dass Sæmundur als einer der ersten hierzulande schriftstellerisch tätig wurde. Er verfasste u.a. ein Geschichtswerk über die Könige in den nordischen Ländern auf Latein. Keines seiner Werke ist uns jedoch erhalten geblieben, aber spätere Autoren zitieren seine Werke häufig, so dass sie lange im Umlauf gewesen sein müssen. Über Sæmundur gibt es viele alte Überlieferungen:

In der Schwarzen Schule in Paris war niemand anderes Rektor als der Teufel persönlich, und dort lernten die Studenten schwarze Magie und andere alte Künste. Bei der Schulentlassung war es Sitte, dass der Teufel sich denjenigen holte und bei sich behielt, der die Schule als letzter verließ. Als die Reihe an Sæmundur und seine Mitstudenten kam, erbot er sich, als letzter die Schule zu verlassen, und seine Kommilitonen waren äußerst froh darüber. Er warf sich einen weiten Mantel über, ließ die Ärmel lose hängen und knöpfte keinen einzigen Knopf zu. An der Tür sprach der Teufel: „Du gehörst mir", und wollte Sæmundur packen, aber er bekam nur den lose hängenden Mantel zu fassen, und Sæmundur entwischte.

Nach dem Aufenthalt in der Schwarzen Schule hatte Sæmundur so hervorragende Kenntnisse erworben, dass er den Teufel für alles Mögliche einspannen konnte. Und meistens konnte er ihn so prellen, dass der Teufel gewaltig das Nachsehen hatte.

Sæmundur wollte gern die Pfarrstelle in Oddi bekommen, die frei geworden war. Viele hatten sich um die Stelle beworben. Sæmundur war zu der Zeit noch im Ausland, und es war überaus wichtig für ihn, so schnell wie möglich nach Oddi zu gelangen. Er rief also den Teufel herbei und verlangte: „Schwimm mit mir nach Island, und wenn du es schaffst, mich dort an Land zu setzen, ohne dass meine Rockschöße von Meerwasser benetzt werden, dann gehöre ich dir." Der Teufel ging auf diese Abmachung ein, verwandelte sich in einen Seehund und schwamm mit Sæmundur auf dem Rücken nach Island. Unterwegs vertiefte sich Sæmundur in den Psalter. Nach gar nicht langer Zeit lag Island vor ihnen. Da schlug Sæmundur dem Seehund mit dem Psalter so heftig über den Kopf, dass der untertauchte und Sæmundur ins Wasser fiel. Er schwamm an Land und war klatschnass. Auf diese Weise kam der Teufel um seinen Lohn, Sæmundur jedoch erhielt die Pfarrstelle in Oddi.

Einmal fragte Sæmundur den Teufel, wie klein er sich machen könne. Der Teufel behauptete, er könne sich so klein wie eine Fliege machen. Da bohrte Sæmundur ein Loch in einen Balken und sagte dem Teufel, er solle sich da hineinbegeben. Der Teufel tat das auf der Stelle, und Sæmundur verstopfte das Loch mit einem Korken, und wie sehr der Teufel auch schrie und zeterte und um Gnade bat, Sæmundur entfernte den Korken erst wieder, als der Teufel versprochen hatte, ihm zu dienen und stets das zu tun, was Sæmundur wollte. Das war der Grund dafür, dass Sæmundur immer über den Teufel verfügen konnte.

Eines Sommers fehlte Sæmundur ein Mann für den Kuhstall, und er übertrug dem Teufel diese Arbeit. Das ging so den ganzen Winter hindurch, und der Teufel verrichtete seine Arbeit tadellos. Aber als Sæmundur am Ostersonntag die Messe las, ging der Teufel hin und trug den ganzen Mist aus dem Kuhstall vor das Kirchentor, damit der Pfarrer nach beendeter Messe nicht mehr zur Tür herauskonnte. Da ruft Sæmundur den Teufel herbei und befiehlt ihm, den ganzen Mist wegzuschaffen. Er setzte ihm so zu, dass er ihn zum Schluss auch noch die kleinsten Reste mit der Zunge auflecken ließ. So heftig leckte der Teufel, dass die Steinplatte vor der Kirche eine Vertiefung bekam. Diese Platte befindet sich immer noch in Oddi, und obwohl nur noch ein Viertel davon erhalten ist, sieht man doch deutlich, wo der Teufel geleckt hat.

Der Teufel ärgerte sich oft schwarz über Sæmundur den Weisen, denn es wurmte ihn, dass er immer den kürzeren zog. Deswegen sann er mit allen Mitteln auf Rache. Einmal verwandelte er sich in eine Fliege und versteckte sich unter dem Rahm auf der Milch im Essnapf des Pfarrers. Auf diese Weise wollte er in Sæmundurs Innere eindringen und ihn töten. Aber Sæmundur sah die Fliege, wickelte sie in den Rahm und schnürte das Ganze in eine Fruchtblase. Dieses Bündel legte er auf den Altar in der Kirche. Dort musste die Fliege ausharren, solange Sæmundur seine Amtsgeschäfte verrichtete. Als die Messe zu Ende war, schnürte Sæmundur das Bündel auf und ließ den Teufel frei. Es heißt, dass der Teufel niemals in eine grässlichere Situation geraten ist, als während Sæmundurs Gottesdienst auf dem Altar liegen zu müssen.

Trolle und Unholde

Gissur in Botnar und die Trollfrau

Wer durch das Südland reist, kann nicht umhin, Hekla zu bewundern, den berühmtesten isländischen Vulkan. Der Berg gibt dem flachen Tiefland ein besonderes Gepräge. Man schätzt das Alter von Hekla auf etwa 7000 Jahre. Damals gab es einen Spaltenausbruch an dieser Stelle, und nach und nach schichtete sich in mindestens 100 Eruptionen über dieser Spalte ein langgestreckter Berg auf. In historischer Zeit hat es bis ins 20. Jahrhundert hinein im Durchschnitt zwei Ausbrüche in jedem Jahrhundert gegeben. Seitdem ist Hekla aber besonders aktiv und brach 1947, 1970, 1980, 1981, 1991 und 2000 aus. In früheren Zeiten glaubte man, dass ein Hekla-Ausbruch große Ereignisse wie Krieg oder den Tod eines Königs ankündigte. Heutzutage gibt man zwar nicht mehr viel auf solchen Aberglauben, aber die Eruption von 1991 begann am 17. Januar; am gleichen Tag brach der Golfkrieg aus und König Olav V. von Norwegen starb.

Der am weitesten landeinwärts gelegene Bauernhof heißt Næfurholt und befindet sich in unmittelbarer Nähe des Vulkans. Nicht weit davon erhebt sich ein stattlicher Berg, der Bjólfell heißt. Von Næfurholt aus geht eine tiefe Schlucht bis weit ins unbewohnte Hochland, sie heißt Tröllkonugil (Trollfrauschlucht). Westlich von Islands längstem Gletscherfluss Þjórsá (Stierfluss) liegt der auffällig geformte Berg Búrfell.

Die Straße, der wir folgen, zweigt von der Ringstraße einige Kilometer westlich von Hella nach Norden ab und führt uns durch fruchtbare Landgemeinden. Von dort aus gelangen wir ins unbewohnte Hochland, vorbei an Hrauneyjar, Sigalda, Þórisvatn, Nýidalur und schließlich über die Sprengisandur-Route quer durch diese einmalige Sand- und

Schotterwüste nach Norden. So weit fahren wir aber diesmal nicht. Hekla rückt immer näher, wenn wir von der Ringstraße abgebogen sind. Bald lassen wir die letzten Höfe hinter uns und befinden uns in den Aschen- und Bimssteinwüsten, die auf Heklas Konto gehen. Hier spielt sich eine Sage ab, die von Gissur, dem Bauern in Botnar handelt, den in alten Zeiten eine Trollfrau entführen, kochen und essen wollte:

Einstmals lebten zwei Trollfrauen in dieser Gegend, die eine in Búrfell, die andere in Bjólfell. Sie waren Schwestern und Freundinnen. Die Trollfrau in Búrfell kam oft zu Besuch bei ihrer Schwester in Bjólfell, und dazu musste sie sowohl die Þjórsá als auch die Rangá überqueren. Die andere hat vermutlich ihrer Schwester ebenfalls Besuche abgestattet. Búrfell ist ein ziemlich steiler Berg mit senkrechten Felswänden zu fast allen Seiten. An der Ostflanke des Bergs sind zwei Felsen zu beiden Seiten der Þjórsá, und im Fluss stehen ebenfalls zwei Felsen, die etwa so hoch sind wie die an den Ufern. Der Fluss fließt dort in reißenden Stromschnellen. Man sagt, dass die Trollfrau in Búrfell diese Felsen in den Fluss geworfen hat, um sich nicht die Füße nass zu machen, wenn sie ihre Schwester in Bjólfell besuchte. Sie soll in drei Sprüngen über den Fluss gesetzt sein, und der Ort heißt auch heute noch Tröllkonuhlaup (Trollfrausprung).

Ein Hof steht in dieser Gegend, der Botnar heißt, mit vollem Namen Lækjarbotnar (Bachgründe). Als diese Geschichte sich ereignete, wohnte dort ein Bauer namens Gissur. Einmal war er ins Hochland gezogen, um Forellen zu fischen, und er hatte ein Pferd dabei. Als er sieht, dass er schon soviel gefischt hat, dass das Pferd voll beladen ist, macht er sich auf den Heimweg. Von diesem Ritt wird erst berichtet, als er in die Nähe von Tröllkonuhlaup kommt. Dort hört er, wie eine schauerliche Stimme vom Búrfell ruft:

„Schwester, leih mir einen Topf."

„Was willst du damit?" wurde aus dem Bjólfell zurückgefragt.

„Einen Mann in ihm kochen", erdröhnte es von Búrfell.

„Wie heißt denn der Mann?" wurde von Bjólfell gefragt.

„Gissur in Botnar, Gissur in Lækjarbotnar", war die Antwort von Búrfell.

In dem Augenblick schaut Gissur zum Búrfell hoch und sieht, wie die Trollfrau den Hang herunterstürmt und direkt auf den Trollfrausprung zuhält. Da wird ihm klar, dass sie es ernst meint mit ihrem Geschwätz und dass er sich schleunigst aus dem Staub machen muss, um sein Leben zu retten. Er lässt die Zügel des Packpferds los und gibt seinem Pferd die Peitsche, und das war eine überaus leichtfüßige Kreatur. Er reitet so schnell er kann und blickt nicht zurück, aber am Keuchen der Trollfrau glaubt er zu hören, dass der Abstand zwischen ihnen geringer wird.

Gissur reitet jetzt geraden Wegs durch besiedeltes Land, und die Trollfrau ist ihm dicht auf den Fersen. Zu seinem großen Glück beobachten die Leute auf dem Hof Klofi die Verfolgungsjagd. Sie reagieren schnell und läuten sämtliche Glocken in Klofi, und Gissur kann sich in die Einfriedung der Heuwiese retten.

Als die Trollfrau sah, dass Gissur ihr durch die Lappen gegangen war, schleuderte sie ihre Axt hinter ihm her; sie traf sein Pferd, das tot unter ihm zusammenbrach, denn die Axt war bis ihm zum Schaft in die Lende gedrungen. Gissur dankte Gott in schönen Worten für die Errettung aus dieser Gefahr.

Die Trollfrau aber geriet durch das Läuten der Glocken in Raserei und rannte davon, als habe sie den Verstand verloren. Das wurde von vielen Höfen in der Gegend beobachtet. Sie lief viel weiter als bis zu ihrem Unterschlupf, schräg nach Osten und zum Tröllkonugil (Trollfrauschlucht) hinauf. Da zerplatzte sie nach dieser gewaltigen Anstrengung und wurde einige Tage später aufgefunden; von diesem Ereignis erhielt die Trollfrauschlucht ihren Namen. Niemals wurde man dessen gewahr, dass ihre Schwester im Bjólfell den Leuten in der Gegend Böses antat, und sie machte auch nicht viel von sich reden, denn die Leute wissen nichts darüber, wie es nach diesen Ereignissen mit ihr weiterging. Einige glauben, dass sie sich einen neuen Wohnsitz in Tröllkonugil gesucht hat, weil sie nicht zu nahe bei den Menschen wohnen wollte.

Menschen und Tiere

Das gute Tal im Torfajökull

Das Geothermalgebiet von Landmannalaugar liegt in einem Tal und ist von imposanten Bergen eingerahmt. Diese spektakuläre Gegend lockt von Jahr zu Jahr mehr Besucher an. Berghütten und andere Annehmlichkeiten sorgen für die Bequemlichkeit der Gäste. Der Ort liegt zu Füßen eines schwarzen bizarren Lavastroms aus Obsidian. Das einmalige Panorama der Liparitberge schillert in allen erdenklichen Farben. In diesem Tal gibt es zahlreiche heiße und kalte Quellen, die sich an einer Stelle zu einem ideal temperierten Fluss mischen, der zum Baden einlädt. Das Tal zieht sich im Südosten in die Schlucht Jökulgil hinein, die bis an Torfajökull heranreicht. Die Menschen früherer Zeiten glaubten, dass sich hier die Geächteten aufhielten, vor denen man sich sehr fürchtete; ihnen wurde die Schuld in die Schuhe geschoben, wenn beim herbstlichen Abtrieb Schafe fehlten. 1852 erkundeten die Bauern aus der Landsveit diese Schlucht, Geächtete fanden sie keine, aber sie fanden um so mehr Schafe, je ausgiebiger und sorgfältiger gesucht wurde.

Nichtsdestotrotz berichten alte Volkssagen davon, dass dort früher Menschen gelebt haben. Das war, als Torfi Jónsson, Bezirksamtmann in Klofi, sich in den Bergen ansiedelte, um der Pest zu entgehen, die 1494–1495 mit verheerenden Folgen in Island wütete. Die Seuche soll mit einem englischen Handelsschiff in Hafnarfjörður eingeschleppt worden sein. Ihr folgte ein blauer Dunst, der sich über das ganze Land legte. Wenn die Leute sich infiziert hatten, war die Pest so virulent, dass Frauen zum Melken in den Kuhstall gingen und mit dem Eimer unter der Kuh tot aufgefunden wurden, oder über den Trögen in der Vorratskammer. Viele Höfe verödeten ganz, und vielerorts überlebten nur drei oder vier Menschen auf einem Hof. Häufig fanden jeden Tag drei bis vier Beerdigungen statt, und obwohl sechs oder sieben den Toten das letzte Geleit gaben, kehrten abends nur drei oder vier nach Hause zurück. Die anderen starben unterwegs oder wurden in Gräbern beerdigt, die sie selber ausgehoben hatten. Torfi Jónsson wusste Rat, wie er sich und die Seinen vor dieser schrecklichen Plage in Sicherheit bringen konnte:

Als Amtmann Torfi Jónsson erfuhr, dass die verheerende Seuche sich schon nach Osten über die Hellisheiði (Höhlenheide) ausgebreitet hatte, packte er seinen Hausrat zusammen und zog mit allem, was er mitnehmen konnte, in die Berge. Im südlichen Teil der Hochweide liegt ein Gletscher ziemlich abseits der bewohnten Gebiete. Dorthin zog Torfi mit Sack und Pack und seinem ganzen Gefolge. Er ging am nördlichen Rand des Gletschers in Richtung Osten, bis er zu einem kleinen Fluss kam, der durch fruchtbare Auen und saftige Wiesen floss. Torfi folgte seinem Lauf bis in die Schlucht, die heute Jökulgil (Gletscherschlucht) heißt. Dort gab es kaum noch Vegetation, und bald wurde das Land ganz und gar steinig. Torfis Knechte redeten untereinander, ob es nicht am besten wäre, auf den Auen am Fluss zu bleiben. Sie fanden, dass es dort noch ganz gute Möglichkeiten für Landwirtschaft gäbe, und Torfi würde wohl kaum etwas besseres finden, wenn er weiter in diese dunkle Schlucht zöge, wo sich die schwarzen Felsen schon bald über ihren Köpfen zusammenzuschließen schienen. Als Torfi das zu Ohren kam, befahl er seinen Knechten, ihm allein die Entscheidung zu überlassen, denn er habe schon früher für ihr Wohlergehen gesorgt, ohne dass es Grund zu Klagen gegeben hätte.

Also ging es weiter die Schlucht hinein, und nach einer Weile sahen sie auf einmal, wie es im Süden sehr viel heller wurde. Da öffnete sich die Schlucht wieder, und vor ihnen lag ein weites Tal, und ein schönes noch dazu, das sich zu Füßen des Gletschers von Ost nach West erstreckte. Es gab nur diesen einzigen Zugang, durch den sie von Norden gekommen waren, ansonsten war das Tal von hohen Bergen umschlossen. Blickte man nach oben, sah man nichts als die Berggrate, den blauen Himmel und den Gletscher, aber an den Berghängen wuchs Wald bis hinunter in die Talebenen, und es gab herrliche, grasbewachsene Wiesen. „Hier wollen wir uns für eine Weile niederlassen", sagte Torfi. „Wenn der blaue Dunst uns hier in diesem Tal Schaden zufügen kann, dann ist er wirklich gemeingefährlich." Daraufhin ließ Torfi Häuser errichten, und bald stand dort ein stattlicher Hof, denn er hatte viele Menschen in seinen Diensten.

Während des Sommers ließ Torfi sein Gesinde das Tal bestellen, und seine Wirtschaft blühte, weil das Land äußerst fruchtbar war. Torfi gestattete seinen Leuten keinen Kontakt zu den bewohnten Gebieten von Landsveit und Rangárvellir, aber zweimal im Monat ließ er zwei Männer, denen er am meisten vertraute, auf die höchsten Berggipfel steigen, von wo aus sie zu den menschlichen Siedlungen hinunterblicken konnten, um nach dem blauen Dunst, der der Pest folgte, Ausschau zu halten. Über lange Zeit kamen sie aber jedes Mal mit den schlimmen Nachrichten zurück, dass der Dunst immer noch über den bewohnten Gebieten lagerte und bis an die Berge heraufreichte. Auch konnten sie nirgends sehen, dass Menschen unterwegs waren. Eines Tages kehrten sie jedoch endlich mit der Nachricht zurück, dass der Dunst verschwunden war. Trotzdem blieb Torfi noch eine Weile in dem Tal, bis es ihm gesichert erschien, dass die Seuche wirklich abgeklungen war. Dann brach er auf, zog wieder in die bewohnten Gebiete zurück und errichtete einen neuen Hof in Klofi. Weder er noch irgendeiner seiner Leute waren durch die Seuche zu Schaden gekommen.

Es wird nicht erwähnt, wie lange sich Torfi dort oben in der Nähe des Gletschers aufgehalten hat, der später nach ihm benannt wurde und Torfajökull heißt. Als er sich wieder auf den Weg in bewohntes Land machte, wollten einige aus seinem Gesinde nicht aus dem Tal fortziehen. Er gestattete ihnen, dort zu bleiben und schenkte ihnen die Hofgebäude. Seitdem waren die Menschen bis vor nicht allzu langer Zeit davon überzeugt, dass dort in unmittelbarer Nähe des Gletschers Geächtete lebten, und Reisende, die auf Fjallabaksleið (Strecke hinter den Bergen) unterwegs in die Skaftafell-Bezirke waren, glaubten, Rauch wahrzunehmen, der vom Gletscher kam, so als würde dort Holz verbrannt. Man war auch der Meinung, dass das der Grund dafür war, wenn beim Schafsabtrieb viel zu wenig Schafe zurückkamen wie es oft im Herbst der Fall war. Aber vor einigen Jahren stellte es sich heraus, dass dieser Schwund von etwas anderem verursacht wurde als von Geächteten. Die Leute aus Landsveit erkundeten die Schlucht Jökulgil. Sie kamen bis dorthin, wo das gute Tal gewesen war, und sie sahen, dass es jetzt mit Eis und Schnee angefüllt war und keineswegs so saftig und grün wie zu Zeiten von Torfi in Klofi.

Trolle und Unholde

Jóra in der Jóra-Klamm

Von dem kleinen Ort Hveragerði (Garten der heißen Quellen) aus, der sozusagen von seinen zahlreichen Gewächshäusern lebt, halten wir auf das Bergmassiv Ingólfsfjall zu, benannt nach dem ersten Siedler Ingólfur Arnarson, der einer Sage zufolge oben auf dem Berg begraben sein soll. In der Ferne erblicken wir die Gipfel von Hekla, Tindafjöll und Eyjafjallajökull, und direkt vor uns liegt Selfoss, Verkehrsknotenpunkt und Dienstleistungszentrum für die Landwirtschaftsgebiete ringsum. Der Ort ist jung und verdankt sein Entstehen der Brücke, die am 8. September 1891 eingeweiht wurde. Dieses Bauwerk war im wahrsten Sinne des Wortes ein Brückenschlag, denn mit seiner Vollendung hielt sozusagen die Neuzeit ihren Einzug in Island.

Jahrhundertelang war Eyrarbakki an der Küste der wichtigste Handelsort der Region gewesen, doch das kleine Dorf wurde von Selfoss abgelöst, nachdem der Ort in den zwanziger Jahren die Handelsrechte erhalten hatte. 1929 wurde die Molkerei in Selfoss in Betrieb genommen, und 1930 wurde hier die Genossenschaft des Árnes-Bezirks gegründet. Beide Unternehmen gehören auch heute noch zu den größten Betrieben in Selfoss. 1930 hatte der Ort 68 Einwohner, doch heute sind es über 6000. Selfoss ist auch das kulturelle Zentrum des südwestlichen Tieflands, hier gibt es u.a. das Bezirkskrankenhaus, ein Museum, ein Schwimmbad, Grundschulen und eine weiterführende Schule.

Die alte Brücke über die Ölfusá, die 1891 in Betrieb genommen wurde, war für Fußgänger und Pferde gebaut worden, denn Autos gab es damals noch nicht. Als um 1920 der Autoverkehr zunahm, hat die Brücke auch das noch eine ganze Weile ausgehalten. In einer finsteren Herbstnacht des Jahres 1944 aber gab die Hängebrücke unter dem

Gewicht zweier Lastwagen nach, und es war eigentlich ein Wunder, dass die Fahrer der beiden Wagen mit dem Leben davon kamen. Schon bald wurde mit dem Bau einer neuen Brücke begonnen, die am 21. Dezember 1945 eingeweiht wurde. Dieses Bauwerk hat bis heute seine Dienste getan und mehrere Erdbeben mit stärken über 6 auf der Richterskala heil überstanden.

Etwas oberhalb der Brücke sieht man zwei einzelne Felsklötze im Fluss. Diese Felsen heißen Jóruhlaup (Jóras Sprung) und sind benannt nach einer gewissen Jórunn, der Tochter eines reichen Bauern in der Gegend, die vor langer Zeit lebte. Dieses Mädchen wurde, nachdem sie sich in einen Troll verwandelte und in die Berge ging, immer Jóra genannt. Die Sage von der unglücklichen Jóra lautet folgendermaßen:

Einmal lebte ein Mädchen namens Jórunn auf einem der Höfe in der Sandvík-Gemeinde. Sie war jung und ansehnlich, aber unbeherrscht und jähzornig. Einmal wurde ein Pferdekampf in der Gegend ausgetragen. Das eine Tier gehörte ihrem Vater. Jórunn war bei dem Kampf dabei und sah, wie das Pferd ihres Vaters ins Hintertreffen geriet und zu unterliegen drohte. Vor wildem Zorn verlor sie ganz und gar die Beherrschung, stürmte zu dem gegnerischen Pferd hin und riss ihm ein Hinterbein aus. Dann raste sie davon in Richtung Ölfusá, dort wo der Laxfoss oder Selfoss ist. Sie klaubte gewaltige Steinblöcke vom felsigen Ufer los und warf sie in den Fluss. Dann setzte sie in großen Sprüngen über diese Steine, überquerte den Fluss, und sprach dabei:

Passend sind die Jungfernschritte,
Zeit, dass man zur Hochzeit bitte.

Dort heißt es seitdem Jóruhlaup (Jóras Sprung). Danach eilte sie östlich des Ingólfsfjall entlang und hinauf in die Berge von Grafningur, bis sie zu einer Felsenschlucht in der Nähe von Nesjar kam. Sie stieg hinauf und erklomm den Berg Hengill. Dort richtete sie sich in einer Höhle ein, die seitdem Jóruhellir (Jórahöhle) heißt; sie wurde zu einem Troll der schlimmsten Sorte und war eine tödliche Gefahr für Mensch und Tier. Sie hatte die Angewohnheit, auf einen Gipfel im Hengill-Massiv zu steigen, wo sie lange saß. Der Ort heißt Jórusöðull (Jóras Sattel). Von oben hielt sie Ausschau nach Menschen, die unterwegs waren, und dann lauerte sie ihnen in einer Schlucht auf, die Jórukleif (Jóraklamm) heißt. Als nichts mehr von der Pferdekeule übrig war, raubte sie Menschen und tötete sie, um sie zu fressen. Bald wurde sie so bösartig und grausam, dass die menschlichen Ansiedlungen in der Nähe aufgegeben werden mussten. Sie war eine richtige Landplage, und eine Schar tapferer Männer machte sich auf, um sie zu töten, aber sie konnten nichts gegen sie ausrichten.

Die Lage war äußerst bedrohlich, und kein Rat schien zu taugen, um Jóra unschädlich zu machen oder sie zu vertreiben. Da aber erschien ein junger Mann auf dem Plan, der hier Abhilfe schaffen wollte. Er reiste viel, und eines Winters hielt er sich beim norwegischen König auf. Er berichtete ihm von dieser Unholdin, die sich im Hengill-Gebiet eingenistet hatte, und bat den König um einen guten Rat, wie man dem Trollweib beikommen könnte. Der König erklärte sich gern dazu bereit. Er riet dem jungen Mann, an einem Pfingstsonntagmorgen bei Sonnenaufgang zu Jóra zu gehen: „Es gibt nämlich keinen noch so schlimmen Unhold und keinen noch so grässlichen Troll, der dann nicht schläft. Du wirst Jóra schlafend antreffen, und sie liegt auf dem Bauch. Hier ist eine Axt, die ich dir schenken will", sagte der König und reichte ihm gleichzeitig eine silberbeschlagene Axt. „Die haust du ihr zwischen die Schultern. Jóra wird von dem Schmerz erwachen, sich umdrehen und sagen: »Hände am Schaft fest«. Dann musst du sagen: »Dann los mit der Axt«. Beides wird in Erfüllung gehen, und Jóra wird sich in den See stürzen, der dort ganz in der Nähe ist. Das Axtblatt wird später an der Mündung eines Flusses antreiben, der nach dieser Axt heißen wird. Den Ort werden sich die Isländer später als Thingplatz wählen."

So sprach der König, aber der Mann dankte ihm für die Ratschläge und das Geschenk. Dann fuhr er zurück nach Island, befolgte alles, was der König ihm geraten hatte, und es gelang ihm, Jóra den Garaus zu machen. Alles was der König vorhergesagt hatte, traf ein, und das Axtblatt trieb an dem Fluss an, der dann Öxará (Axtfluss) genannt wurde, und dort gründeten die Isländer ihr Allthing auf den Thingebenen.

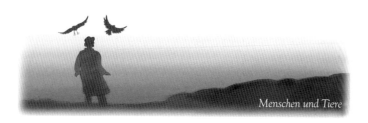

Menschen und Tiere

Der Tanz in Hruni

Zwischen den großen Gletscherflüssen Þjórsá und Hvítá liegen zwei Gemeinden des Árnes-Bezirks, die gemeinsam als Hreppar bezeichnet werden. Die Grenze bildet Stóra-Laxá (Großer Lachsfluss). Viele Menschen besuchen diese wunderschöne Gegend mit ihren zahlreichen Attraktionen. Der goldene Wasserfall Gullfoss liegt ganz in der Nähe und ebenso das Geothermalgebiet um den großen alten Geysir. Von dort kommend, überquert man die Hvítá (Weißfluss) auf einer Brücke, die an einer Stelle errichtet wurde, wo der reißende Gletscherfluss durch eine enge, imposante Schlucht fließt.

Kommt man von Süden, gelangt man zunächst in das hübsche Örtchen Flúðir, wo sich neben ausgedehnten Treibhauskulturen in letzter Zeit auch ein Fremdenverkehrszentrum entwickelt hat. Dort finden sich Bank und Post, ein Geschäft, ein Schwimmbad, ein Gemeindesaal, ein Hotel und ein Zeltplatz. Von Flúðir aus ist es nicht weit zum Pfarrhof Hruni, wo früher wie heute die Gemeindekirche steht.

Im Laufe der Jahrhunderte waren viele bedeutende Pfarrer in Hruni tätig. Einer von ihnen war Jón Héðinsson, Verwalter in Skálholt, der eine Truppe aufstellte und den königlichen Statthalter Didrik von Minden erschlagen ließ, als er und andere Anhänger der Reformation den altersschwachen und fast blinden katholischen Bischof Ögmundur Pálsson bedrängten. Im 17. Jahrhundert amtierte dort Halldór Daðason, der mit Bischof Brynjólfur Sveinsson befreundet war. Der Bischof schätzte Daði, den Sohn von Halldór sehr, er ließ ihn ausbilden und hatte Großes mit ihm vor. Daði aber lohnte ihm diese Auszeichnungen schlecht, denn er verführte Ragnheiður, die Tochter des Bischofs. Als das Gerücht dem Vater zu Ohren kam, ließ er seine Tochter in aller

Öffentlichkeit einen Eid schwören, dass sie noch unberührte Jungfrau sei. Genau 40 Wochen später aber kam sie mit einem Sohn nieder. Mit harter Hand strafte der Vater sowohl den Verführer als auch seine Tochter, und das unerwünschte Kind gab er in Pflege. Seine Tochter starb ein Jahr nach diesen Ereignissen, und als dann noch der einzige Sohn des Bischofs während seines Studiums in England ums Leben kam, nahm er den Enkel wieder zu sich. Doch auch er starb im Alter von nur 12 Jahren, und in hohem Alter, als er ganz allein zurückgeblieben war, mag diesen äußerst gelehrten Bischof seine Härte vielleicht gereut haben. Diese dramatischen Ereignisse sind in Island vielfach literarisch verarbeitet worden.

Es gibt eine Sage von einem nicht namentlich genannten Pfarrer in Hruni, der mit seinen Schäfchen in der Kirche tanzte, und das noch dazu in der hochheiligen Weihnachtsnacht. In alten Zeiten stand die Kirche in Hruni auf einem Felsenhügel oberhalb des Hofs, der Hruni heißt und dem Hof sowie der ganzen Landgemeinde Hrunamannahreppur den Namen gegeben hat. Die Sage berichtet davon, wie es dazu kam, dass die Kirche heute nicht mehr auf dem Hügel steht:

Süd-island

FLÚÐIR

Einmal war ein Pfarrer in Hruni, der sehr dem Vergnügen und der Unterhaltung zugetan war. Sogar wenn die Leute zur Christmette kamen, hielt er für gewöhnlich keinen Gottesdienst in der Nacht ab, wie es üblich war, sondern feierte und tanzte stattdessen mit ihnen. Sie tranken, spielten und trieben andere verwerfliche Dinge bis tief in die Nacht hinein. Die Mutter des Pfarrers hieß Una und lebte bei ihm. Sie missbilligte das Treiben ihres Sohnes sehr und machte ihm oft deswegen Vorhaltungen. Aber er scherte sich nicht darum und behielt seine Gewohnheiten viele Jahre bei.

In einer Weihnachtsnacht wurde noch länger als gewöhnlich in der Kirche getanzt. Da ging seine Mutter, die das zweite Gesicht hatte, zur Kirche und bat ihren Sohn, damit aufzuhören und stattdessen mit der Christmette zu beginnen. Er erklärte, dass dazu noch genügend Zeit sei, und sprach: „Noch eine Runde, liebe Mutter, noch eine Runde", und der wilde Tanz ging weiter. Una verließ die Kirche und ging hinunter zum Hof. Aber sie fand keine

Ruhe, ging noch einmal und ein drittes Mal hin, um ihren Sohn dazu zu bewegen, Gott zu ehren und dieses Spiel zu enden, bevor es zu spät sei. Er antwortete aber wie zuvor: „Noch eine Runde, liebe Mutter, noch eine Runde", und der wilde Tanz ging weiter. Als Una aus der Kirche geht, hört sie, wie eine Strophe gesprochen wird, die sie auswendig lernte:

Schnell hin zu Hrunis Senken
Scharen die Schritte lenken,
im Tanz die Leute sich schwenken,
sie sollen noch lange dran denken.
Doch da ist noch Una,
doch da ist noch Una.

Als Una die Kirche verlässt, sieht sie einen Mann vor der Tür stehen. Es ist ein Fremder, der ihr ganz und gar nicht gefällt. Sie glaubt zu wissen, dass er es war, der die Strophe gesprochen hatte. Sie war darüber äußerst besorgt und glaubte, nun sei alles zu spät, denn es war wohl der Leibhaftige gewesen, den sie gesehen hatte.

Sie nimmt das Pferd ihres Sohnes und reitet in aller Eile zum Nachbarpfarrer. Sie erzählt ihm die ganze Geschichte und bittet ihn, mitzukommen und die drohende Gefahr von ihrem Sohn abzuwenden, falls es irgend möglich sei. Der Pfarrer macht sich sogleich auf den Weg und nimmt viele Männer aus seiner Gemeinde mit, und sie reiten mit Una nach Hruni. Aber die Hilfe kam zu spät. Als sie in Hruni ankamen, waren Kirche, Pfarrer und alle anderen Menschen bereits in der Erde versunken, und von tief unten hörte man nur Geheul und Gewinsel.

Danach wurde die neue Kirche unten beim Hof errichtet, wo bis heute ihr Platz ist. Aber oben auf dem Felsenhügel kann man noch erkennen, dass da einmal ein Haus gestanden hat. Es heißt, dass seit diesen schrecklichen Ereignissen nie wieder in der Weihnachtsnacht in der Kirche zu Hruni getanzt worden ist.

Trolle und Unholde

Der Riese Bergþór in Bláfell

Das Geothermalgebiet um den großen Geysir gehört zu den meistbesuchten Attraktionen in Island, und es ist leicht zu erreichen. Kurz vor Selfoss biegt man von der Ringstraße ab und fährt in nördlicher Richtung durch die fruchtbare Region des südwestlichen Tieflands. Das Geysir-Gebiet liegt an der Grenze zwischen bewohnbarem Gebiet und Hochland. Früher schoss der Geysir, nach dem alle anderen Springquellen der Welt ihren Namen erhalten haben, seine Dampf- und Wassersäule 50–60 m hoch in die Luft; dann war er eine ganze Weile untätig, aber nach den Erdbeben im Juni 2000 erwachte er wieder etwas zum Leben. Ganz in der Nähe ist die Springquelle Strokkur (Butterfass), die alle 5–6 Minuten 20–30 m in die Höhe schießt. In diesem Geothermalgebiet gibt es aber noch viele andere interessante Quellen wie Blesi, Smiður und Litli Geysir.

Haukadalur war in alten Zeiten ein wichtiger Sitz der Gelehrsamkeit, der von Teitur, dem Sohn des ersten isländischen Bischofs gegründet wurde. Viele berühmte Isländer sind dort zur Schule gegangen.

In den letzten Jahrhunderten nahm die Bodenerosion im Haukadalur verheerende Ausmaße an, und der Hof musste aufgegeben werden. Der Däne Kristian Kirk kaufte 1938 den verlassenen Hof und begann mit Schutzmaßnahmen zur Regenerierung des Landes. Er starb 1940, hatte aber zuvor dem isländischen Aufforstungsverein das Land vermacht. Man begann, in großem Stil Bäume anzupflanzen, und heute ist Haukadalur ein eindrucksvolles Waldgebiet, das zu schönen Spaziergängen einlädt. Seit Menschengedenken hat eine Kirche in Haukadalur gestanden. Die heutige wurde 1842 erbaut, und Kristian Kirk übernahm Kosten für die Renovierung. Dieses Gotteshaus ist das einzige Gebäude, das noch an den alten Hof Haukadalur erinnert. Zu den Schätzen der Kirche gehört ein alter schöner Ring an der Kirchentür. Nördlich vom Friedhof befindet sich eine längliche Erhebung, die Bergþórsleiði (Bergþórs Grab) heißt, und das ruft uns eine Volkssage in Erinnerung:

Bergþór war ein Riese, der in einer Höhle im Bláfell (Blauberg) wohnte. Seine Frau hieß Hrefna. Damals, als diese Geschichte sich ereignete, war das Land noch heidnisch. Es war in den Tagen der Trollfrau Hít im Hítárdalur. Sie lud einmal alle Trolle des Landes zu einem Fest ein, und Bergþór war auch dabei. Nach dem Festschmaus maßen sie ihre Kräfte, und Bergþór war einer der stärksten von ihnen.

Bergþór tat den Menschen nichts Böses, wenn sie ihn nicht behelligten, er galt als vorausschauend und verstand sich auf viele Künste. Als das Christentum im Land eingeführt wurde, gefiel es seiner Frau Hrefna nicht mehr im Bláfell, denn von dort konnte sie auf christliche Siedlungen blicken. Das ging ihr so gegen den Strich, dass sie weiter nach Norden ziehen und jenseits der Hvítá (Weißfluss) siedeln wollte. Bergþór war damit überhaupt nicht einverstanden und erklärte, in seiner Höhle wohnen bleiben zu wollen. Die Laune von Hrefna wurde dadurch nicht besser. Sie trollte sich nach Norden und ließ sich jenseits der Hvítá nieder, wo sie sich ein Haus am Fuße eines Berges baute, der seitdem Hrefnubúðir (Hrefna-Buden) heißt und an der Nordseite von Hvítárvatn (Weißflusssee) liegt. Danach trafen sich Bergþór und Hrefna nur, wenn beide im Hvítárvatn Forellen fischten.

Bergþór ging oft nach Eyrarbakki, um Mehl zu kaufen, und zwar meistens im Winter, wenn Seen und Flüsse zugefroren waren. Dann kam er häufig mit zwei Mehltonnen zurück. Einmal war er mit seiner Last unterwegs nach Hause. Als er bei der Heuwiese von Bergstaðir in Biskupstungur ankam, traf er den Bauern und bat um etwas zu trinken. Er wollte solange warten, bis der Bauer den Trunk geholt hatte. Derweilen lud er seine Last ab und schlug mit seinem Wanderstab ein Loch in einen

Stein und höhlte ihn aus. Als der Bauer zurückkehrte und Bergþór getrunken hatte, dankte er dem Bauern und sagte ihm, dass er dieses Gefäß verwenden solle, um darin Molke aufzubewahren. Er erwähnte auch, dass sich die Molke nie mit Wasser vermischen und auch nie einfrieren würde, aber der Bauer würde gewaltige Verluste erleiden, falls er es nicht in Gebrauch nähme, und damit verabschiedete er sich.

Als er schon in die Jahre gekommen war, sprach Bergþór einmal mit dem Bauern von Haukadalur. Er war auf der Suche nach einer Grabstätte, von wo aus er Glockengeläut und das Rieseln eines Baches hören könnte. Er bat den Bauern, ihn nach seinem Tod nach Haukadalur zu bringen. Für diese Mühe sollte er das zum Lohn bekommen, was er in einem Kessel neben seinem Bett vorfände. Zum Anzeichen dafür, dass Bergþór gestorben war, würde sein Stab vor der Hoftür in Haukadalur sein.

Eine ganze Zeit war vergangen, als eines Morgens ein riesengroßer Stab bei der Hoftür stand. Der Bauer sah, dass es sich um Bergþórs Stab handelte, äußerte sich aber nicht weiter dazu. Dann ließ er einen Sarg zimmern und bereitete sich mit einigen Männern darauf vor, zum Bláfell zu gehen. Von der Reise wird erst berichtet, als sie in Bergþórs Höhle angekommen sind. Sie finden den Riesen tot in seinem Bett und legen ihn in den Sarg. Er kommt ihnen für seine Größe erstaunlich leicht vor.

Da sieht der Bauer, dass bei dem Bett ein großer Kessel steht, und er schaut nach, was darin ist. Er sieht aber nichts als Weidenlaub und meint, dass Bergþór ihm einen Streich gespielt hat, und lässt ihn stehen. Einer der Begleiter füllt sich aber seinen Handschuh mit dem Laub. Sie tragen dann den Sarg aus der Höhle hinaus und den Berg hinunter. Als sie unten angekommen sind, schaut der Mann in seinen Handschuh, und der ist auf einmal voll Gold. Daraufhin macht der Bauer mit seinen Leuten kehrt, um den Kessel zu holen. Da finden sie aber die Höhle nicht mehr, so sehr sie auch suchen, und sie ist auch später nie gefunden worden. Nach dieser erfolglosen Suche zogen sie mit dem Sarg los und kehrten zurück nach Haukadalur.

Der Bauer ließ Bergþór an der Nordseite des Friedhofs begraben, dort wo es seitdem Bergþórsleiði (Bergþórs Grab) heißt. Der Ring von Bergþór hängt heute an der Kirchentür in Haukadalur, und damit endet die Sage von Bergþór im Bláfell.

Menschen und Tiere

Aus Liebe durch die Hvítá

Gullfoss, der größte Wasserfall in der Hvítá, liegt an der Grenze von bewohntem und unbewohntem Gebiet. Dieser großartige Wasserfall gehört zu den schönsten und berühmtesten Naturphänomenen und zu den meistbesuchten touristischen Attraktionen in Island. Die Fallhöhe beträgt 32 m, und das milchige Wasser fällt über zwei Stufen in eine schmale Schlucht, die 60–70 m tief und 2.5 km lang ist. Diesen Canyon hat sich der Fluss in den letzten 10.000 Jahren gegraben, nachdem die Eiszeitgletscher sich zurückzogen. Demzufolge lässt sich leicht berechnen, dass die Schlucht jedes Jahr 25 cm länger wird. Die Gegend weist relativ viel Vegetation auf, die am deutlichsten unterhalb des Wasserfalls auf der östlichen Seite zu sehen ist. Dort befindet sich ein dichter, ziemlich hoher Birkenwald und eine reiche Flora.

Der Name Gullfoss (Goldener Wasserfall) rührt wohl von den Lichtbrechungen her, die oft bei Sonnenschein in der Gischt zu beobachten sind, in der sich wunderschöne Regenbögen bilden können. Es gibt aber auch eine Sage, derzufolge ein reicher Bauer in der Gegend seine Goldmünzen und andere Schätze in den Wasserfall hineingeworfen haben soll, und dieser Aktion habe er seinen Namen zu verdanken.

Schon in den letzten Jahrzehnten des 19. Jahrhunderts begann man von Reykjavík aus, Gruppenreisen zum Gullfoss zu organisieren, und heutzutage gibt es an kaum einem anderen Ort einen größeren Zustrom von Besuchern. Bevor Autos und Busse eingesetzt werden konnten, pilgerte man zu Pferde oder zu Fuß hierher. Ein Ausflug zum Gullfoss ist ein Muss für alle gekrönten und ungekrönten Staatsoberhäupter und andere Berühmtheiten, die Island besuchen.

Ausländische Geldmagnaten zeigten schon früh Interesse an diesem Wasserfall. Im Jahre 1905 besuchte ein reicher Engländer den damaligen Besitzer, den Bauern Tómas in Brattholt, und offerierte ihm 50.000 Kronen in Gold. Tómas lehnte dankend ab und sagte, er habe nicht vor, seinen besten Freund zu verkaufen. Aber trotzdem gelangte einige Zeit später der Wasserfall in ausländischen Besitz, und zwar mit einem Pachtvertrag auf 150 Jahre. Hier sollte ein Wasserkraftwerk zu industriellen Zwecken errichtet werden.

Tómas' Tochter Sigríður übernahm den Hof ihrer Eltern. Sie war von Anfang gegen irgendwelche Eingriffe am Gullfoss. Sie weigerte sich, den Pachtzins entgegenzunehmen und strengte dann einen Prozess an, um den Vertrag rückgängig zu machen. Nach zähem und unermüdlichen Kampf kam es schließlich dazu, dass der Pachtvertrag für ungültig erklärt werden konnte, da das ausländische Unternehmen versäumt hatte, die Pacht zu bezahlen. Danach ging der Wasserfall in den Besitz des isländischen Staates über.

Über Sigríður könnte man sagen, dass sie als erste Isländerin öffentlich für den Umweltschutz eintrat, indem sie sich dem Kampf für die Erhaltung dieses einmaligen Naturphänomens verschrieb. Sie starb 1957 im Alter von 85 Jahren und ist auf dem Friedhof im Haukadalur begraben. Rund zwanzig Jahre nach ihrem Tod errichtete ihr das Kultusministerium ein Denkmal am Wasserfall, das der BildhauerRíkarður Jónsson gestaltet hat.

Die Hvítá ist ein wasserreicher Gletscherfluss, der vor allem Schmelzwasser vom Gletscher Langjökull führt. Es ist alles andere als einfach, diesen Fluss zu überqueren. Eigentliche Furten gibt es nur an zwei Stellen, die eine befindet sich weiter oben im Hochland nördlich des Bláfell (Blauberg), die andere weiter südlich in der Landgemeinde Hrunamannahreppur. Es ist aber wahrscheinlich bei geringer Wasserführung möglich, auch an anderen Stellen über den Fluss zu kommen. Knapp oberhalb von Gullfoss fließt die Hvítá in vielen schäumenden Stromschnellen in einem breiten Bett. Hier scheint der Fluss auf den ersten Blick nicht zu einer Durchquerung einzuladen, aber der Überlieferung zufolge hat es gute Gründe gegeben, warum einst ein junger Bursche es trotzdem einmal wagte:

Im ausgehenden 17. Jahrhundert wuchs der Sohn eines Bauern in Brattholt heran. Dieser Hof liegt auf der westlichen Seite der Hvítá, und auf der anderen Seite, in Hamarsholt, wuchs zur gleichen Zeit ein junges Mädchen auf. Die beiden waren ungefähr gleichaltrig. Im Sommer hüteten sie oberhalb des Gullfoss die Schafe, jedes auf seiner Seite des Flusses. Bald fingen sie an, sich über den Fluss hinweg zu unterhalten, und auf diese Weise wurden sie miteinander bekannt, auch wenn sie sich nie trafen.

Je mehr Zeit verging, desto enger wurde diese Bekanntschaft, und aus ihr erwuchs gegenseitige Zuneigung. Als die beiden fast erwachsen waren, erklärte der Junge dem Mädchen über den Fluss hinweg seine Liebe und bat sie, seine Frau zu werden. Das Mädchen nahm die Werbung gut auf und sagte, sie würde ihn heiraten, wenn er über den Fluss zu ihr käme. Das ließ sich der Junge nicht zweimal sagen und watete in die Strömung oberhalb der Fallkante des Gullfoss hinein. Das Flussbett war außerordentlich steinig und unterschiedlich tief, so dass er sehr auf der Hut sein musste, und es dauerte eine ganze Weile, bis er endlich die andere Seite erreichte, wo das Mädchen in Angst und Bangen schwebte. Es ist nicht unwahrscheinlich, dass sie es bereut hat, ihn dazu angestachelt zu haben, sein Leben auf diese Weise aufs Spiel zu setzen. Man kann sich denken, dass sie ihn gut in Empfang genommen hat, als er endlich dem reißenden eiskalten Gletscherfluss entstieg. Sie hielt alles, was sie versprochen hatte, aber darauf wollen wir nicht näher eingehen.

Diese jungen Leute, die vor mehr als drei Jahrhunderten über den Fluss hinweg Gefallen aneinander fanden, hießen Þórður Guðbrandsson und Guðrún Þóroddsdóttir. Sie heirateten um 1690 und lebten lange auf dem Hof Fjall in der Skeiðar-Gemeinde. Sie waren tüchtige Leute, hatten Kinder und Kindeskinder, und von ihnen stammt eine große Familie ab.

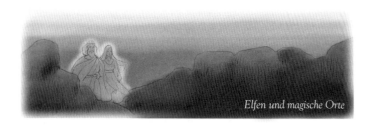

Elfen und magische Orte

Die Kirche in Engilsvík

Selvogur heißt eine kleine Landgemeinde an der Südküste. Sie liegt an der Strecke von Þorlákshöfn nach Krýsuvík. Die Siedlungsbedingungen für Menschen sind hier nach heutigen Maßstäben nicht gerade attraktiv, denn dort gibt es keinen natürlichen Hafen und das Land ist stark in Mitleidenschaft gezogen durch Sandanwehungen und Bodenerosion. In früheren Jahrhunderten jedoch sah es hier ganz anders aus. Da gab es viel Land, auf dem Heu gemacht werden konnte, es gab gute Weiden und sogar etwas Wald. Gleichzeitig betrieben die Leute viel Fischfang, denn gute Fanggründe waren unweit der Küste. Zu dieser Gemeinde gehört auch der See Hlíðarvatn, wo Forellen gefangen und Eiderdaunen gesammelt wurden. Die drei größten Höfe waren zu dieser Zeit Nes, Hlíð und Strönd, die aber heute alle verlassen sind. Aber das früher bedeutende Anwesen Vogsósar, das bis 1908 Pfarrhof war, besteht heute noch.

Die ehemals dicht besiedelte Gegend entvölkerte sich nach und nach, als immer mehr wertvolles Land verloren ging. Die Bodenerosion scheint Anfang des 17. Jahrhunderts plötzlich so stark zugenommen zu haben, dass große Landflächen nach nur wenigen Jahrzehnten verödet waren. Früher hat es dort 7–8 Pachthöfe gegeben, die zum Haupthof Strönd gehörten. Sie verschwanden im Lauf des 17. Jahrhunderts, und sogar der Haupthof Strönd wurde 1696 aufgegeben. Die Kirche blieb aber da, wo sie immer gewesen war, denn die Erosion verschonte diesen Ort. Im 18. und 19. Jahrhundert kam es immer wieder zur Sprache, dass die Kirche nach Vogsósar verlegt werden sollte, wo der Pfarrer seinen Sitz hatte. Nach Meinung von Bischöfen, Pröpsten und Amtmännern ging es nicht an, dass das Gotteshaus der Bewohner von Selvogur ganz abgelegen stehen solle. Aber die Leute von Selvogur waren gegen diese Pläne, denn sie waren der Meinung, dass damit die wundertätige Kraft der Kirche, der sie ihren Ursprung verdankt, angetastet würde. Und die Kirche blieb an diesem Ort.

Auch heute noch befindet sich die Strandarkirkja (Strandkirche) an der gleichen Stelle, weit und breit das einzige Bauwerk, umgeben von verödeten Flächen und versandetem Land. Die Leute von Selvogur glauben an diese Kirche und ihre wundertätige Kraft. Das tun im übrigen auch viele andere, denn es ist Tradition, dass man ihr Votivgaben schenkt und um Beistand bittet. Nicht weit von der Kirche steht eine Skulptur der Künstlerin Gunnfríður Jónsdóttir, die »Land in Sicht« heißt. Sie symbolisiert die Offenbarung, die einstmals einigen in Seenot geratenen Seeleuten zuteil wurde, und auch für den Glauben an diesen Ort. Fast jeder, der diesen Ort besucht, spürt seine Ausstrahlung.

Die folgende Geschichte hat sich im 13. Jahrhundert in der Zeit von Bischof Árni Þorláksson in Skálholt zugetragen. Der Bischof benötigte Bauholz für eine neue Kirche und sandte deswegen Leute nach Norwegen. Die Reise verlief zunächst ohne Zwischenfälle, doch auf der Heimreise gerieten sie in schwere Unwetter und kamen vom Kurs ab. Lange Zeit trieben sie ziellos auf dem Meer, und schließlich waren ihnen sowohl Wasser als auch Vorräte ausgegangen, so dass ihnen der Tod gewiss zu sein schien. Es waren junge, kräftige Männer, denen dieses Schicksal bevorstand, und in ihrer großen Bedrängnis wussten sie weder aus noch ein. Als sämtliche Hoffnung verloren schien, rief der Kapitän seine Mannschaft zusammen und befahl den Männern, sich alle an Deck zu begeben und Gott um ein glückliche Rückkehr anzuflehen. Sie sollten geloben, mit der Schiffslast eine Kirche zu errichten, falls das Wunder geschähe, dass sie Land erreichten. Die Seeleute beteten inständig und von ganzem Herzen.

Es dauerte nicht lange, da riss der Himmel auf und sie erblickten Land. Sie waren vor der Küste von Selvogur; als sie näher kamen, schien es ihnen, als sei es wegen der Brecher und der Brandung ganz und gar unmöglich, dort zu landen. Schon wollten sie wieder weitersegeln, als sie ganz plötzlich eine weißgekleidete Gestalt sahen, die auf den flachen Felsen am Meer erschien. Sie trug ein leuchtendes Kreuz in der Hand und gab ihnen ein Zeichen, näher zu kommen. Sie folgten diesem Zeichen und konnten heil und unbeschadet landen. Als sie an Land gingen und Ausschau nach der weißen Gestalt hielten, konnten sie sie nirgends erblicken. Sie waren in einer kleinen Bucht gelandet, der sie den Namen Engilsvík (Engelsbucht) gaben. So heißt die Bucht noch heute. Die Seeleute hielten ihr Versprechen. Sie gingen nach Skálholt und berichteten dem Bischof, was geschehen war, und er gestattete ihnen, das Holz für die versprochene Kirche in Selvogur zu verwenden. Sie ist seitdem die Pfarrkirche von Selvogur geblieben, auch wenn sich vieles gewaltig geändert hat und die Gemeinde stark zusammengeschrumpft ist.

Seit Menschengedenken hält sich der Glaube an die Wunderkraft der Kirche. Man hat ihr Votivgaben in schwierigen Situationen und Krankheitsfällen gemacht, oder wenn Menschen in Lebensgefahr oder sonst irgendwie in Not waren. Infolgedessen gelangte die Kirche in den Besitz verschiedener Kostbarkeiten und reicher Geldmittel. Das älteste und kostbarste Stück ist ein massiv silberner Kelch aus dem 14. Jahrhundert. Früher schenkten die Leute häufig Gegenstände und Wertobjekte. Der Ruf der Kirche verbreitete sich über die Landesgrenzen hinaus, und einmal besaß die Kirche sogar das Recht, in Norwegen Holz zu fällen. Heutzutage handelt es sich aber meist um Votivgaben in Form von Geld, und es hat den Anschein, als habe sich auch in unseren modernen veränderten Zeiten nichts an dem Glauben geändert. Aus diesem Grund verfügt diese Kirche über mehr Reichtümer als jede andere Kirche in Island, und hier konnte man beispielsweise für den Kirchenbau in anderen Landesteilen günstige Darlehen bekommen. Viele besuchen den Ort und nehmen an Gottesdiensten teil, die im Sommer stattfinden, aber genauso viele pilgern auch zu anderen Zeiten dorthin, um dieses Gotteshaus zu besichtigen und etwas von der besonderen Atmosphäre zu spüren, die an diesem Ort und in der Kirche herrscht.

Zauberer

Der zauberkundige Pfarrer von Vogsósar

In früheren Zeiten war Selvogur eine fruchtbare Gegend, aber als Pfarrer Jón Vestmann dort sein Amt antrat, hatten sich schon die ersten Anzeichen von Bodenerosion und Sandverwehung bemerkbar gemacht. Er amtierte von 1829–1842 in Vogsósar, und von dort wurde er nach Kjalarnes berufen. Erst als es nicht mehr rückgängig zu machen war, sah der gute Mann ein, dass er vielleicht besser in Selvogur geblieben wäre, denn dort gab es nicht nur viel Land, wo Heu gemacht werden konnte, sondern auch gutes Weideland und außerdem etliche andere Pfründe, wie das Recht auf Forellenfang, Eiderdaunensammeln, Seehundjagd, Tangernte und Treibholzsammeln. Etwas von dem klingt in einer Strophe an, die Pfarrer Jón später dichtete:

> *Nach Selvog geht mein Verlangen,*
> *Fette Schafe seh' ich in Träumen,*
> *Fische möcht' ich und Seehunde fangen,*
> *Und noch mehr sehn ich mich nach Bäumen.*

Der Hof Vogsósar liegt am Ostufer des Hlíðarvatn (Hangsee), und zwar ziemlich weit entfernt von anderen Höfen, aber nahe der Gemeindekirche Strandarkirkja. Bis 1908 haben im Laufe der Jahrhunderte viele bekannte Pfarrer in Vogsósar amtiert, aber in dem Jahr wurde die Gemeinde aufgelöst. Der berühmteste von ihnen ist zweifelsohne Eiríkur Magnússon, der von 1677 bis zu seinem Tod im Jahre 1738 Pfarrer in Vogsósar war. Er verstand sich auf Zauberei und schwarze Künste. Er nutzte diese seine Fähigkeiten aber hauptsächlich zu gutmütigen Scherzen und Schabernack, vor allem dann, wenn jemand ihm zu nahe getreten war. Niemals richtete er mit seinen Zauberkünsten Schaden an oder tat Menschen etwas zuleide.

Pfarrer Eiríkur hatte sehr früh begonnen, sich mit Zauberei zu befassen. Vieles konnte er einem alten Buch entnehmen, das ihm und seinen Mitschülern in die Hände gefallen war, als sie in der gelehrten Schule in Skálholt ausgebildet wurden. Dieses Buch, das Gráskinna (Graufell) hieß, lag lange Zeit auf dem Pult in der Schulstube zu Skálholt. Nachdem Eiríkur Pfarrer in Vogsósar geworden war, stand er bald in dem Ruf, in Sachen Zauberkunst und schwarzer Magie bewanderter zu sein als alle anderen. Dieses Gerücht verbreitete sich und kam schließlich auch dem Bischof zu Ohren. Der war darüber alles andere als erfreut und bestellte den Pfarrer von Vogsósar zu einer Unterredung. Der Bischof zog das Buch Gráskinna hervor und fragte Pfarrer Eiríkur, ob er wüsste, was in diesem Buch stünde. Eiríkur nahm das Buch, blätterte eine Weile darin und erklärte dann: „Hier kenne ich nicht einen Buchstaben." Der Bischof ließ ihn einen Eid darauf ablegen, und dann entließ er ihn wieder nach Vogsósar. Später erzählte Eiríkur seinen Freunden, dass er in dem Buch sämtliche Runenzeichen bis auf eines gekannt habe, aber er bat sie, das nicht dem Bischof weiterzusagen.

Viele junge Männer kamen zu Pfarrer Eiríkur und wollten von ihm das Zaubern lernen. Er erprobte sie auf die verschiedenste Weise und gab nur denjenigen Unterricht, von denen er sich etwas versprach. Einmal kam ein Junge zu ihm, der unterwiesen werden wollte. „Bleib bis Sonntag bei mir, und dann gehst du mit mir nach Krýsuvík. Danach gebe ich dir Bescheid, ob ja oder nein", sagte Pfarrer Eiríkur zu ihm. Am folgenden Sonntag ritten sie los und mussten eine große Sandfläche überqueren; aber nach einer Weile hielt Pfarrer Eiríkur an und sprach zu dem Jungen: „Ich habe mein Handbuch vergessen, das zu Hause unter meinem Kopfkissen liegt. Geh jetzt und hole das Buch, aber du darfst es unterwegs nicht öffnen." Der Junge machte kehrt, holte das Buch und ritt dann wieder über den Sand. Er konnte der Versuchung nicht widerstehen, öffnete das Buch und begann zu lesen. Im gleichen Augenblick drangen unzählige Teufelchen auf ihn ein, die alle fragten: „Was soll ich tun? Was soll ich tun?" Der Junge war nicht auf den Kopf gefallen und sagte: „Stricke drehen aus Sand." Die Kobolde hockten sich in den Sand und fingen an, Stricke zu drehen, was natürlich unmöglich war. Der Junge holte den Pfarrer bald wieder ein, der schon das Lavafeld erreicht hatte. Er nahm das Buch entgegen und sagte: „Du hast es aufgemacht." Der Junge stritt das ab. Dann ritten sie weiter, und in Krýsuvík hielt der Pfarrer einen Gottesdienst. Auf dem Heimweg kamen sie wieder über den Sander, und da saßen die Teufelchen noch immer bei ihrer Beschäftigung. Da sprach der Pfarrer: „Ich wusste es, dass du das Buch geöffnet hast, mein Lieber, obwohl du es abgestritten hast. Aber du hast dich da glänzend aus der Affäre gezogen, und es könnte wohl der Mühe wert sein, dir etwas beizubringen." Der Junge wurde daraufhin von Pfarrer Eiríkur unterwiesen.

Einen anderen jungen Mann, der bei Pfarrer Eiríkur etwas lernen wollte, schickte Eiríkur auf den Friedhof bei Strandarkirkja und bat ihn, seine Handschuhe zu holen, die er dort vergessen hatte. Der Junge geht los und findet die Handschuhe, aber als er sie aufheben will, weichen die Finger immer aus. Er wird sehr ängstlich, kehrt zurück und berichtet dem Pfarrer darüber. Der sagt: „Geh wieder nach Hause, mein Lieber; dir kann ich nichts beibringen."

Einmal kam ein junger Mann auf dem Weg zu den Fischfangplätzen nach Vogsósar und ihm wurde dort ein Nachtlager gewährt. Am Abend war der junge Mann so traurig und bekümmert, dass Pfarrer Eiríkur ihn beiseite nahm und fragte, was ihn so bedrückte. Der Mann wollte zunächst nichts sagen, aber dann rückte er doch mit der Sprache heraus. Er sagte, dass seine Verlobte ihm den Laufpass gegeben hatte, bevor er losgezogen war. Er bat den Pfarrer um Hilfe, aber der schien nicht sehr erpicht darauf zu sein und sagte, die Sache sei überaus schwierig.

Am Abend wies der Pfarrer jedem Mann ein Bett an, doch er selber blieb noch bis in die Nacht hinein auf. Da klopft es plötzlich an der Tür, und der Priester geht hin, um zu öffnen. Draußen steht im strömenden Regen ein dünn gekleidetes, völlig durchnässtes Mädchen. Sie grüßt den Pfarrer und bittet um ein Nachtlager, denn sie sei halb tot vor Kälte. Er lässt sie ein und fragt, wieso sie unterwegs sei. Sie sagt, sie sei hinausgegangen und schon halb ausgekleidet gewesen; sie habe nachsehen wollen, ob jemand die Wäsche vor dem Regen hereingeholt hatte. Dann habe sie sich aber in der Dunkelheit verirrt und nicht gewusst, wohin sie ging, bis sie in Vogsósar vor der Tür stand. Pfarrer Eiríkur sagt, dass es mit dem Nachtlager nicht so einfach sei, denn alle Betten seien besetzt. Sie könne nur neben diesem Mann dort liegen, und gleichzeitig deutete er auf den Bekümmerten, der mucksmäuschenstill in seinem Bett lag. Sie sagte, sie wolle lieber das, als vor Kälte umzukommen. Sie steigt ins Bett zu dem Mann und legt sich an die Wand; da erkannte er seine frühere Verlobte und sie ihn. Sie war die Nacht über bei ihm, und sie verstanden sich bestens. Später heirateten sie und führten eine einträchtige Ehe.

Gespenster und Phantome

Da lachte das Meermännchen

Vogar (Buchten) heißt ein kleiner Ort mit etwa 500 Einwohnern an der weiten Faxaflói-Bucht. Das Dorf liegt in der kleinen Bucht Vogavík rechter Hand der Straße, wenn man von Reykjavík zum Flughafen in Keflavík fährt. Ursprünglich befand sich dort das große Anwesen Stóru-Vogar und in der Umgebung waren viele kleinere Höfe. Die Menschen lebten in erster Linie vom Fischfang. Im ausgehenden 19. Jahrhundert begann der Ort zu wachsen, vor allem nachdem er 1893 die Handelsrechte erhielt. Es waren vor allem die verstreut siedelnden Fischer, die sich in diesem Ort niederließen. Im Süden von Vogar ragt Vogastapi (Buchtenkliff) aus dem Meer auf. Dort waren früher reiche Fischgründe, die Gullkista (Goldkiste) hießen. Lange Zeit glaubte man, dass es bei Vogastapi spukte, weil viele Menschen dort umkamen, wenn sie vom rechten Weg abgekommen waren und entweder von den Klippen abstürzten oder sich in Unwettern verirrten und erfroren. Viele haben auf der alten Straße nach Keflavík, die über die Klippe führte, Spukgestalten mit dem Kopf unter dem Arm gesehen. Das Gespenst von Stapi soll sich auch schon bei schlechtem Wetter zu Menschen ins Auto gesetzt haben, die dort allein unterwegs waren.

Relativ dicht vor der Küste liegen reiche Fischgründe, und seit alters her ist Fischfang die Lebensgrundlage der Menschen. Die Fischer aus dieser Gegend galten als besonders erfahren, hart und mit allen Wassern gewaschen. Der Bauer von Vogar, von dem die folgende Sage berichtet, war zum Fischen ausgerudert, als er ein Meermännchen an der Angel hochzog:

Auf Suðurnes, der westlichsten Spitze der Halbinsel Reykjanes, gibt es ein Dorf, das Vogar heißt oder

Kvíguvogar (Färsenbucht). Einmal wohnte dort ein Bauer, der häufig auf Fang war, denn dort ist auch heute noch einer der besten Plätze, um zum Fischen auszurudern. Eines Tages war er wieder einmal draußen auf dem Meer, aber über den Fang wird weiter nichts gesagt, als dass er auf einmal etwas Schweres am Haken spürte; er zog die Leine ein und hatte ein Wesen mit menschlichen Zügen an der Angel, das er an Bord holte. Der Bauer merkte, dass das Wesen noch am Leben war, und fragte, was es für eine Bewandtnis mit ihm habe. Das Wesen erklärte, ein Meermännchen vom Meeresgrund zu sein. Es sagte, dass der Angelhaken es erwischt habe, als es den Windfang am Schornstein auf dem Haus seiner Mutter richten wollte. Es bat den Bauern, ihm die Freiheit zu geben, aber der Bauer sagte, das käme nicht in Frage, es müsse jetzt bei ihm bleiben. Danach weigerte sich das Meermännchen, mit ihm zu reden.

Etwas später ruderte der Bauer an Land zurück und nahm das Meermännchen mit. Als er sein Boot vertäut hatte, kam sein Hund angelaufen und sprang an ihm hoch. Der Bauer ärgerte sich darüber und schlug den Hund. Da lachte das Meermännchen zum ersten Mal. Der Bauer ging über die Heuwiese zu seinem Hof, und unterwegs stolperte er über einen Huckel in der Wiese und fluchte über ihn. Da lachte das Meermännchen zum zweiten Mal. Der Bauer ging weiter und kam zu seinem Haus. Seine Frau trat ihm entgegen und begrüßte ihn überschwänglich, und er freute sich darüber. Da lachte das Meermännchen zum dritten Mal.

Der Bauer sagte dann zum Meermännchen: „Jetzt hast du dreimal gelacht, und ich möchte gern wissen, warum du gelacht hast." „Kommt nicht in Frage", sagte das Meermännchen, „es sei denn, du bringst mich zurück zu der Stelle, wo du mich hochgezogen hast." Das versprach der Bauer. Das Meermännchen sagte: „Beim ersten Mal habe ich gelacht, als du deinen Hund geschlagen hast, der dir freudig und treu entgegensprang. Beim zweiten Mal habe ich gelacht, als du über den Grashuckel gestolpert bist und ihn verflucht hast, denn dieser Huckel ist voller Goldstücke. Und das dritte Mal habe ich gelacht, als du dich über die Begrüßung deiner Frau gefreut hast, denn sie ist heimtückisch und betrügt dich. Jetzt musst du aber dein Versprechen halten und mich wieder dorthin zurückbringen, wo du mich hochgezogen hast."

Der Bauer sagte: „Zwei von den Dingen, die du erwähnt hast, kann ich nicht gleich erproben, aber ich will nachsehen, ob es stimmt, dass Gold in dem Grashuckel verborgen ist. Sollte sich das als richtig erweisen, ist es sehr wahrscheinlich, dass auch das andere wahr ist, und dann werde ich mein Versprechen erfüllen."

Sodann ging der Bauer hin und grub den Grashuckel auf. Dort fand er viel Gold, wie das Meermännchen gesagt hatte. Daraufhin ließ er sein Boot wieder zu Wasser und brachte das Meermännchen zu derselben Stelle, wo er es gefangen hatte. Bevor der Bauer es aber über Bord gleiten ließ, sagte das Meermännchen: „Es war richtig von dir, Bauer, dass du mich zu meiner Mutter zurückbringst, und ich werde es dir gewiss lohnen, wenn du imstande bist, eine Gelegenheit beim Schopf zu packen und zu nutzen. Doch jetzt leb wohl, Bauer." Dann ließ der Bauer es über Bord gleiten, und das Meermännchen kommt jetzt nicht weiter in der Geschichte vor. Zur Erinnerung an sein Lachen ist folgende Strophe erhalten:

> Ich denke oft an die Stunde,
> als lachte das Meermännlein;
> froh nahm das Weib auf die Kunde,
> als der Mann trat ins Haus hinein;
> sie küsst ihn mit falschem Munde,
> denn ihr Herz war gar nicht rein,
> doch seinem unschuld'gen Hunde,
> dem lohnt er die Treue gemein.

Wenig später wurde dem Bauern gemeldet, dass sieben Kühe von seegrauer Farbe am Ufer standen. Er handelte rasch, ergriff einen Stock und lief zum Ufer, wo die Kühe waren. Die waren aber sehr schreckhaft und unruhig. Er sah, dass eine Blase vor den Nüstern hatten, und er glaubte zu wissen, dass sie ihm alle durch die Lappen gehen würden, falls er es nicht schaffte, diese Blase zum Platzen zu bringen. Er schlug mit seinem Stock einer Kuh auf die Nase und konnte sie dann einfangen. Die anderen entkamen und sprangen ins Meer. Der Bauer glaubte zu wissen, dass das Meermännchen ihm diese Kühe aus Dankbarkeit für seine Freilassung geschickt hatte. Die Kuh, die er eingefangen hatte, erwies sich als das prächtigste Stück Vieh, das es je in Island gegeben hat. Von ihr stammt die seegraue Milchviehrasse ab, die später in ganz Island verbreitet war. Sie wurde auch die Seekuhrasse genannt. Von dem Bauern ist zu berichten, dass er sein ganzes Leben lang vom Glück verwöhnt wurde. Wegen dieser Ereignisse gab er der Bucht einen neuen Namen und verlängerte Vogar in Kvíguvogar (Färsenbucht).

Süd-island

VOGAR

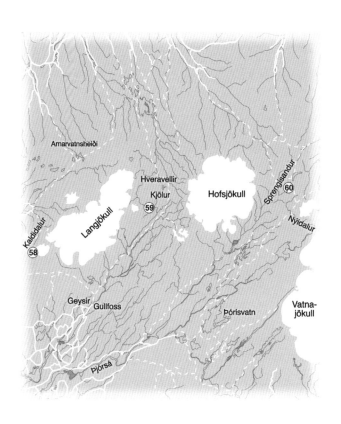

DAS HOCHLAND

Menschen und Tiere

Skúlis Ritt im Kaldidalur

Kaldidalur (Kaltes Tal) heißt die kurze Hochlandstrecke zwischen Þingvellir und Húsafell im Borgarfjörður. Auch in früheren Zeiten war es eine wichtige Verbindungsstrecke, die man zu Fuß oder zu Pferde bewältigte. Damals waren Straßen in unserem Sinne natürlich unbekannt, aber schon 1830 ließ der Dichter und Amtmann Bjarni Thorarensen einen Reitweg bahnen, und hundert Jahre später wurde eine für Autos fahrbare Piste angelegt, die viele Menschen aus West- und Nordisland nutzten, um im Sommer 1930 an den Feierlichkeiten anlässlich des 1000-jährigen Jubiläums der Gründung des Allthings in Þingvellir teilzunehmen. Zu der Zeit führte nämlich noch keine Straße an den Ufern des Hvalfjörður entlang.

Vom Informationszentrum in Þingvellir biegen wir auf die Straße ein, die mit Uxahryggir ausgeschildert ist. Wir fahren Richtung Norden entlang der Hänge von Ármannsfell. Bald lassen wir die Lavafelder hinter uns und gelangen auf eine ebene weite Fläche, die Hofmannaflöt heißt. Vor uns liegt der auffällige kleine Berg Meyjarsæti (Jungfernsitz). In ganz alten Geschichten ist überliefert, dass die stärksten Trolle des Landes dort zu Sport und Spiel zusammenkamen, und vom Jungfernsitz aus verfolgte die Weiblichkeit die sportlichen Ereignisse mit.

Die Straße führt steil am Berg hoch, und sobald wir die Anhöhe hinter uns haben, eröffnet sich eine ganz andere Landschaft. Vor uns liegt der See Sandkluftavatn, der im Sommer oft austrocknet, sodass Sand und Staub auf seinem Boden bei größeren Windstärken hochgewirbelt werden und regelrechte Sandstürme verursachen. Es geht durch unbewohnte Gebiete, wo nur hin und wieder ein paar Schafe grasen, und allenthalben sieht man die bedrohlichen Anzeichen der Bodenerosion.

Vom langgestreckten und steinigen Hügelrücken Tröllaháls bietet sich rechter Hand nach Osten hin der Blick auf den Schildvulkan Skjaldbreiður (Schildbreit), der von vielen isländischen Dichtern besungen wurde. Am grasigen Hang Biskupsbrekka steht ein großes Kreuz, das zum Gedenken an den Bischof Jón Vídalín errichtet wurde. Dieser Bischof befand sich im Jahre 1720 auf einer Inspektionsreise in den westlichen Teil seines Bistums, als er plötzlich erkrankte und hier starb. Jón Vídalín mag eine Vorahnung dessen gehabt haben, was ihn erwartete, denn vor seiner Abreise sprach er folgende Strophe:

*Herr, mein Gott im Himmelssaal,
festen Glauben an dich habend,
fürcht' ich mich doch vorm Kalten Tal,
denn jetzt wird es Abend.*

Nach links zweigt jetzt die Uxahryggir-Strecke ab, aber wir fahren weiter in nördlicher Richtung und kommen bald an den Hallbjarnarvörður (Steinwarten von Hallbjörn) vorbei, wo sich zur Sagazeit eine blutige Auseinandersetzung abspielte: Sie sind nach einem Mann namens Hallbjörn Oddsson benannt, der vom Hof Kiðaberg in Südisland stammte. Er heiratete Hallgerður, die Tochter des Häuptlings Tungu-Oddr von Breiðabólsstaður im Reykholtsdalur. Den ersten Winter verbrachten die frischgebackenen Eheleute auf dem Hof des Brautvaters. Es hieß, dass zwischen ihnen von Liebe keine Rede war. Im nächsten Frühjahr wollte Hallbjörn dann zurück in seine Heimat, aber Hallgerður weigerte sich, mit ihm zu gehen. In seiner Wut packte Hallbjörn ihren dichten Haarschopf, wickelte sich das Haar um die Hand und hieb ihr mit seinem Schwert den Kopf ab. Nach dieser Untat floh er hinauf ins Kaldidalur, aber Snæbjörn galti, ein Verwandter von Hallgerður, sammelte eine Truppe und setzte dem Flüchtigen nach. Als sie Hallbjörn erreicht hatten, töteten sie ihn nach erbitterter Gegenwehr. Die Steinwarten wurden zum Gedenken an diejenigen errichtet, die in diesem Kampf fielen.

Von diesen Steinwarten aus liegt der Berg Fanntófell links von der Straße, und auf der rechten Seite der Gletscher Þórisjökull. Bald sind wir bei Beinakerling (Knochenweib) angelangt, einer großen, schön geschichteten Steinwarte, und hier haben wir etwa die Hälfte des Weges nach Húsafell hinter uns. Der Name rührt von der alten Sitte her,

Vierzeiler, oft mit recht zweideutigem Inhalt, in einen hohlen Knochen zu stecken und zur Unterhaltung nachfolgender Reisender in der Steinwarte zu hinterlassen. Dem Knochenweib selbst wurde folgender Spruch in den Mund gelegt:

Junge Burschen, stark und schmuck,
herauf zu mir sie stieben,
im Kalten Tal allein ich huck',
oh kommt recht bald, ihr Lieben!

Weiter führt die Strecke über den langgezogenen Hügelrücken Langihryggur, und wir erreichen hier die höchste Stelle der Kaldidalur-Piste, 727 m ü.M. Wir befinden uns jetzt im eigentlichen Kaldidalur, das sich zwischen Langjökull und dem früheren Gletscher Ok (Joch) erstreckt. Der Einschnitt zwischen Þórisjökull und Langjökull heißt Þórisdalur. Dort hielt sich der Grettis Saga zufolge Grettir der Starke eine Zeit lang bei dem Riesen Þórir auf. Die steinige Piste führt jetzt von Langihryggur (Langer Rücken) abwärts und verläuft parallel zum Flussbett der Geitá (Ziegenfluss), und nach einiger Zeit gelangen wir hinunter nach Húsafell (Häuserberg) und erfreuen uns an der üppigen Vegetation. Ein Teil der steinigen Hochlandstrecke trägt den Namen Skúlaskeið (Skúlis Rennstrecke). Das bezieht sich auf einen Mann namens Skúli, der auf dem Allthing verurteilt wurde und auf seinem Pferd Sörli geflohen war:

In der Sage von Skúli heißt es, dass er sich etwas Schlimmes hatte zuschulden kommen lassen. Er wurde auf dem Allthing zum Tode verurteilt, und das Urteil sollte gleich an Ort und Stelle vollstreckt werden. Es gelang ihm aber in letzter Minute, sich von seinen Wächtern loszureißen und auf den Rücken seines Pferdes Sörli zu schwingen um zu fliehen. Viele Leute setzten ihm nach, aber er konnte sie alle abhängen, denn sein Pferd war unerhört leichtfüßig. Er ritt gen Norden über Hofmannaflöt, und an Hallbjarnarvörður vorbei hinauf ins Kaldidalur. Dort hielt er kurze Rast und stieg ab. Seine Verfolger waren ziemlich weit hinter ihm, denn mit Skúli auf Sörli konnte es keiner aufnehmen. Als Skúli sah, dass sie sich näherten, goss er ein paar Tropfen seines Branntweinproviants in einen ausgehöhlten Stein und rief ihnen höhnisch zu, dass er ihnen damit die Begleitung lohnen wolle. Dann stieg er wieder auf und trieb seinen Sörli vorwärts über einen der steinigsten Wege im ganzen Land, und diese Strecke heißt auch heute noch Skúlaskeið. Skúli entkam seinen Verfolgern und gelangte nach Hause, aber dort brach sein Pferd vor Erschöpfung und Anstrengung tot zusammen. Aus Achtung vor diesem einzigartigen Tier, das ihm das Leben gerettet hatte, ließ er es ehrenvoll beerdigen und hielt einen Leichenschmaus.

Gespenster und Phantome

Und immer noch spukt es auf Kjölur

Schon seit den ersten Zeiten der Besiedlung war die Hochlandstrecke Kjölur (Kiel) eine wichtige und häufig benutzte Verkehrsverbindung zwischen Nord- und Südisland, denn sie stellt mit 165 km die kürzeste Strecke zwischen diesen beiden Landesteilen dar. In früheren Zeiten gab es verschiedene Pfade, denen man folgen konnte, aber die heutige Straße liegt westlich von Bláfell und Hvítá. Die Kjölur-Strecke beginnt am Gullfoss und führt zunächst über ein steiniges, vegetationsarmes Hochplateau. Am südöstlichen Rand von Langjökull liegt Hagafell und zu seinen Füßen der See Hagavatn. An Hagafell schließen sich die eigenartig geformten Jarlhettur (Grafenmützen) an, deren höchste Zinnen bis zu 1000 m aufragen. Vor uns liegt Bláfell mit 1204 m, wo die Höhle von Bergþór in Bláfell gewesen sein soll, von dem an anderer Stelle berichtet wird.

Auf unserer Fahrt über Bláfellsháls treffen wir auf eine riesige Steinwarte und legen wie all die anderen, die hier unterwegs sind, unseren Stein dazu. Über den Ursprung dieses Monuments wird gesagt, dass dort vor mehr als 50 Jahren Straßenarbeiter kaputte Gummistiefel und zerschlissene Arbeitshandschuhe hingelegt und mit ein paar Steinen zugedeckt hatten. Später Hinzukommende packten dann noch mehr Steine darauf, und die Steinwarte wuchs und gedieh, bis sie schließlich diese enorme Größe erreichte. Von hier aus eröffnet sich ein grandioser Blick nach Norden auf den See Hvítárvatn und die Gletscherzungen, die vom Langjökull herunterfließen. Bald kommen wir an die Brücke über die Hvítá und haben linker Hand einen herrlichen Blick auf den See, auf dem manchmal kleine Eisberge schwimmen. Man sollte unbedingt einen Abstecher nach Hvítárnes machen, einem ausgedehnten Sumpfgebiet am Nordufer des Sees. Dort befindet sich die älteste, 1930 erbaute Schutzhütte des isländischen Wandervereins. Hvítárvatn hat eine Fläche von fast 30 km² und liegt in 417 m Höhe ü.M. Im Norden des Sees erhebt sich der Berg Hrefnubúðir, wohin sich die Riesin Hrefna nach der Scheidung von Bergþór zurückzog. Es ist erstaunlich, dass es mitten im Hochland an diesem Berg noch heute Birkenwälder gibt. Unweit der Schutzhütte finden sich Überreste eines Hofes aus der Sagazeit. Dort soll es spuken, und nicht alle, die in dieser Hütte übernachten, schlafen selig.

Wir fahren weiter Richtung Norden. Zur linken erhebt sich Hrútfell (Bocksberg) majestätisch über den Kies- und Geröllwüsten. In Gránunes zweigt eine Piste ab, die in die Kerlingarfjöll (Altweiberberge) führt, eine spektakuläre Gebirgslandschaft mit kleinen Gletschern und zahlreichen Geothermalgebieten. Etwas weiter im Norden breitet sich der imposante Eisschild des Hofsjökull aus, der eine Höhe von 1800 m erreicht. Unmittelbar vor uns liegen die markanten Berge Kjalfell und Rjúpnafell.

Im Norden von Kjalfell (Kielberg), von dem die Kjölur-Route ihren Namen hat, machen wir Halt und unternehmen einen kleinen Gang in die Lava, um Beinahóll (Knochenhügel) in Augenschein zu nehmen.

Bei der Überquerung des Hochlands auf Kjölur fanden im Jahre 1780 die Brüder Bjarni und Einar Halldorssynir von Reynistaður im Skagafjörður mitsamt ihren Begleitern und einer großen Schafs- und Pferdeherde ein tragisches Ende, als sie in einen plötzlichen Schneesturm gerieten und hier, fernab menschlicher Siedlung, den kalten Tod fanden. Über dieses schreckliche Ereignis ist viel gesprochen und geschrieben worden, und es kursierten diverse Theorien und Geschichten darüber, was sich zugetragen hatte. Diese Leute aus dem Norden waren nach Südisland geritten, um Schafe zu kaufen, denn im Norden hatte man alle Schafe wegen einer Seuche schlachten müssen. Spät im Herbst machten sie sich auf den Weg nach Norden über die Hochlandstrecke Kjölur, obwohl sie von Bekannten und Freunden gewarnt worden waren. Im Hochland brach ein schlimmer Schneesturm los. Sie waren nicht weiter als bis Kjalhraun gekommen und starben hier an Erschöpfung und Erfrierungen.

Einer der fünf Männer, die da unterwegs waren, machte den tollkühnen Versuch, sich nach Norden in die bewohnten Gebiete durchzukämpfen. Man nimmt an, dass er am Oberlauf der Blanda umgekommen ist, denn dort fand man später eine Hand von ihm, die man am Handschuh zu erkennen glaubte. Als die Leute von Reynistaður nicht im Norden ankamen, machte man sich große Sorgen um ihren Verbleib. Aber schlimmen Verdacht schöpfte man erst dann, als Bjarni seiner Schwester Björg im Traum erschien und diese Strophe sprach:

Finden wird uns niemand hier,
saß unter tiefen Wehen
mit Leichen hier drei Tage schier,
furchtbar anzusehen.

Im nächsten Frühjahr fand ein Reisender auf dem Weg nach Süden das Zelt der Gefährten und gab an, dort vier Leichen gesehen zu haben. Andere kamen etwas später an den Ort, und dann waren nur noch zwei Leichen im Zelt, die der beiden Brüder fehlten. Die Leute waren sehr aufgebracht und es wurden Nachforschungen angestellt, denn man ging davon aus, dass Unbefugte das Zelt gefunden hatten, alles Wertvolle geraubt und die Leichen der Brüder versteckt hatten. Da träumte Björg wieder von ihrem Bruder Bjarni, der zu ihr kam und sprach:

In engem Felsspalt liegen wir Brüder,
zuvor im Zelt ohn' Gnaden
ruhten alle Kameraden.

Nichts konnte in dieser Sache bewiesen werden, und erst 65 Jahre später hat man die Gebeine der Brüder gefunden, oder so glaubte man jedenfalls. Und auch heute noch kann man hin und wieder Knochen von Schafen und Pferden im Moos bei Beinahóll finden, wenn man genau hinschaut. 1971 wurde dort ein Denkmal zur Erinnerung an die Brüder von Reynistaður und ihre Begleiter errichtet. Viele haben in dieser Gegend Spukerscheinungen wahrgenommen. Manchmal legen sich Schatten auf die Zelte derer, die dort ihr Lager aufschlagen, so als gehe dort jemand vorbei, obwohl niemand zu sehen ist. Darauf geht Jón Helgason in seinem Gedicht »Etappen« ein:

> Fast zwei Jahrhundert' vergangen sind,
> doch Spukgestalten noch schweben,
> wo einst im Schnee die Brüder ereilt'
> ein bitteres Ende im Leben.
> Schatten stehn auf und schweben auf Firn
> wie Bilder auf Wänden und Streben,
> zur Schlucht eilt einer mit härenem Sack,
> wo Dunkel und Finsternis weben.

Wir verlassen jetzt Beinhóll und fahren weiter nach Hveravellir (Heißquellenebene). Dort gibt es eine Berghütte, einen kleinen heißen Pool und eine Wetterstation. Das Geothermalgebiet von Hveravellir ist berühmt für seine Farbenpracht und Vielfalt. Am Rand des Lavafelds finden sich Überreste der Hütte von Eyvindur und Halla, den berühmtesten Geächteten des 18. Jahrhunderts. Sie hielten sich eine ganze Weile in Hveravellir auf und kochten ihr Essen über der heißen Quelle Eyvindarhola. Von Hveravellir aus fahren wir zwischen Stauseen und kleineren Höhenzügen nach Norden. Mælifellshnjúkur (Orientierungsgipfel) im Skagafjörður, der so heißt, weil man ihn aus vielen Richtungen von weither sehen und sich an ihm orientieren kann, überragt die anderen Berge im Hochland und weist uns den Weg in die saftig grünen Täler des Nordlands.

Gespenster und Phantome

Auf dem Sprengisandur

Sprengisandur heißt die längste und höchste Hochlandstrecke zwischen den bewohnten Gebieten in Süd- und Nordisland. Sie war deswegen auch die anstrengendste für Reiter und Pferd; der Name bezieht sich darauf, dass Pferde unter ungünstigen Umständen vor Erschöpfung tot zusammenbrachen. Diese Strecke wurde schon seit den ältesten Zeiten benutzt. In der Njáls Saga wird die Bezeichnung Gásasandur (Gänsesand) für den Sprengisandur verwendet, was nicht verwunderlich ist, denn in den Sumpf- und Tundragebieten von Þjórsárver am Hofsjökull befindet sich das größte Kurzschnabelgans-Brutgebiet der Welt. Die Bischöfe von Skálholt wählten häufig diese Strecke, wenn sie ihre Visitationsreisen in Ostisland machten, und darüber gibt es einige Berichte. Ein Mann aus dem Norden sollte in der Nähe des Kiðagil (Kitzchenschlucht) auf Bischof Oddur Einarsson warten, der von Süden kam. Um dorthin zu gelangen, musste der Mann aus dem Norden die riesige Lavawüste Ódáðahraun (Missetatenlava) überqueren, die ihren Namen von den Geächteten erhielt, die sich dort wegen ihrer Missetaten aufhielten. Der Bischof verspätete sich, so dass der Mann sich zu langweilen begann, und außerdem gingen seine Vorräte zu Ende. Bevor er aufgab und wieder in den Norden zog, dichtete er eine Strophe und schrieb sie in den Sand:

*Der Bischof meine Strapazen vermehrt,
hab wenig zu essen gehabt,
bevor ich Ódáðahraun überquert,
mich nur an Käse gelabt.*

Der alte Weg über den Sprengisandur führte durch das Þjórsárdalur von

Süden her in die Berge hinauf. Von Skriðufell im Þjórsárdalur bis zum Hof Mýri im Bárðardalur waren es 240 km. Es gab mehrere Reitwege, aber welchen davon man auch wählte, es waren nie viele, die diese anstrengende und gefährliche Reise auf sich nahmen, und man nimmt an, dass etwa ab 1700 die Nord-Süd-Verbindung auf dieser Hochlandroute ganz aufgegeben wurde. In der zweiten Hälfte des 18. Jahrhunderts wurden jedoch einige Versuche gemacht, wieder an diese Tradition anzuknüpfen. Berühmt war die Reise von Einar Brynjólfsson von Stóri-Núpur im Jahre 1772, auf die unten eingegangen wird.

Im Jahre 1845 richteten die Leute aus dem Bárðardalur eine Expedition aus, auf der das Hochland erkundet werden sollte, und sie fanden ein grasbewachsenes Tal südlich des Tungnafell, dass sie Nýi Jökuldalur (Neues Gletschertal) nannten. 1858 überquerte der deutsche Rechtshistoriker und Islandfreund Konrad Maurer in isländischer Begleitung den Sprengisandur. Ein gleiches tat 1887 der Däne Daniel Bruun, der sich dafür einsetzte, dass diese Route mit Steinwarten versehen wurde. Im 20. Jahrhundert mehrten sich dann die Reisen auf dieser Route. Sehr berühmt wurde die Überquerung von Sturla Jónsson im Jahre 1916, der innerhalb von drei Tagen aus dem Bárðardalur bis in die Gnúpverja-Gemeinde ging, obwohl noch Schnee lag. Vor dem Zeitalter des Autos dürfte aber wohl Þórður Flóventsson von Svartárkot am häufigsten dort unterwegs gewesen sein; er trieb sogar Schafe über den Sprengisandur, hatte aber vorher Schuhe für sie angefertigt, damit sie keine wunden Hufe bekamen. In den Jahren nach 1950 fanden die ersten Autofahrten auf dieser Strecke statt, nachdem Guðmundur Jónasson 1949 eine Furt über die Þjórsá gefunden hatte. Heute liegt die Autopiste ausschließlich auf der östlichen Seite der Þjórsá. Die Tungnaá wird bei Hrauneyjar überquert, dann geht es Richtung Norden am Þórisvatn entlang, und über zahlreiche langgestreckte Hügelrücken erreicht man schließlich die Berghütte in Nýidalur. Von dort geht es durch das moosbewachsene Umland von Tómasarhagi westlich an Fjórðungsalda (Landesviertelrücken) vorbei. Halt machen sollten wir beim Aldeyjarfoss und das kurze Stück vom Parkplatz zu Fuß gehen, um die einmaligen Basaltsäulenformationen zu bewundern. Etwa auf der Mitte der Sprengisandur-Route gibt es verschiedene Möglichkeiten, in andere Richtungen zu fahren. Gæsavatnaleið (Gänseseenstrecke) führt in östlicher Richtung zur Askja und zur Oase bei Herðubreið

(Schulterbreit), und ebenso kann man von der Mitte Islands aus in den Skagafjörður und in den Eyjafjörður gelangen.

Über dieser Hochlandstrecke schwebt seit jeher ein Schleier des Geheimnisvollen, wovon ein sehr bekanntes Gedicht von Grímur Thomsen zeugt:

> *Vorwärts, vorwärts, übern Sand wir reiten,*
> *Sonne sinkt schon hinter Arnarfell.*
> *Böse Geister durch die Wüste gleiten,*
> *auf dem Gletscher dunkelt es nun schnell.*
> > *Herrgott, lenk mein Pferd bei jedem Schritt,*
> > *lang ist noch der letzte Abendritt.*
>
> *Pst, pst, horch nun, Füchsin sieht man stieben,*
> *Kehle will sie netzen wohl mit Blut;*
> *wer hört nicht die dumpfe Stimme drüben,*
> *manchem Reiter schwanket jetzt der Mut.*
> > *Missetäter mögen es wohl sein,*
> > *treiben ihre Schafe ganz geheim.*
>
> *Vorwärts, vorwärts, übern Sand wir reiten,*
> *Dämmrung senkt sich nieder Schritt auf Tritt;*
> *Elfenfürstin wird zu Taten schreiten,*
> *zäumt den Zelter für den Zauberritt.*
> > *Gerne gäb mein schönstes Pferd ich her,*
> > *wenn ich schon im grünen Tale wär.*

Sowohl der Rhythmus des Gedichts als auch der späteren Vertonung von Sigvaldi Kaldalóns beziehen sich auf den »Tölt«, diese berühmte, weil so außerordentlich bequeme Gangart des Islandpferds; im Mittelalter gab es in Europa auch Pferde, die diese Gangart beherrschten, sie wurden Zelter genannt und vor allem von der Weiblichkeit, die auf Damensätteln zu reiten hatte, geschätzt.

Im folgenden rufen wir uns den Bericht von Einar Brynjólfsson von Stóri-Núpur in Erinnerung. 1772 zog er aus, um die berüchtigten Geächteten Eyvindur und Halla, die in einem Versteck unweit der Sprengisandur Route hausten, gefangen zu nehmen:

„Bald kamen wir zu einem kleinen Bach, dessen Ufer beiderseits mit etwas Gras bewachsen waren. Dort führte der Pfad entlang, dem wir folgten, bis wir einige Hütten erblickten, und nicht weit davon vereinzelte Schafe. Ich lud die Pistole, die ich dabei hatte, und da meine Begleiter keine Waffen mit hatten, nahmen sie Stöcke und Zeltstangen zur Hand. Wir näherten uns und sahen, wie zwei Menschen von der Hütte weggingen. Als wir ihnen nachsetzten, kehrte der eine um und kam uns entgegen, warf aber erst das von sich, was er in der Hand gehalten hatte, kam dann näher und begrüßte einen jeden von uns. Ich fragte ihn sogleich nach seinem Namen, und er antwortete: „Ich heiße Jón." Als ich bezweifelte, dass das sein richtiger Name sei, sagte er: „Wenn ich die Wahrheit sagen soll, dann ist mein richtiger Name Eyvindur Jónsson." Die andere Person, die eine Felljacke trug, war seine Frau, und sie kam auch zu uns. Sie baten inständig darum, am Leben gelassen zu werden. Wir nahmen die beiden und auch die Pferde mit, und wir verließen ihren Unterschlupf etwa eine halbe Stunde vor Mittag."

Zum Schluss soll hier noch auf den uralten Bericht über einen Mann namens Bárður aus dem Landnahmebuch eingegangen werden, auf den sich einige Ortsnamen im Norden und Osten der Sprengisandur-Route beziehen. Der Siedler Bárður ließ sich zunächst im Bárðardalur nieder. Er beschäftigte sich unter anderem mit Wetterkunde und stellte fest, dass Winde aus dem Süden wärmer waren als Winde aus dem Norden. Daraus folgerte er, dass das Wetter im Süden besser und wärmer sein musste. Er packte seinen Hausrat zusammen, schmiedete Kufen und Schlitten für sein Vieh, so dass jedes Tier seinen Heuvorrat selbst ziehen konnte, und machte sich quer durch das Hochland auf den Weg nach Süden. Er ließ sich in Fljótshverfi (Stromgebiet) in Südisland nieder, aber das Landnahmebuch verrät nichts darüber, ob sich seine Hoffnungen in Bezug auf besseres Wetter erfüllt haben.

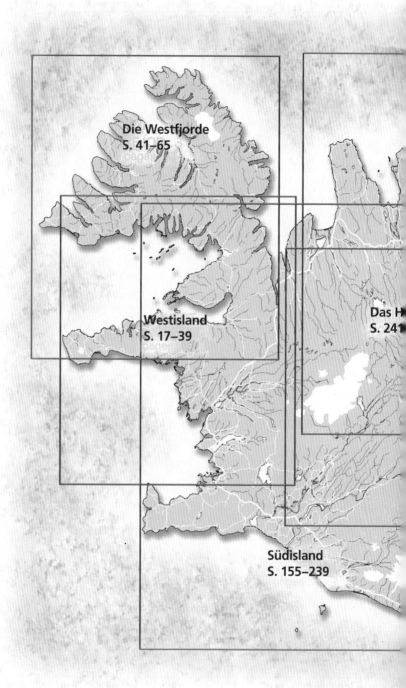

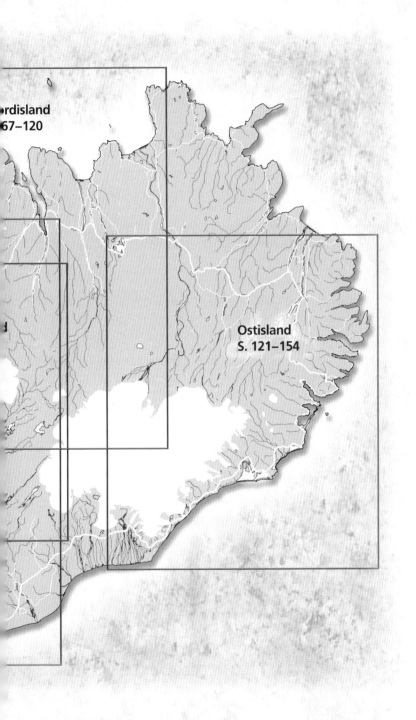